17세기 淸의 지식인 '조선문화'를 만나다

17세기 淸의 지식인 '조선문화'를 만나다

정 생 화

景仁文化社

서문

　이 책은 저자가 2015년 제출한 『청(淸) 강희(康熙) 연간 한림학사(翰林學士)의 '조선문화(朝鮮文化)' 인식 연구』라는 박사학위 논문을 근저로 한다. 동아시아문화교류에 관심을 가지고 공부하던 차에 17세기 청나라의 지식인들에 의해 재발견된 역대 한국문화의 새로운 가치와 의미에 주목하였다.

　만주족의 혈통을 가지고 태어난 강희제(康熙帝)는 치세 동안 대내적으로는 안정을 도모하고 대외적으로는 동아시아 문화제국(文化帝國)으로서의 위상을 떨치고자 하였다. 이를 위하여 강희제는 1678년 박학홍사과(博學鴻詞科)를 설치하여 문화정책을 폈으며 『명사(明史)』를 비롯한 국가적 편찬사업을 본격적으로 진행하였다. 이러한 조처는 조선문화에 대해 당대 한림학사들이 관심을 높이는 결정적 계기가 되었다. 국가적 편찬사업에 참여한 대표적 인물로는 "일대정종(一代正宗)"으로 불렸던 왕사정(王士禎)과 박사홍사과에 합격하여 한림학사가 된 주이준(朱彝尊), 우통(尤侗), 모기령(毛奇齡) 등이 있다. 이들은 모두 당대 일류 문학가이자 경학가(經學家)들이었다. 왕사정은 일찍이 김상헌(金尙憲)을 통해 동문조선(同文朝鮮), 의리조선(義理朝鮮)의 면모를 청 문단에 알린 인물이다. 이밖에 청 문사와 조선 사신과의 청연(淸緣)은 청의 지식인들에게 조선과의 동질성을 확인시켰고, 한편 손치미(孫致彌)의 조선 사행은 당대 조선의 한시(漢詩)와 풍속(風俗) 등 조선문화를 청 문단에 생생하게 전달하였다.

　따라서 한림학사들로 하여금 조선의 역사와 문화에 대해 새로운 인식과 시각을 갖도록 해주었다. 이들은 『고려사(高麗史)』를 통해 고려의 역사와 만났다. 또한 '한관의(漢官儀)'와 '당악(唐樂)', '송악(宋樂)' 등 중국의 전통문화가 고려에 보존되어 있다는 데 주목하였다. 특히 조선의 독창성을 보여주는 고가요(古歌謠)에 대해서 그 이채로움에 찬탄을 금치 않았다. 이러한 '조선문화'에 대한 관심은 한림학사들이 조선문화를 그들의 저술에 편입(編入)하여 전파하고 이를 또 작품으로 형상화하는데 결정적 역할을 하였다. 그리고 비평(批評) 및 고증(考證)을 통해 조선의 풍속과 문물(文物)을 높이 평가함으로써 문(文)과 예악(禮樂)을 갖춘 문명(文明)의 나라로 조선을 노래하였다. 일면, 한림학사들은 조선의 개국(開國)에 대해 종계(宗繼) 문제를 들어 다분히 부정적인 인식을 표출하기도 하였다. 한편, 청의 지식인들이 지면을 할애하며 소개한 내용에는 고려와 조선의 문장가(文章家), 현인(賢人), 음악가(音樂家), 서예가(書藝家) 및 절의(節義)를 지킨 인물들이 있었으며, 명나라 사신들과 수창하며 교류한 조선 문인들의 시를 집성(集成)하고 시화(詩話)를 엮었다. 또한 조선 여성의 한시에 대해 비평을 가하거나 중국 황실(皇室)로 들어갔던 고려 여성을 고증하기도 하는 등 여성에 대해 관심을 가졌다.

강희 연간 한림학사들은 조선문화 중에서 특히 고려와 조선의 한시에 대해 관심이 높았다. 왕사정은 주로 '신운설(神韻說)'의 심미관(審美觀)에서 출발하여 시를 선발하였으며 주이준은 '시교(詩敎)'의 시학관을 바탕으로 하여 '관풍(觀風)'의 시각에서 한시를 집성(集成)하였다. 그리고 우통은 시의 '진(眞)'을 중시하였기에 조선의 악부시(樂府詩)에 많은 관심을 가졌다. 『조선채풍록(朝鮮採風錄)』을 편집한 손치미(孫致彌) 또한 여타 한림학사들과 같이 '당풍(唐風)'을 조선 한시 채집의 기준으로 삼았다.

이와 같이 청나라 지식인들에 의해 발굴되고 소개된 조선문화는 후대 중국과 조선에 큰 영향을 미쳤다. 『명시종(明詩綜)』이후 간행된 『어제사조시(御製四朝詩)』와 『명시별재집(明詩別載集)』 등은 한림학사들이 편찬한 한시를 바탕으로 이루어진 시선집으로 역대 한국한시 부분이 그 전범이 된 대표적 예이다. 18세기부터는 본격적으로 한림학사들의 저작(著作)이 필사본(筆寫本)에서 간행본(刊行本)으로 보급되면서 민간의 지식인들도 그 영향을 크게 받았다. 팽서숙(彭端淑)의 『명인시화보(明人詩話補)』, 여금(余金)의 『희조신어(熙朝新語)』 등은 강희 연간 한림학사들이 수록한 조선 한시와 역대 문화 교류의 기록을 계승한 것이다. 또 19세기에는 동문환(董文渙)이 더욱 풍부한 조선의 시문집인 『조선시록(朝鮮詩錄)』을 완성하는 등 동아시아문화교류사에 중요한 업적을 이루었다.

그 움직임이 바로 朝廷에서는 『별본: 동문선(別本: 東文選)』을 편찬하여 중국에 보낸 일과, 홍대용(洪大容)과 민백순(閔百順)이 『해동시선(海東詩選)』을 편찬하여 엄성(嚴誠), 육비(陸飛), 반정균(潘庭筠) 등에게 보낸 사적을 들 수 있다. 이를 이어 박지원(朴趾源), 이덕무(李德懋) 등 북학파(北學派) 문인들 역시 연행(燕行)에서 중국 문사들과 만나 필담(筆談)을 나누고 교유하면서 조선문화를 적극적으로 청 문단에 소개하였다.

다른 한편 강희 연간 대가(大家)들의 서적이 조선으로 들어오면서 이의현(李宜顯)을 필두로 중국 문헌에 기록된 자국 문화에 관심이 높아졌고 더 나아가 이를 고증하기 시작하였다. 박지원 등은 강희 연간 한림학사의 저술에 보이는 오류를 적시한 바 있으며, 이서구(李書九)는 『강산필치(薑山筆豸)』를 저술하여 잘못 소개된 조선의 한시를 바로 잡았다. 한편 한치윤(韓致奫)은 『해동역사(海東繹史)』를 편찬하여 중국 문헌을 통한 한국사(韓國史) 구성을 시도하였다.

이렇듯 17세기 강희 연간 한림학사들이 조선문화에 대한 관심의 일환으로 한중 문화교류사는 새로운 국면을 맞았다. 중국에서는 조선의 한시를 위시하여 조선의 역사와 문화에 대한 기록이 확대되었으며 조선에서는 이들의 저술을 통하여 자국 문화를 돌아보는 계기가 되었다. 더 나아가 18-19세기 한중 문사들의 활발한 지적 교유와 "동아시아의 문예공화국" 현상은 바로 강희 연간 일어났던 이러한 문화 현상의 연장선상에 있다고 할 수 있다.

　연행에서 본 북학은 조선에서 가지고 있었던 기존의 고정 관념을 깨고 서학을 배우자는 데 있었다. 21세기 오늘날 다양한 문명과 의식 체계와 국익을 내세운 이익집단은 새로운 지각 변동을 꾀한다. 이 속에서 국제문화 교류도 새로운 국면과 도전에 직면하였다. 동아시아 漢문화권에서 이룩한 문화의 정수와 서양 문화의 정수는 인류문화발전에 더 없이 소중한 보물들이다. 때문에 융합과학의 시대에서 정치, 외교, 경제, 사회의 미래 지향적 정책과 문화가 함께 발전되어 나가야 할 것이다. 이로써 본 연구가 세계문명의 발전에 필요한 글로벌 문화교류의 장을 열어가는 데 작은 기여가 되길 희망한다.

　오늘날 책 시장의 극한 상황 속에서도 인문학 학술서를 선뜻 받아주신 경인문화사 한정희 대표님과 이 책의 편집과 디자인에 노고를 아끼지 않으신 유지혜 선생님께 감사의 뜻을 전한다.

　필자를 학문의 탐구로 이끌어 주신 대학원 지도교수이신 이종묵 선생님의 독려와 지도에 존경과 깊은 감사를 올린다. 그리고 석사와 박사과정을 공부하는 동안 인내심을 가지고 가르침을 주신 서울대학교 권두환, 박희병, 조현설, 정병설 선생님께도 이 자리를 빌어 그 동안 하지 못했던 고마운 마음을 전하고 싶다. 또 함께 관악산을 타며 학생들의 건강에도 많은 관심을 가져주셨던 조해숙 선생님께도 깊이 감사드린다. 제주도 추사 김정희 유배지와 다산 정약용 생가를 함께 답사하며 고전의 향기로운 터전으로 이끌어 주신 한양대학교 정민 선생님, 학회를 마치고 돌아오는 길 아이들 먹을 빵을 챙겨 주시던 이승수 선생님, 소수서원을 함께 동행하며 세계 번역가들에게 한국문화를 강의하시던 성균관대학교 안대회 선생님의 미소가 떠오른다. 한국에서 공부하며 많은 인연을 만났다. 한 분 한 분이 나에게 모두 소중하고 귀한 분들이다.

　이밖에 가족의 지원과 포용이 없었다면 나의 공부는 계속 될 수 없었을 것이다. 부모, 친지, 형제들의 희생에 머리 숙여 미안함을 고백한다. 많이 부족하지만 필자를 믿어주고 자랑으로 여겨주는 가족이 있어 오늘도 힘을 낸다. 유학기간에 하늘나라로 가신 시댁 부모님의 영전에 이 책을 바친다. 그 어떤 고난도 고향을 떠나 새 터전을 일구어 나가던 선대의 고난에 비하랴! 대학에서 만나 오늘까지 함께 하는 남편과 우리 사이에서 태어난 쌍둥이 은선이와 은혁이에게 이 책을 빌려 하나님의 사랑을 전한다.

2019년 여름
영국 체스터대학에서
莞而堂 丁生花

목 차

Ⅰ. 서론

유구한 역사가 흐르는 동안 한국과 중국은 면면히 문화교류를 이어오면서 문화적 영향을 주고받았다. 지금까지 이러한 '문화교류'라는 주제에 대해서 대개는 '중국에서 조선으로의 영향'을 중심으로 논의를 해왔다면, 이와는 반대 방향의 문화교류 양상에 대해서도 주목할 필요가 있다. 이에 본고에서는 청나라 초기, 康熙 연간에 중국에서 나타난 '조선문화'1) 인식의 양상에 대해 고찰하고자 한다.

조선의 뛰어난 시인들이 중국에서 유학하고 벼슬하거나 중국으로 사신 가는 기회를 통해 중국인과 교류를 했기 때문에 고려와 조선의 한시는 중국인에 의하여 향유될 수 있었다. 또한 조선에 사신으로 온 중국인을 통해 조선문화가 중국에 전파된 사례도 적지 않다. 이미 널리 알려진 바와 같이 고려시대에는 孫穆의 『鷄林類事』, 徐兢(1091~1153)의 『高麗圖經』 등이 그 대표적인 예로 꼽힌다. 특히 『高麗圖經』은 당대 외교관의 보고 자료로, 고려 문화를 송나라에 알린 귀중한 자료이다.2)

명나라의 외교정책에 의해 조선의 사신들은 중국에 가더라도 명나라 문인들과 접촉할 기회가 제한되었다. 이에 반해 명나라에서 조선으로 파견한 '文官' 사신들은 비교적 활발히 조선 문인들과 교류할 수 있었는데 이러한

---

1) 본고에서 '朝鮮文化'는 청대의 관점에서 사용한 용어이다. 즉 청에서 '高麗' '朝鮮'이라는 용어로 가리킨, 근대 이전 한국의 문화를 가리킨다.

2) 1124년(宣和 6) 8월 6일(陰曆) 지어진 서문에는 徐兢이 고려 예종의 弔慰를 위한 사신단에 圖籍, 地圖, 書畵 등의 수집을 목적으로 참여하였다고 기술되어 있다. 徐兢은 『鷄林志』 등을 참고하여 중국과 다른 풍속 300여 조를 수집하고 그림과 주석을 달아 '宣和奉使高麗圖經'이라는 이름을 붙였다.

교류를 통해 중국의 문인들은 조선 문학을 접할 수 있었다. 명나라 사신들
은 조선에 머물며 遠接使, 接伴官들과 1개월이 넘는 시간 동안 교류하면
서, 조선 정부에서 지원과 독려를 아끼지 않고 양성한 최고 수준의 文人들과
수창할 수 있었으며, 이는 조선본『皇華集』을 탄생시키는 바탕이 되었다.3)
이밖에 董越(1430~1502)의『朝鮮賦』, 龔用卿(1500~1563)의『使朝鮮錄』, 倪謙
(1415~1479)의『朝鮮紀事』, 朱之蕃(1558~1624)의『奉使朝鮮稿』등 명 사신
들이 지은 책들 역시 조선문화를 중국에 알리는 데 크게 기여하였다.

조선문학에 대한 중국의 관심은 임진왜란 때 조선으로 파견되었던 명군
에 참여한 인사들이 조선 문인과 직접 교유함으로써 고조되었다. 대표적인
사례로 吳明濟와 藍芳威가 각기 편찬한『朝鮮詩選』을 들 수 있는데, 이는
조선 현지에서 조선 문인들과 긴밀하게 교류한 경험을 바탕으로 나올 수
있었던 조선시선집이다.4)

청나라가 들어선 직후에는 조선과의 문학적 교류가 활발하진 못하였으
나 1652년(순치9) 錢謙益이『列朝詩集』을 편찬하면서 전체 5부(正集: 甲,
乙, 丙, 丁, 閏) 가운데 마지막 閏集에 역대 한국의 한시와 시인의 小傳을
수록하는 작업이 이루어졌다. 그러나『列朝詩集』은 후학들로부터 門戶의

---

3)『皇華集』은 1450년(세종32)부터 1633년(인조11)까지 183년에 걸쳐 명나라 사신과
  수창한 시문을 기록한 책으로 명나라 사신이 올 때마다 간행되었다. 이후 1773년
  (영조49)에 이전의『皇華集』들을 모아 체제를 통일하여『御製皇華集』이 간행되
  었는데 총 25책 50권에 달한다. 본고에서 활용한 丙午使行편『皇華集』은 규장각
  소장본을 저본으로 하였으며, 그 외에는 한국 국립중앙도서관 소장『皇華集』(DB
  원문 자료)을 저본으로 하였다. 이종묵,「賜暇讀書制와 讀書堂에서의 文學 活動」,
  『한국한시연구』5, 한국한시학회, 2000; 김덕수,「조선문사와 명사신의 수창과 그
  양상」,『한국한문학연구』27, 한국한문학회, 2001 참조.
4) 정민,「壬亂시기 문인지식인층의 명군 교유와 그 의미」,『한국한문학연구』19, 한
  국한문학회, 1996; 박현규,『중국 명말 청초인 朝鮮詩選集 연구』, 태학사, 1998;
  吳明濟 編, 祈慶富 校注,『朝鮮詩選校注』, 中韓文化交流史叢書, 遼寧民主出版
  社, 1999; 이종묵,「버클리대학본 남방위의『조선시선전집』에 대하여」,『문헌과해
  석』39, 문헌과해석사, 2007.

편견으로 公正을 잃고 시비를 전도시켰다는 평가를 받았으며, 전겸익의 모든 저술이 얼마 못가 禁書가 되자 『列朝詩集』 또한 청나라 문단에 널리 보급되지 못하였다.[5]

강희제 초반까지도 청나라는 조선과의 문학적 교류가 활발하지 못하였으며 이에 따라 조선 중기 이후의 문학작품은 중국에서 거의 찾아 볼 수 없게 되었다. 이러한 문단 환경에서 17세기 중엽 중국의 최고 학자들이 한림원으로 동원되어 본격적으로 『明史』 편찬이 진행되면서 역대 한국 관련 문헌에 대한 수요가 매우 높아졌다. 전통적인 편찬 관례에 따라 『明史』에 「朝鮮」이란 편목을 두었기 때문에 조선 관련 정보가 매우 필요하게 되었던 것이다. 이러한 과정에서 황실편찬사업에 참여했던 한림원 학사들을 중심으로 고려와 조선문화에 대한 관심이 고조되었다. 한림학사들은 이러한 관심을 사적으로 자신의 저술에 담아냄으로써 옹정 연간을 거쳐 건륭 연간으로 이어지는 후대 청 문단에 조선문화에 대한 관심이 진전되도록 촉진시켰으며 한중 문화교류와 조선의 한문학에도 적지 않은 영향을 주었다.

청초 중국에 전해진 조선문학에 대한 연구로는 박현규의 『중국 명말 청초인 朝鮮詩選集 연구』와 이종묵의 「17-18세기 중국에 전해진 조선의 한시」가 대표적이다.[6] 박현규는 藍芳威와 吳明濟가 편찬한 조선한시선집과 명말청초 문인들이 편찬한 조선 시선집의 서지 사항에 중점을 두고 편찬 과정과 수록 내용 등을 소개하였다. 이는 청나라 초기까지 편집된 조선 시선집을 체계적으로 정리하여 명말청초 중국인이 편찬한 조선 시선집에 대한 본격적인 연구를 시작하였다는 데에 의의가 있다. 이종묵은 17세기부터 18세기까지의 시선집을 포함해 중국인 문집 등에 수록된 한시를 검토함으

---

5) "錢謙益, 『列朝詩集』 出以記醜言僞之才, 濟以黨同伐異之見, 逞其恩怨, 顚倒是非, 黑白混淆, 無復公論, (…) 於舊人私憎私愛之談, 往往多所匡正. 六十年以來, 謙益之書久已漸滅無遺."(『四庫全書總目』 권190, 「集部」 43)(淸乾隆武英殿刻本).

6) 박현규, 앞의 논문; 이종묵, 「17-18세기 중국에 전해진 조선의 한시」, 『한국문화』 45, 서울대학교 규장각한국학연구원, 2009.

로써 연구의 범위를 확장하였다.

　이러한 선행 연구 덕에 중국 내 조선 한시의 유입에 대한 연구의 기반이 마련되었다고 할 수 있다. 그러나 해당 주제의 연구가 갓 시작된 만큼, 이제는 중국 문인들의 시선집에 수록된 작품에 대한 심층적인 분석과 비교, 중국에 유입된 조선문화에 대한 연구가 본격적으로 진행되어야 할 것이다. 청초 강희 연간 한림학사들이 동아시아 문화사에서 지니는 위상을 고려할 때, 특히 17세기 강희 연간에 조선문화에 대한 '인식'이 어떻게 이루어졌는지 그 경위와 상황을 면밀히 파악할 필요가 있다.

　이와 같은 문제의식을 가지고, 본고에서는 강희 연간 청 문단을 이끌어 나간 한림학사[7]인 王士禎(1634~1711), 朱彝尊(1629~1709), 尤侗(1618~1704) 등이 인식한 조선문화 양상에 주목하여 明淸교체기 중국 문단에서의 조선문화 인식의 배경을 밝히고자 한다. 이러한 작업을 위해서 우선 인식의 배경과 개별적인 사실을 확인하는 실증적인 작업으로 논의를 시작할 것이다. 다음으로 청 문단을 주도한 왕사정, 주이준, 우통 등의 인물들을 중심으로 그들의 저술에서 나타난 조선문화의 특징을 고찰할 것이다. 그리고 이러한 심층적인 분석을 바탕으로 강희 연간 한림학사들의 조선문화 인식이 후대 중국과 조선에 끼친 영향과 문화사적 의의를 규명할 것이다.

　본고에서는 다음과 같은 방법으로 연구를 진행하고자 한다. 첫째는 실증적 연구 방법이다. 한중문화교류사에서 17~18세기 초의 연구가 18세기 이후의 연구에 비해 빈약한 기본적인 이유는 남아있는 자료가 부족하다는 청나라 초기의 특수한 환경에 있다고 판단된다. 이에 본고에서는 우선 기초자료들을 모으는 데에서 출발하여 교류의 양상을 확인하는 실증적인 작업을 수행하고자 한다. 이에 한림학사들의 저작 가운데 지금까지도 거의 참조되지 않은 『居易錄』, 『暴書亭集』, 『尤西堂集』 등에 담긴 조선 관련 자

---

7) 강희 연간 翰林院 官員의 관작은 여러 가지로 나뉘나 본고에서는 이를 세부적으로 나누지 않고 '한림학사'로 통칭한다.

료들까지 분석 대상으로 활용할 것이다.

둘째는 왕사정, 주이준, 우통이 저술한 조선 관련 자료와 비평 및 고증을 본격적으로 분석함으로써 조선문화 인식이 이루어진 실상을 밝혀내고자 한다. 선행 연구에서는 17, 18세기 중국에 전해진 조선의 한시에 초점을 맞추어 포괄적으로 고찰한 바 있다.8) 본고에서는 나아가 조선 역사와 인물, 풍속, 예악과 고가요와 한시 등 한림학사들의 관심과 저술에 나타난 양상을 구체적으로 분석할 것이다.

한편 위의 연구를 통하여 강희 문단 한림학사들의 개별적 인식을 종합하고 비교하여 조직화하는 작업에 이를 것이다. 이 작업에서 왕사정, 주이준, 우통의 시집과 문집 그리고 이들이 편찬한 시선집, 산문집 등 다양한 장르의 저술에 수록된 조선 관련 자료들을 종합적으로 모아 비교 분석을 시도할 것이다. 또한 현재 奎章閣을 포함한 한국 소장 청 문인의 저술과도 비교할 필요가 있다. 선행 연구에서도『明詩綜』소재 조선의 한시와 金尙憲의 시화를 소개하고 개괄한 바 있으나 깊이 있는 분석과 논의로 인식의 의미까지 파악하지 못하였다.

또한 이 시기 한림학사들이 인식한 조선문화의 양상을 이전 시기인 명말청초의 吳明濟, 藍芳威 및 錢謙益의 저술과도 비교해 나갈 것이다. 이는 조선개국의 역사에 대한 청나라 문인의 인식이 청나라 문단에 끼친 영향과 이에 대한 조선 문단의 대응 양상들을 파악할 수 있기 때문에 중요하다. 따라서 본고에서는 선행 연구에서 다루지 않은 청나라 문단과 조선의 문헌들도 다수 포함하여 17세기 강희 연간 조선문화 인식에서 나타난 유기적 관계와 그 영향을 확인할 것이다. 본고에서는 다음과 같이 논의를 진행하고자 한다.

제2장에서는 17세기 조선문화 인식의 배경으로 우선 한림원의 성격과 편찬사업에 대해 살펴볼 예정이다. 청초 한림원의 설립과정과 직무 및 강

---

8) 이종묵, 앞의 논문.

회 연간 한림학사의 성격과 국가 주도 편찬사업에서의 참여 양상에 대해서 설명하게 될 것이다. 또한 강희 연간 '博士鴻儒'와 한림학사들의 특수 직책을 바탕으로 청나라 문단에서 수행한 역할을 살펴봄으로써 그들이 한국 문화 인식과 전파에서 중추적 역할을 담당할 수 있었던 역사적 배경을 고찰할 것이다.

청나라 문단에서 조선문화에 대한 관심을 촉발시킨 또 다른 주요한 배경으로 조선 문인과 청 문인의 淸緣이 주목된다. 첫 번째로 김상헌과 왕사정 사이의 인연이 그를 중국에 널리 알려지도록 하는 계기가 되었음을 추적할 것이다. 또한 당대 두 나라의 인적 교류가 조선문화를 중국에 널리 알리는 데 적지 않은 영향을 준 사실을 규명하고자 한다. 한림학사들은 명나라에 대한 내면화된 정서를 통해 명나라와 조선의 교류를 관심 있게 바라볼 수 있었는데, 이 또한 조선문화 인식을 가능하게 하는 배경으로 작용하였다는 점을 밝히고자 한다. 다음으로 한림학사 孫致彌의 사행과 그 성과가 조선문화의 전파에 큰 영향으로 작용하였으리라 추측된다. 이를 북경에서 한림학사를 중심으로 열렸던 '雅會'라는 문화공간에 초점을 맞추어 고찰할 것이다.

제3장에서는 왕사정, 주이준, 우통을 중심으로 이들의 저술에 나타난 조선의 역사와 문화에 대한 인식을 분석하고자 한다. 강희 연간 한림학사들은 『高麗史』와 같은 조선의 문헌과 중국의 正史를 통해 고려 역사와 조선 역사를 어떻게 인식하였는지를 역사학적 접근과 심층적인 문학 작품의 분석을 통해 밝힐 것이다. 이밖에 여성을 포함한 역사적 인물에 대한 비평과 고증 작업이 수행된 점도 고찰할 것이다. 또한 창작과 비평 및 고증에서 각각 드러나는바 조선의 風俗과 文物에 대한 인식과 고려의 禮樂과 古歌謠에 대한 인식도 구체적인 작품 분석을 통해 함께 확인하고자 한다.

제4장에서는 조선 한시의 수록과 비평양상을 고찰하고자 한다. 우선, 왕

사정, 주이준, 우통의 詩論에서 選取의 기준을 찾아보고 당대 강희 연간 文風과의 연관성도 고찰함으로써 한림학사들의 문학관이 選詩에 작용한 과정을 드러낼 것이다. 이를 위하여 왕사정 신운설과 선시 양상, 주이준의 시학관과 조선 한시의 집성, 우통의 시학관과 조선 한시의 소개가 어떤 양상을 띠고 있는지 구체적 작품 분석과 비교를 통해 밝히고자 한다. 또한 손치미의『朝鮮採風錄』수록 작품의 분석을 통하여 採詩의 특징을 파악할 것이다. 이로써 당대 중국에 전해진 조선 한시의 유형과 청 문단 대가들의 비평을 읽을 수 있을 것이라 생각한다.

제5장에서는 강희 연간 한림학사들의 조선문화 인식의 의미를 밝히고자 한다. 먼저 강희 연간의 조선문화에 대한 인식을 바탕으로 18~19세기의 청 문단과 조선 문단에 끼친 영향을 밝히고 그 문화사적 의미를 도출할 것이다. 이로써 강희 연간에 일어난 일련의 움직임들을 통해 청 문단에서 조선으로부터 무엇을 보고 싶어 했는가, 후대 중국 문단에서 조선에 대한 관심이 높아지고 확장된 계기는 어디에 있었는가, 한림원 학사들이 남긴 후대의 자극은 어떠하였는가 하는 일련의 물음에 대한 답을 찾을 수 있을 것이다. 이러한 작업을 통하여 한림학사들이 중국과 조선에 끼친 영향과 18~19세기 前史로서 한중문화사에서 가지는 의미 등을 입체적인 시각에서 종합적으로 도출해볼 수 있으리라고 기대한다.

Ⅱ. 17세기 조선문화 접촉의 배경

1. 翰林院의 성격과 편찬 사업

1) 淸初 翰林院의 연혁과 직무

詞林, 詞坦, 玉堂, 翰苑 등의 명칭으로도 불리는 한림원은 중국 최고의 학술기관으로서 1911년까지 천 년 이상 존속하였다. 한림원이 처음 성립된 시기는 당나라(618~907) 玄宗때이다. 처음에는 藝能人士들로 구성되었으나 玄宗 이후 한림학사를 두어 詔書의 초안을 쓰는 등의 직무를 맡게 되었고 당나라 후기에는 점차 전문 황제의 기밀문서의 초안을 작성하는 기관으로 발전하면서 翰林官 혹은 翰林이라는 호칭으로 불리게 되었다.[1]

宋나라(960~1279) 이후 한림학사는 정식관원이 되어 科擧제도와 밀접한 관련을 맺었다. 송나라 神宗은 王安石에게 "경이 한림에 있고서부터 도덕에 대하여 듣게 되어 마음이 열리고 깨달은 바가 있으니 경은 짐의 스승이요."[2]라고 하였으니 황제가 翰林에 대한 존경과 기대가 컸음을 알 수 있다. 또한 한림학사의 政治的 地位는 시대에 따라 부침이 있었지만 사회적으로 한림이 되는 일은 언제나 명예로운 일이었다. 당나라 杜甫, 송나라 蘇軾, 歐陽修, 王安石, 司馬光, 宋濂, 方孝孺, 張居正 등이 모두 한림이었던

---

1) 邱永君, 『淸代翰林院制度』, 社會科學文獻出版社, 2007.
2) "自卿在翰林, 始聞道德之說, 心稍開悟, 卿朕師臣也."(陳均, 『宋九朝編年備要』, 皇朝編年備要卷第十九凡四年)(宋紹定刻本)(서울대학교 古籍庫 DB자료)
   * 이하 따로 표기하지 않은 중국 古文獻 자료는 서울대학교 古籍庫 DB자료의 간본을 이용하였음을 밝히며 古籍庫로 약칭.

데에서도 알 수 있듯이 한림학사는 최고 士人들의 그룹이었고 당시 지식인들 중에서도 최고 학자들이었기 때문이다.

한림원의 제도는 명나라 1458년(천순2)에 크게 변화되었는데 科擧의 1등 進士에게 翰林院 修撰을, 2등에게 編修를, 그 다음 3등에게는 檢討 직위를 주었다. 또 뒤에는 2등과 3등을 차지한 이들 중에서 우수한 문사를 뽑아 庶吉士를 두기도 하였다. 이로부터 "진사가 아니면 한림에 들어 갈 수 없고 한림이 아니면 內閣에도 들어갈 수 없으며, 南, 北禮部尙書, 侍郞 및 吏部右侍郞도 한림이 아니면 임명하지 않는"[3] 풍조가 나타나게 되었다.

명나라 초기의 한림원은 송나라의 제도를 이어받아 1367년(吳元年)에 설립되었다. 초기에는 원나라의 '翰林國史院'의 이름을 그대로 쓰다가 1368년(洪武 元年)에 '翰林院'으로 바뀌고 翰林學士에게도 정3품 벼슬과 최고 지위를 주었다. 주로 인재를 양성하는 기관으로 修書, 撰史, 詔書의 초안 작성, 皇室성원의 侍讀, 科擧考官 등의 직무를 맡으며 실무가 늘어났다.[4] 이렇듯 翰林制度와 科擧制度는 밀접한 관련을 맺으며 당나라에서 시작하여 송나라와 명나라를 거쳐 발전하였는데 명나라 때는 "백관의 모범이 되고 조정이 우러러 바라보았다(百官之表率, 朝廷之觀瞻)"라는 말이 있을 정도로 한림원의 관직은 더욱 존경받는 자리가 되었다.[5]

---

3) "非進士不入翰林, 非翰林不入內閣, 南北禮部尙書, 侍郞及吏部右侍郞, 非翰林不任."(袁褧, 『世緯』 권상)(淸 知不足齋叢書本); 閻鎭珩, 「賓興考」, 『六典通考』 권78(光緒刻本).

4) "吳元年, 初置翰林院, 秩正三品, 設學士(正三品), 侍講學士(正四品), 直學士(正五品), 修撰·典簿(正七品), 編修(正八品). 洪武二年, 置學士承旨(正三品), 改學士(從三品), 侍講學士(正四品), 侍讀學士(從四品), 修撰(正六品), 增設待制(從五品) 應奉(正七品), 典籍(從八品)等官. 十三年, 增設檢閱(從九品), 十四年, 定學士爲正五品, 革承旨·直學士·待制·應奉·檢閱·典簿, 設孔目·『五經』博士·侍書·待詔·檢討·令編修·檢討·典籍同左春坊左司直郞·正字·贊讀考駁諸司奏啓, 平允則署其銜曰 '翰林院兼平駁諸司文章事某官某', 列名書之. 十八年, 更定品員, (如前所列, 獨未有庶吉士)以侍讀先侍講."(張廷玉等, 「志」 49, 『明史』 권73)(乾隆武英殿刻本).

청나라에 들어와서는 명나라의 한림원 제도를 이어받으며 관서의 이름
도 명나라의 것을 그대로 사용하였다.6) 그러나 한림원이 순탄하게 설립된
것은 아니었다. 1644년(순치1) 11월, 胡世安이 翰林院掌院學士로 위임된 것
이 청대 한림원 설치의 첫 시작이었다. 그러다가 그 이듬해인 1645년(순치
2) 4월에는 한림원이 內三院에 소속되었는데 內翰林國史院, 內翰林秘書院,
內翰林弘文院으로 불렸다. 이후 1658년(순치15) 한림원을 다시 복원하여
최고 책임자로 掌院을 두었다. 청나라에서 설치한 한림원에는 역대 한림원
과 달리 만주족과 한족을 각 1명씩 임명하였다. 당시 임명된 최고 직위인
한림원장원학사는 만주족인 折庫納가 國史學士로부터 한림원장원학사로
되었고 한족은 弘文學士를 지내던 王熙가 첫 한림원장원학사가 되었다. 이
는 원나라 시기 몽골인만 임용한 사례와 달리 만주족과 한족을 함께 임용
하여 국가 통치의 안정을 도모하는 데 중요하게 작용하였다고 평가된다.7)
　한림원이 다시 원래의 명칭을 되찾고 최고 학술기관으로서 그 직무를
행한 것은 강희 연간에 와서이다. 강희제 玄燁는 그 어느 황제보다도 학문
에 열중을 한 황제로서 사냥뿐만 아니라 서예와 예술, 학문 등 다방면에
뛰어났던 황제이기도 하다. 강희제는 1681년(강희20) 三藩의 亂을 진압하

---

5) 吳敬梓의 『儒林外史』에서 한림의 이야기를 통해 당대 사회상을 잘 그려 보여 주
　고 있다.
6) "順治元年(1644), 乙酉(十一月): 大學士馮銓等奏言, 翰林院明初原定爲正三品衙
　門, 後因詹事府有翰林三品, 四品官, 遂改爲五品, 今議暫罷詹事府, 仍宜復翰林
　院爲正三品. 原額官二十員, 學士一員, 今應正三品, 侍讀學士, 侍講學士各二員,
　今俱應正四品, 侍讀, 侍講各二員, 今俱應正五品, 修撰三員, 仍應從六品, 編修
　四員, 仍應正七品, 檢討四員, 仍應從七品. 員缺俱於新舊翰林中, 查其資序, 才
　能, 通融補授. 再查翰林原額, 雖止二十員, 然明朝因職務殷繁, 又爲儲才之也,
　將來備內閣, 宗伯, 少宰之選, 故用人多至三四十員不等. 『會典』開載以爲無定
　員, 正爲此也. 若庶吉士三年一選, 或二, 三十員, 亦無定數, 臨期請旨定奪. 誥敕
　房辦事典籍二員, 倂首領官孔目一員, 俱應仍舊, 其博士五員, 侍書二員, 待詔六
　員, 舊不常設, 今應裁汰."(『淸世祖章皇帝實錄』 권11)(愛如生數字叢書之一, 鈔
　本, 409면~410면).
7) 邸永君, 앞의 책, 2007, 69면.

고, 1683년 대만을 병합하였으며 1685년 러시아의 침략을 물리쳤다. 이렇게 국내 정세가 안정기에 들어서자, 강희제는 동아시아에서 청의 문화적인 위대성을 알리고 또한 통일국가로 대내외에 과시하기 위하여 한림원의 제도를 강화하였다.

강희제는 1670년(강희9) 10월 조서를 내려 內三院을 철폐하고 內閣과 한림원을 복원함으로써 최고 직급인 한림원장원학사에 정삼품을 내리고 禮部侍郎을 겸하게 하였다. 그리고 만주족과 한족의 侍讀學士를 각각 3명씩 두고 정육품의 벼슬을 주었고 修撰, 編修, 檢討는 정원을 규정짓지 않고 종육품, 정칠품, 종칠품의 벼슬을 내렸다. 또 庶吉士, 典簿, 孔目, 待詔, 五經博士, 堂供事, 供事, 만주족과 漢軍의 筆帖式 등 직급을 두었다.8) 이러한 한림원의 여러 관직 중 당시 折庫納와 熊賜가 각기 만주족과 한족 한림원장원학사로 임명되면서 청대 한림원이 최종적으로 자리 잡았다.9) 그 뒤 1689년에는 顧炎武의 외조카 徐元文이 文華殿大學士를 지내며 翰林院掌院을 겸하였는데, 이것이 선례가 되어 重臣이 한림원장원의 자리를 맡게 되었다.10) 강희 연간의 한림원 학사의 또 하나의 주요한 職務가 1677년(강희

---

8) 〈皇朝會典〉, "翰林院正官, 滿漢掌院學士各一員, 俱兼禮部侍郎銜; 滿漢侍讀學士各三員; 滿漢侍講學士各三員; 滿漢侍讀各三員; 滿漢侍講各三員; 史官, 修撰, 編修, 檢討無定員; 庶吉士無定員, 首領官; 滿漢典簿各一員, 滿漢孔目各一員, 屬官; 滿漢待詔各二員; 滿筆帖式四十二員; 漢軍筆帖式四員; 五經博士十八員."(鄂爾泰, 『詞林典故』 권2,「官制附詹事府」; 張廷玉, 『詞林典故』 권20)(文淵閣 『四庫全書』).

9) 〈複內閣〉, "康熙九年十月, 內院複爲內閣, 複翰林院官屬, 一遵順治十五年之舊, 以圖海·巴泰爲中和殿大學士兼吏部尙書, 索額圖·李霨爲保和殿大學士兼戶部尙書, 魏裔介·杜立德爲保和殿大學士兼禮部尙書, 對哈納爲文華殿大學士管刑部尙書事, 折爾肯·哈占爲中和殿學士, 塞赫達都爲保和殿學士, 馬朗古·張鳳儀爲文華殿學士, 靳輔爲武英殿學士, 田種玉爲文淵閣學士, 陳豈攵永爲東閣學士, 折庫納·熊賜履爲翰林院掌院學士, 俱兼禮部侍郎"(王士禎, 『池北偶談』 권1)(文淵閣 『四庫全書』).
* 王士禎의 『池北偶談』은 奎章閣에 '康熙辛未－1691년－序; 集玉齋印'이 소장되어 있다.

10) 〈翰林院〉, "二十八年諭大學士, 翰林掌院一官, 職任緊要. 必文學淹通, 衆所推

16)부터 강희제의 서실인 南書房에서 강희제와의 직접적인 소통으로, 문학
을 담론하고 학문을 담론하면서 고문과 사부의 역할을 담당하였다.[11]

　강희 연간의 한림학사도 여전히 공명을 얻는 직위였고 한림원 또한 높
은 위상을 가지고 있었다. 吳鼎雯의 글에서도 "한림은 古今 이래 영예롭게
선발되는 것으로 역사를 상고하여 閣臣들을 보면 詞林이 아니면 될 수가
없었으니 진실로 신임을 얻은 바이다"고 찬탄하였다.[12] 이렇듯 한림학사
는 문화와 학술을 발전시켜 나갔으며 더욱 활발히 정치에 참여하였다. 한
림제도와 과거제도는 중국문관제도의 기본 틀이었기 때문에 과거시험을
거쳐 한림이 되고 한림으로부터 조정의 신하가 되는 것은 과거제도가 생
긴 뒤로 사대부 인생에서 이상적인 목표였다.

　강희 연간 博學鴻詞科에 합격한 문사들은 1등 20명, 2등 30명 모두 50명
이다. 博學鴻詞科에 합격한 博學鴻儒들은 학문이 丰富하고 淵博한 學者들
이었다. 여기에 朱彝尊(1629~1709)은 1등으로, 尤侗(1618~1704)과 毛奇齡
(1623~1716)은 2등으로 합격하여 한림원 학사가 되었다.[13] 그리고 이보다

服者, 始克勝任. 凡翰林撰擬之文, 亦須掌院詳加刪潤, 然後成章. 聞明代大學士
有兼管掌院之例. 大學士徐元文, 著兼管翰林院掌院學士事掌院不設專員, 以重
臣兼領始此."(『大淸會典則例』 권153; 鄂爾泰, 『詞林典故』 권2)(文淵閣 『四庫
全書』).

11) 〈職官二〉, "掌院掌國史筆翰, 備左右顧問. 侍讀學士以下掌撰著記載. 祭告郊廟
神祇, 撰擬祝文, 恭上徽號, 册立, 册封, 撰擬册文, 寶文, 及賜內外文武官祭文,
碑文. 南書房侍直, 尙書房敎習, 咸與其選. 修實錄, 史, 志, 充提調, 總纂, 纂修,
協修等官. 庶吉士入館, 分習淸, 漢書, 吏部疏請簡用大臣二人領敎習事."(趙爾
巽, 「志」97, 『淸史稿』)(民國十七年淸史館本).

12) "翰林爲古今榮選, 粤稽前史, 會推閣臣, 非由詞林起家不得与, 誠重之也."(吳鼎
雯, 『淸朝翰詹源流編年』 卷首, 近代中國史料叢刊本, 30集 291冊, 文海出版社,
1973, 1면).

13) 〈選擧四〉, "取一等: 彭孫遹·倪燦·張烈·汪霦·喬萊·王頊齡·李因篤·秦松齡·周
淸原·陳維崧·徐嘉炎·陸葇·馮勖·錢中諧·汪楫·袁佑·朱彝尊·湯斌·汪琬·邱象
隨等二十人. 二等: 李來泰·潘耒·沈珩·施閏章·米漢雯·黃與堅·李鎧·徐釚·沈
筠·周慶曾·尤侗·範必英·崔如嶽·張鴻烈·方象瑛·李澄中·吳元龍·龐塏·毛奇

1년 전 이미 청나라 문단의 영수급 자리를 차지하고 있었던 王士禎(1634~
1711)은 박학홍사과가 있기 1년 전 1678년 45세의 나이에 강희제의 서실에
서 황제를 배알하고 그 이듬해 『明史』 찬수관에 임명되어 황실 편찬사업
에 관여하게 된다.14) 이밖에 박학홍사과에 응하여 한림학사가 된 인물로
는 陳維崧(1625~1682), 宋牢(1634~1714), 高士奇(1645~1704) 등의 문사들이
있었다. 이들은 모두 당대 최고 학자들로서 『明史』의 편찬사업에 동원되
었고 조선문화의 전파에 앞장선 인물들이었다.

　청초 한림학사는 특수한 상황 아래에서 특수한 직무를 수행하기도 하였
다. 강희 연간의 한림원 학사는 황제의 칙명을 작성하는 일 외에 황제의
언행을 기록하였으며, 기밀문서 작성에도 참여하였다. 이외에도 지방에서
열리는 鄕試와 會試의 감독관 역할도 맡았는데 국가적 인재의 선발과 문
풍의 수립에 적지 않은 영향력을 발휘하였다. 이 점에 대해서는 왕사정의
글에서 언급한 陳廷敬(1639~1712), 李光地(1642~1718) 등 청나라 핵심 관료
들과 왕사정의 門生들을 통해서 그 상호적 영향 관계를 살펴 볼 수 있
다.15) 이러한 영향력을 통해 형성된 네트워크는 한림학사를 중심으로 조

齡·錢金甫·吳任臣·陳鴻績·曹宜溥·毛升芳·曹禾·黎騫·高詠·龍燮·邵吳遠·嚴
繩孫等三十人. 三·四等俱報罷."(趙爾巽, 「志」91, 『淸史稿』)(民國十七年淸史
館本).

14) 王士禎, 『王士禎年譜』, 中華書局, 1992.

15) "予自初仕揚州李官, 至叨九列, 三十年間, 往往謬司文衡. 順治庚子江南鄕試爲
同考官, 分較易二房, 得盛符升(甲辰進士監察御史)等十人. 康熙癸卯江南武鄕
試爲同考官, 得邱湛(甲辰武會元)等十九人. 壬子以戶部郞中爲四川鄕試正考官,
得楊兆龍等四十二人, 副之者工部員外郞貴溪鄭公日奎(…)庚申遷國子監祭酒.
辛未會試爲考試官, 同事者文華殿大學士兼戶部尙書張公玉書, 工部尙書陳公廷
敬, 兵部右侍郞李公光地也, 得張瑗(編修改御史)等一百五十六人. 而前在揚州
日, 所賞拔士如許承宣(丙辰進士給事中), 許承家(乙丑進士編修), 汪懋麟(丁未
進士刑部主事), 喬萊(丁未進士侍讀), 汪楫(己未召試檢討河南知府), 許嗣隆(壬
戌進士檢討), 吳世燾(戊辰進士編修), 張琴(癸丑進士中書舍人), 劉長發(丁未進
士工部主事), 張楷(丁未進士延平知府), 張琬, 彭士右, 夏九敍, 王司龍之屬以文
章登科甲者, 亦不下數十人. 予幸生右文之代, 獲以文事自効, 略抒其推賢進達

선문화가 부각되면서 중국 전역으로 그 영향을 미칠 수 있었던 것과도 밀접한 관련을 지닌다.

2) 康熙 年間 翰林院의 편찬 사업

강희 연간 한림학사들의 國史 편찬은 매우 중요한 업무를 차지했던 만큼 여기서는 국사 편찬과 관련하여 살펴보도록 한다. 17세기 중반으로부터 시작된 강희제의 치세는 三藩의 난을 진압하고 대만을 병합하면서 경제 부흥을 가져온 시기이다. 『명사』의 편찬은 청나라가 중화의 문명을 이어 받았다는 의미를 부여하는 사업이었기 때문에, 청 조정에서는 인적, 물적으로 지원을 아끼지 않았다. 강희제는 특별히 博學鴻詞科를 설치하여 당대 최고의 학자들을 한림원으로 초빙하였다. 당시까지도 명나라의 학자들이 유민으로 은거하고 있었기 때문에 『명사』를 편찬하려는 목적 하에 이들을 포용하는 일은 국내 정세의 안정에도 기여할 수 있었다.

자고로 한 시대가 일어남에 마땅히 博學鴻儒가 있어 경사의 뜻을 드러내며 문장을 潤色하여 文運을 일으키고 자문과 저작에 대비하였다. 짐이 政務를 보는 여가에 문한에 마음을 두고 박학지사들을 얻어 학문에 도움을 받고자 생각하였다. (⋯) 무릇 學問과 德行이 모두 우수하고 문장이 뛰어난 문사이면 벼슬을 하였든 하지 않았든, 북경의 三品 이상 官員과 과거에 급제한 관원으로 지방 督撫와 布按들은 알고 있는 사람을 천거하라. 짐이 친히 시험하고 임용할 것이다.[16]

之義, 少逭罪戾, 詎非天幸, 聊疏其槪, 用示吾子孫云."(王士禎, 『居易錄』 권13).
* 이하 『居易錄』은 奎章閣 소장본(康熙年間 木版本; 王士禎 序; 集玉齋印)을 저본으로 하며 文淵閣 『四庫全書』本과 『王士禎全集』(齊魯書社, 2007)을 자료로 활용하였다.

16) 〈選擧考〉, "康熙十七(1678), 乙未(三月 二十三日): 十七年奉諭旨, 自古, 一代之興, 必有博學鴻儒, 振興文運, 闡發經史, 潤色辭章, 以備顧問著作之選, 朕萬幾時暇, 遊心文翰, 思得博洽之士, 用資典學, 我朝定鼎以來, 崇儒重道, 培養人才.

　강희제는 『명사』의 편찬을 위하여 1678년 특별히 박학홍사과를 실시한
다는 칙서를 전국에 반포하고 그 다음해인 1679년 3월에 시험을 거쳐 한림
원 학사들을 채용하였다. 순치 연간부터 시작한 『명사』의 편찬 사업은 35
년이 지난 1679년 박학홍유들이 한림원으로 들어오게 된 후에 본격적으로
시작되었다. 당시 강희제의 칙명에 따라 많은 명나라 유민과 그들의 친인
척 및 제자들 143인이 박학홍사과에 추천되었다.17) 이들은 대부분이 사회
적으로 많은 영향력을 행사하는 한족 사대부 계층과 상류 문사들이었다.
黃宗羲(1610~1695), 顧炎武(1613~1682), 魏禧(1624~1680) 형제와 같은 명말
인사들은 박학홍사과에 응하지 않았으나, 간접적으로 강희제의 정책에 호
응했다. 황종희는 제자 萬斯同(1638~1702)을 보내어 『명사』 편찬에 관여하
도록 하였으며 많은 사료들을 조정에 올리기도 하였다.18) 顧炎武의 외조
카 徐元文(1634~1691), 徐乾學(1631~1694), 徐秉義(1633~1711)도 각각 1659
년(순치16)과 1670년(강희9), 1673년(강희12)에 장원하여 '昆山三徐'라는 명
성을 날렸다. 서원문, 서건학은 모두 강희 연간 한림장원학사로, 『大淸一統
志』 총재관 등을 겸하기도 했다.

　중국 전역의 유력 인사들의 추천 하에 박학홍사과에 합격한 이들은 모
두 한림원의 직책을 하사받았는데, 이들은 모두 대대적인 국가사업인 『명
사』 편찬에 참여하게 된다.19) 그 뒤 한림원 학사들은 1686년(강희25) 대통

　四海之廣, 豈無奇才碩彦, 學問淵通, 文藻瑰麗, 可以追踪前哲者? 凡有學行兼
　　優, 文詞卓越之人, 不論已仕未仕, 著在京三品以上, 及科道官員, 在外督撫布按,
　　各擧所知, 朕將親試錄用."(『淸文獻通考』 권48)(文淵閣 『四庫全書』)(『淸聖祖實
　　錄』 권71, 「諭吏部」).

17) 〈制科薦擧〉, "凡有學行兼優, 文詞卓越之人, 不論已仕・未仕, 在京三品以上及
　　科・道官, 在外督・撫・布・按, 各擧所知, 朕將試錄用. 其內外各官, 果有眞知灼
　　見, 在內開送吏部, 在外開報督・撫, 代爲題薦."(趙爾巽, 「選擧」4, 「志」91, 『淸史
　　稿』)(民國十七年淸史館本).

18) 萬斯同은 字가 季野, 號는 石園, 浙江鄞縣 출신으로 강희 연간 博學鴻詞科에 천
　　거되어 『明史』의 편수에 참여하였는데 이는 그와 사부인 黃宗羲의 사명감에서부
　　터 출발한 것이었다.(趙爾巽, 「列傳」271, 『淸史稿』)(民國十七年淸史館本).

일을 기리는 의미에서 地理志인『대청일통지』를 편찬하였고,『淵鑑類函』
과 같은 類書와 동아시아 시문집인『御製四朝詩』의 편찬 사업에도 관여하
게 되었다.20) 이러한 편찬 사업에서는 주변의 다수 국가가 포함되었다. 그
중에서 제일 첫 번째 순위에 조선을 배치하였고, 역사뿐만 아니라 문화 전
반에 걸쳐 각 항목별로 매우 상세하게 소개해야 했다.

이에 강희 문단의 한림학사들은 국사를 편찬하면서 고려와 조선의 문물,
풍속, 예악, 문학, 서지 교류 및 당대 외교와 문화 전반에 대한 접촉과 이해
를 가졌다. 당시 다량의 문헌들이 대대적인 국가사업에 동원된 것으로 집
계된다.21)『명사』는 萬斯同本과 최종 건륭 연간에 간행된 乾隆武英殿刻本
(張廷玉本)이 있는데 만사동본이 장정옥본에 비하면 조선에 대하여 소개한
내용이 매우 광범하다. 이는 강희 연간 의 참여 학사들이 접한 역사와 문
화도 그만큼 넓었음을 말해준다.

만사동본에서는 권413에「外蕃傳」편목을 두고 조선을 소개하였는데,
大同江과 漢江을 소개하면서 그 중에서 漢江이 제일이라고 기술하였고, 특
산물도 하나하나 기술하였다. 반면 장정옥본『명사』에는「外國」이라는 편
목을 두고 조선을 소개하였는데, 두 나라 간의 조공, 책봉 등의 사안과 壬

---

19) 〈明史開局〉, "康熙十七年, 內閣奉上諭, 求海內博學宏詞之儒, 以備顧問著作. 時
    閣部以下, 內外薦擧者一百八十六人. 十八年三月朔, 御試體仁閣下(「璿璣玉衡
    賦」,「省耕二十韻詩」). 中選者彭孫遹等五十人. 有旨俱以翰林用, 開局編修『明
    史』. 候補少卿一人邵吳遠改侍讀; 監司湯斌, 李來泰, 施閏章三人, 郎中吳元龍一
    人改侍講. 進士彭孫遹, 中書舍人袁佑等授編修; 貢, 擧, 監生, 生員, 布衣倪粲等,
    授檢討. 以原任翰林院掌院學士徐元文爲監修官, 翰林院掌院學士葉方藹, 右春
    坊庶子兼侍講張玉書爲總裁官, 開局內東華門外."(王士禎,「談故」,『池北偶談』
    권2)(文淵閣『四庫全書』).
20) 공식적으로는 大學士 勒德洪(생몰 연대 미상), 明珠(1635~1708) 등이 正副 總裁
    官으로 임명되었고, 왕사정, 서원문 등 당대 학자들이 중심이 되어 諸臣들과『대
    청일통지』(총 500권)의 편찬을 하였다는 기록이 있다.
21) 韓致奫의『海東繹史』에서 이를 정리한 바 있다. (이하『海東繹史』는 한국고전번
    역원 DB자료 활용).

辰倭亂 당시 조선에서 이루어진 일본과의 전쟁 등의 내용을 비교적 상세히 기록하고 풍토와 물산에 대해서는 생략하였다.

조선은 명나라에 대하여 비록 屬國이라 일컬었으나, 경계 안에 있는 것과 다름이 없었다. 그러므로 朝貢이 끊임없이 이어졌고, 下賜品도 풍부하여 이루 다 쓸 수 없으므로, 이 列傳篇에서는 治亂에 관계되는 것만 기록하는 데 그친다. 그 나라의 風土와 物産에 관한 것은 前代의 史書에 갖추어져 실려 있기 때문에 여기서는 중복해서 기록하지 않는다.22)

장정옥본 『명사』에서는 조선이 비록 속국이지만 중국 안에 있는 것과 다름이 없다고 하면서 명나라와 조공관계를 유지한 역사를 기술하고 있다. 이러한 우호적 관계의 유지 아래 朝貢物品과 下賜品들이 매우 풍부하여 이루 다 기록할 수 없다고 하면서 각 세목들을 생략하였다. "다만 治亂에 관계되는 것만 기록하였는데 조선의 風土와 物産에 관한 것도 前代의 史書에 실려 있기 때문에 기록하지 않았다고 했다." 반면 강희 연간 편찬된 만사동본에서는 조선의 풍토와 물산뿐만 아니라 조선의 문헌, 조선인의 저술과 문학적 성취 및 인적사항 등도 함께 소개하였다.

『高麗志』八十本은 本國 徐敬復의 저술이다. 東國史, 名人集은 모두 백여 가에 달하는데 참군 吳明濟의 『選朝鮮詩』가 최고로 꼽힌다. 徐居正, 金宗直, 申光漢, 南袞, 李德馨, 許筠과 許篈, 許筬형제는 모두 장원이며 그 여동생 景樊 또한 이백편의 시를 지었는데 中國에 전해졌다.23)

---

22) "朝鮮在明雖稱屬國, 而無異域內. 故朝貢絡繹, 錫賚便蕃, 殆不勝書, 止著其有關治亂者於篇. 至國之風土物産, 則具載前史, 茲不復錄."(張廷玉, 「列傳」208, 『明史』권320)(淸乾隆武英殿刻本)(奎章閣 소장본).

23) "『高麗志』八十本爲本國徐敬復所著. 東國史, 名人集, 共百餘家. 參軍吳明濟『選朝鮮詩』最著者. 徐居正, 金宗直, 申光漢, 南袞, 李德馨, 許筠, 許筬, 許筬兄弟狀元, 而妹氏景樊亦有詩二百篇, 傳於中國."(萬斯同, 「外蕃傳」, 『明史』권413)(淸鈔本)(古籍庫: 原文 DB, 10470면).

萬斯同本「外蕃傳」에서는 조선의 문헌과 조선 문인들이 집중 조명되었다. 이중에서 『高麗志』 80본이 전하는데 徐敬復의 저술이라고 명시하여 적고 있다. 이외에도 조선의 역사서와 名人의 詩文集의 수가 백 편이 넘는다고 하면서 그중에서 조선시선집으로 吳明濟의 『朝鮮詩選』을 최고로 꼽았다. 다음으로 문집과 저술을 통해 알려진 서거정, 김종직 그리고 허균 형제와 허난설헌도 소개하고 있다.

『대청일통지』의 편찬과 관련된 부분을 좀 더 살펴보자. 주이준이 총재관이 되어 책임지고 편찬을 맡았던 『대청일통지』는 『明一統志』의 체계를 따르면서도 보다 세밀하게 편목을 나누어 풍부한 내용을 담았다. 『명일통지』에서는 권89 「外夷」, 「朝鮮國」의 편목을 두고 조선의 지리적 위치와 연혁, 산천 그리고 풍속 등을 8면(7장 반)의 내용으로 기술한 반면, 『大淸一統志』에서는 그 8배에 해당하는 56면의 내용을 추가하여 기술하고, 역대 중국 문헌에서 조선 관련 문헌을 찾아 고증 작업을 함께 하였다.[24] 『대청일통지』의 조선 관련 참고 서목들을 보면 『古今注』, 『北史』, 『五代史』, 『後漢書』, 『通鑑地理通釋』, 『禹貢錐指』, 『續文獻通考』, 『太平寰宇記』, 『高麗圖經』, 『朝鮮世紀』 등 중국의 문헌과 『高麗史』, 『東國通鑑』, 『朝鮮史略』 등 조선 문헌을 망라하고 있다.

『대청일통지』에서는 建置沿革, 風俗, 山川, 古蹟, 名宦, 人物, 土産의 항목을 두어 조선의 지리, 역사, 풍속, 음악, 예술, 문학 등 다방면에 걸쳐 소개하였다. 내용도 그 어느 나라보다 더욱 상세하여 고조선과 예맥, 옥저, 고구려의 주몽설화 등과 함께 고조선의 지리적 위치와 조공역사 등도 기술하였다.[25] 다음의 표는 『대청일통지』 「外國」에 소개된 나라와 항목을

---

24) 李賢, 「外夷」, 『明一統志』 권89(明萬曆刊本); 御製 『大淸一統志』(陳惠華(淸) 等 奉勅纂修, 乾隆年間刊本; 奎章閣소장본: 奎中 2956).

25) 〈朝鮮〉, "朝鮮王舊都惠帝時兼有濊貊與高句驪, 沃沮地, 凡數千裏傳子(…)樂浪臨屯元玄菟眞番四郡(…)高句驪西北其沃沮濊貊分七縣, 置樂浪東郡(…)高驪又曰高句驪, 通典高句驪本出於夫餘, 先祖朱蒙. 朱蒙母河伯女爲夫餘王妻, 日所

표로 정리한 것이다.

<표 1> 『大淸一統志』 「外國」

순번	朝貢各國	建置沿革	風俗	山川	古蹟	名宦	人物	土産
1	朝鮮	○	○	○	○	○	○	○
2	琉球	○	○	○	-	-	-	○
3	荷蘭	○	○	-	-	-	-	○
4	西洋	○	○	-	-	-	-	○
5	暹羅	○	○	-	-	-	-	○
6	越南	○	○	○	○	○	○	○
7	俄羅斯	○	○	-	-	-	-	○
8	南掌	○	○	-	-	-	-	○
9	蘇祿	○	○	-	-	-	-	○
10	日本	○	○	-	-	-	-	○
11	呂宋	○	○	-	-	-	-	○
12	緬甸	○	○	-	-	-	-	○
13	咭喇	○	○	-	-	-	-	○
14	整欠	○	○	-	-	-	-	○
15	葫蘆國	○	○	-	-	-	-	○
16	馬辰	○	○	-	-	-	-	○
17	港口	○	○	-	-	-	-	○
18	廣南	○	○	-	-	-	-	○
19	柔佛	○	○	-	-	-	-	○
20	彭亨	○	○	-	-	-	-	○
21	丁機奴	○	○	-	-	-	-	○
22	(口+端)國	○	○	-	-	-	-	○
23	嗹國	○	○	-	-	-	-	○
24	嗎六甲	○	○	-	-	-	-	○
25	宋腒勝	○	○	-	-	-	-	○
26	合貓裏	○	○	-	-	-	-	○
27	美洛居	○	○	-	-	-	-	○

照逤有孕而生, 及長名曰朱蒙, 俗言善射也, 國人欲殺之朱蒙, 棄夫餘東南走, 渡
普述水至紇升國城逤居焉, 號曰句驪, 以高爲氏(…)平壤城卽朝鮮國王險城也,
國內分八道, 中曰京幾, 東曰江源, 本濊貊地, 西曰黃海, 古朝鮮馬韓舊地, 南曰
全羅本弁韓地, 東南曰慶尙本辰韓地, 西南曰忠淸古馬韓地, 東北曰鹹鏡本高句
驪, 西北曰平安本朝鮮故地(…)元嘉十二年連遣使入貢於魏."(穆彰阿, 「朝貢各
國」, 『(嘉慶)大淸一統志』권550)(四部叢刊續編景舊鈔本).

순번	朝貢各國	建置沿革	風俗	山川	古蹟	名宦	人物	土産
28	汶茉	○	○	-	-	-	-	○
29	榜葛剌	○	○	-	-	-	-	○
30	拂菻	○	○	-	-	-	-	○
32	古裏	○	○	-	-	-	-	○
32	柯枝	○	○	-	-	-	-	○
33	錫蘭山	○	○	-	-	-	-	○
34	西洋瑣裏	○	○	-	-	-	-	○
35	啞齊	○	○	-	-	-	-	○
36	南渤利	○	○	-	-	-	-	○
37	占城	○	○	-	-	-	-	○
38	東埔寨	○	○	-	-	-	-	○
39	噶喇巴	○	○	-	-	-	-	○
40	渃泥	○	○	-	-	-	-	○
41	麻葉甕	○	○	-	-	-	-	○
42	舊港	○	○	-	-	-	-	○
43	法蘭西	○	○	-	-	-	-	○

　강희 연간에 시작한 『대청일통지』 편찬은 옹정 연간(1723~1735)을 거쳐 건륭 초년까지 지속되었다. 1743년(건륭8) 經筵講官戶部尙書兼 一統志總裁 官 陳惠華, 文華殿大學士 蔣廷錫[26] 휘하 諸臣이 완성한 1차본 『대청일통 지』 및 2차본과 3차본이 나오기도 하였는데, 이는 모두 강희 연간의 내용 을 바탕으로 하여 확장된 영토에 대한 내용을 첨가한 것이다.[27]

　위에서 살펴본 바와 같이 『명사』와 『대청일통지』를 편찬하는 과정에서 한림학사들은 다량의 조선 문헌을 접하게 되었고 이로부터 조선의 역사와 문화에 더욱 많은 관심을 가지게 되었다. 이러한 점은 만사동본 『명사』에

---

26) 蔣廷錫(1669~1732)은 字가 揚孫으로 酉君, 南沙 등의 號를 사용하였다. 江蘇省 常熟縣 출신으로 禮部侍郎, 文華殿大學士, 『聖祖實錄』 總裁 등을 역임하였다. 宮中畫家로도 활약하였으며, 문집으로 『靑桐閣集』이 있다.

27) 『대청일통지』는 전후 3차 본으로 나뉘는데, 康熙 『大淸一統志』, 乾隆 『大淸一 統志』, 嘉慶 『大淸一統志』이다. 이 책은 元과 明의 一統志를 답습한 것이기는 하지만, 고증이 자세하고 조선을 포함한 동아시아 관련 내용도 풍부하여 동아시아 의 지리뿐만 아니라 상고의 역사 지리, 문화를 연구하는 데 매우 중요한 문헌이다 (奎章閣소장 乾隆 연간 간행본과 古籍庫 嘉慶 연간 간행본 참고).

서 조선의 역사, 조선의 문물, 문학에 이르기까지 소상히 기록한 데서 확인할 수 있을 것이다. 또한 당시『명사』편찬 사업에 동원된 다량의 조선 문적들은 조선에 대한 더욱 많은 관심을 불러일으켰다고 할 수 있다. 이러한 관심으로 인해 한림학사들은 史館에서 역대 조선 문헌들을 메모하기도 하였다. 또한『고려사』,『동국사략』등 고려본과 조선본 문적들을 통해 조선에 대한 관심이 증대됨에 따라 관련 정보들을 자신의 저술에 담아내는 양상을 보였다.

이렇듯『명사』및 지리지의 편찬으로 이에 참여한 한림학사들은 조선문헌을 다량으로 접하고 비평·고증할 수 있었다. 예컨대, 주이준은 당시 자료들을 이용하여『日下舊聞』을 저술하는 가운데 한중 문화 교류의 공간들도 고증하는 작업을 포함하였을 뿐만 아니라 그 뒤에도『經義考』와『明詩綜』을 저술하는 등 적극적으로 조선문화에 대한 관심을 표현하였다. 후술하겠지만 왕사정의 경우에는『居易錄』,『香祖筆記』등의 저술에서 고려의 인물과 고려가요, 조선문화를 언급하였으며, 우통은「朝鮮竹枝詞」를 저술하여 고려 및 조선의 문화를 문학적으로 형상화하기도 하였다.

2. 조선 문인과 淸 문인의 淸緣

청대 한림원의 기능이 확대되고『명사』의 편찬 등을 통해 조선문화를 많이 접하게 된 것이 그 첫 번째 배경이었다면, 두 번째 배경으로는 한중 문사의 인적교류를 들 수 있다. 이 인적교류는 간접적 형태로만 이루어졌지만, 청나라 후기 문단까지 그 영향력이 계속되었다는 점에서 조선문화 인식의 중요한 배경으로 들 수 있을 것이다. 교유의 당사자가 한림학사는 아니었으나 여전히 당대 청나라 문단에서 아주 영향력 있는 인물이었기 때문에 중국에서 조선 사신을 만나 교유를 나눈 정보는 당대 청나라 문인들의 조선문화에 대한 관심을 촉발시킬 수 있었다.

1) 金尙憲과 王士禎의 인연

18, 19세기에 이르면 조선 사신들은 중국에서 淸陰 金尙憲을 아느냐는 질문을 받곤 하였는데, 이는 강희 연간에 활약하였던 王士禎에 그 원인이 있었다. 왕사정은 중국 山東省 新城 사람으로 字는 子眞, 貽上이며 號는 阮亭, 漁洋山人 등을 사용하였다. 1658년(순치15)에 進士가 된 이래 여러 관직을 거쳐 刑部尙書를 지냈다. 그는 시문 창작과 시론 외에도 蒲松齡의 『聊齋志異』 등을 비롯한 소설과 희곡의 비평, 죽지사의 창작과 비평 및 書畵, 史論, 詞 등 방면에서도 뛰어난 성과를 남겼다.[28]

왕사정은 山東省 濟南의 大明湖에서 名士 東武 邱石常(1605~1661), 淸源 柳壽, 任城楊通睿, 楊通久 형제, 益都孫寶侗 등의 인사들과 詩社 秋柳社를 결성하여 시 「秋柳」를 창작하여 전국적으로 이름을 날렸다.[29] 김상헌은 명말 北京에서 중국인들과 교류하였는데 山東 燈州의 張延登이 이러한 정황을 담은 『朝天錄』을 간행하기는 하였으나, 전국적으로 반향은 불러일으키지는 못하였다. 그러다가 왕사정이 懷人詩集 『感舊集』[30]에 김상헌의 시화와 작품을 선별하여 소개한 후 중국 江南과 北京 등 전역에서 "떠들썩하

---

28) 蔣寅, 『王漁洋與康熙詩壇』, 中國社會科學出版社, 2001; 『王漁洋事跡征略』, 人民文學出版社, 2001 등 참조.

29) '秋柳社' 일원인 邱石常(1605~1661) 및 楊通睿, 楊通久 형제와의 인연은 河南, 浙江, 江南, 四川 등지에 여러 인사들과의 밀접한 관계로 이어졌다. 邱石常이 王士禎에 대한 칭송은 王士禎의 詩名 이 전국으로 널리 퍼지는데 매우 큰 영향을 미쳤는데, 이러한 네트워크는 王士禎의 시문이 전국으로 널리 알려질 수 있는 결정적 요인이 되었다. 중국 문단에서의 王士禎의 명성은 청년시기에 시작되어 이후로 그가 관직에 나아가고 시단의 영수로 활동할 수 있는 튼튼한 발판이 되었다.

30) 이하 『感舊集』은 서울대학교 고문헌 자료실(手書刻序: 乾隆壬申:1752, 盧見曾 原序; 康熙13年 甲寅:1674, 朱彝尊 自序) 소장본을 저본으로 하며 古籍庫(乾隆 十七年刻本:1752) 자료를 비교 문헌으로 활용한다.

게 소개되면서 시를 아는 사람 가운데 조선에 김상헌이 있다는 것을 모르
는 사람이 없을 정도"31)가 되었다고 한다.

왕사정이 한림원으로 들어간 시기는 1678년(강희17)인데 이는 바로 『명
사』 편찬이 이루어지던 해이다. 강희제는 시선집의 편찬도 기획하고 있었
기 때문에 1676년(강희15)부터 여러 신하들에게 시문이 우수한 인사들을
자문한 후 1677년에 왕사정에게 정식 발령장을 내렸다. 이 해 강희제는
'南書房'에서 왕사정을 만났는데 왕사정은 당시 상황을 자신의 문집에 「召
對錄」32)이란 제목으로 상세히 적고 있다.

이때는 왕사정이 김상헌의 시문을 『감구집』에 수록한 이후이다. 이미
조선의 대명의리를 알고 또 조선에 대한 동문의식을 가지고 있었던 왕사
정은, 한림원에서 편찬사업을 진행하면서 조선에 대한 관심을 이어갈 수
있었을 것이다. 그렇다면 왕사정이 저술한 『감구집』에 수록된 김상헌의
시화와 작품을 먼저 살펴볼 필요가 있을 것이다. 『감구집』은 왕사정이 40
세 되던 해인 1673년 형님 王士祿이 세상을 떠나자 슬픔 속에서 엮은 책이
다.33) 이 책은 1673년에 편집을 마치고, 그 이듬해 주이준의 서문과 함께

---

31) 藤塚 隣, 藤塚明直 편, 윤철구 등 역, 『추사 김정희 연구』, 과천문화원, 2009, 29면.
32) "「召對錄」云: 康熙丙辰(十五年), 某再補戶部郎中. 居京師. 一日, 杜肇餘臻閣學
謂予曰: "昨隨諸相奏事, 上忽問: '今各衙門官讀書博學善詩文者, 孰爲最?' 首
揆高陽李公(霨)對曰: "以臣所知, 戶部郎中王士禎其人也. 上頷之, 曰: "朕亦知
之.'" 明年丁巳(十六年)六月, 大暑, 輟講一日. 召桐城張讀學(英)入, 上問如前.
張公對: "郎中王某詩, 爲一時共推. 臣等亦皆就正之." 上擧王士禎名至再三, 又問:
"王某詩可傳後世否?" 張對曰: "一時之論, 以爲可傳." 上又頷之. 七月初一日,
上又問高陽李公, 臨朐馮公(溥), 再以士禎及中書舍人陳玉琛對. 上頷之. 又明年
戊午(十七年) 正月二十二日, 遂蒙與翰林掌院學士陳公(廷敬)同召對懋勤殿. 次
日特旨授翰林院侍讀."(惠棟, 『漁洋山人自撰年譜注補』 권하, 21면)(淸 紅豆齋
刻本).
33) "康熙十二年癸醜, 四十歲. 居廬. 長兄考功以毀致疾, 七月卒. 『考功年譜』云:
'君以七月二十日酉時終於正寢. 易簣之際, 口鼻皆作旃檀香, 旣而遍體作蓮華,
蘭蕙種種異香, 經三日夜不散, 旣殮乃已. 君之歿, 未及太夫人小祥者八日. 鄉之
士大夫以君居喪動循古禮, 死孝章章甚著, 私諡曰節孝先生.' 輯考功詩, 因撰平

8권으로 엮어 내었다.[34) 총 335인의 시인과 2572수의 시로 구성되어 있는데, 주로 명나라의 유민과 布衣들이었으며 김상헌은 『감구집』에서 유일한 조선 문인이었다. 비록 王士禎이 김상헌에 대해 자세히 설명을 더하지는 않았지만, 당대 청초 문인들은 金尙憲을 소재로 한 시화에서 王士禎이 조선의 대명의리를 보여주고자 한 뜻을 읽어 냈을 것이다.

김상헌의 자는 叔度로, 조선의 사신이 되어 天啓 연간에 登州를 경유해 조공하러 왔는데 鄒平사람 張忠定公이 자신의 집으로 숙소를 정하게 하였으며, 그 집에서 『朝天錄』 1권을 刻板하였다. 아름다운 시구가 많기에 대략 이곳에다가 싣는다.[35)

위의 시화는 김상헌을 명나라 천계 연간에 登州를 경유하여 北京에 온 조선의 사신이었다고 소개하는데, 이는 후금이 육로를 차단하고 있었던 당시의 상황을 떠올리게 할 만하다. 당시 어려운 국제 정세에서 운명을 함께 하여온 조선과 명나라의 관계를 재차 확인하고 김상헌의 절의를 은연중에 보여주고 있는 것이다.

忠定은 張延登의 謚號로, 김상헌은 바닷길을 이용해 山東 登州를 거쳐 北京에 가면서 濟南의 日涉園에서 張延登을 만났고 김상헌과 장연등 두 사람은 시를 주고받았다. 장연등은 김상헌의 시를 보고 감탄하였으며 이듬해

生師友詩爲『感舊集』若幹卷. 梅耦長『知我錄』云: "新城先生著述甫脫稿, 輒已流布. 獨『感舊集』一書, 編成逾卅年不以示人, 因別有微指. 嘗手疏其篇日見示, 云: '右康熙甲寅撰, 故無新篇. 尙有『屛風集』佇近作入之.' 蓋是集始於癸醜, 成於甲寅也."案『屛風集』他處不載, 蓋未成書也. 冬養廚西山之柳菴. 奉匡廬公命也.(惠棟, 『漁洋山人自撰年譜注補』 권상)(淸紅豆齋刻本).

34) 「自序」, "感子桓來著難誣之言, 輒取篋衍所藏平生師友之作, 爲之論次, 都爲一集(…)又取向所撰錄『神韻集』一編, 芟其什七附焉, 通爲八卷, 存歿悉載, 竊取篋中收季川中州登敏之例, 以考功終, 命曰『感舊集』."(王士禎, 『感舊集』).

35) "尙憲, 字叔度, 朝鮮使臣, 天啓中, 金叔度由登州入貢, 鄒平張忠定公館, 之於家刻其詩一卷, 頗多佳句, 略載於此."(王士禎, 『感舊集』).

김상헌이 『朝天錄』을 보내오자, 그 문집에 직접 서문을 쓰고 간행하였다.

이러한 김상헌과 장연등의 교류는 왕사정에게까지 그 인연이 이어지는 바탕이 되었다. 왕사정이 1650년(순치 7) 17세의 나이에 장연등의 아들 張萬鐘의 딸과 결혼하였기 때문이다. 왕사정은 장연등을 매개로 김상헌의 작품에 접근할 수 있었던 것이다.

왕사정이 회인시집 『감구집』에 조선인으로서는 유일하게 김상헌의 한시를 수록했음은 앞서 말했지만, 「登州에서 吳秀才의 운을 차운하다(登州次吳秀才韻)」[36]를 비롯하여 김상헌의 작품이 총 8수가 실려 있다. 이 작품들은 아마도 그가 장연등을 매개로 우연히 입수하게 된 시였을 것이지만, 김상헌의 시화에서 볼 수 있듯이 그는 이 작품들을 역사적 맥락에서 받아들인 것으로 보인다.

먼저 김상헌이 등주를 거쳐 가며 지은 「登州에서 吳秀才의 운을 차운하다」를 보기로 한다.

> 소고사엔 구름 옅어 가랑비가 내리는데
> 팔월이라 난 시들고 국화 한창 피었네.
> 한없는 나그네의 시름을 풀 길 없어
> 좋은 그대 시구 인해 그리운 맘 깊어지네.
> 澹雲微雨小姑祠, 菊秀蘭衰八月時.
> 無限旅愁消不得, 因君好句重相思.
> 金尙憲, 「登州에서 吳秀才의 운에 차운하다(登州次吳秀才韻)」(『感舊集』)

---

36) 金尙憲, 『淸陰集』에는 「次吳晴川大斌韻」이란 시제로 三首가 실려 있는데 3수의 시아래 모두 주석을 달았다. "澹云輕雨小姑祠, 佳菊衰蘭八月時. 機石近依牛女渚, 桂花低映廣寒枝. 夢回孤枕鯨濤撼, 風散遙空雁列差. 無限旅愁消不得, 喜君詩句慰羈離.(右廟島停舟); 鳥章云斾想飄飄, 鐵馬漁陽夜渡橋. 聞道廟堂收勝略, 佇看三捷報平遼.(右遼陽出師); 五更殘月水城頭, 詠史何人獨艤舟. 不向東瀛覓歸路, 還依北斗望神州.(右水城夜景)"(金尙憲, 「次吳晴川大斌韻」三首, 『淸陰集』권9)(한국문집총간: 77, 127면)(『感舊集』에는 三首 中 其一과 其二 두 수가 수록되었다).

위 작품은 김상헌의 문집『淸陰集』에서 제목이「吳晴川大斌 운에 차운
하다(次吳晴川大斌韻)」이라고 되어 있는 작품이다.37) 金尙憲은「次吳晴川
大斌韻三首」라는 제목으로 당시 吳晴川과 수창한 작품을 모두 세 수 읊었
는데, 주석으로 "묘도에 배를 정박하며(廟島停舟)"로 적고 있다. 이 중에서
왕사정은 첫 번째 작품만 가져왔고 수록 과정에서 제목을「登州次吳秀才
韻」으로 바꾸어 달았다. 우선 '登州'를 제목에 넣음으로써 조선 사신이 등
주를 거쳐 갔던 사실을 보여주었다. 그리고 이름인 '吳晴川' 대신 '吳秀才'
로 바꾸어 登州 지방의 수재와 수창한 것임을 확연히 드러내 보여주고 있
는 것이다.

왕사정은 위의「登州次吳秀才韻」을 매우 높이 평가한 것으로 보인다.
이는 왕사정의 집구시「元遺山의 論詩絶句에 戲做하여 짓다(戲仿元遺山論
詩絶句三十二首)」에서 김상헌의 위 작품 중 1구와 2구의 내용을 인용하기
도 한 데서 짐작할 수 있다. 왕사정이 지은 집구시는 다음과 같다.

> 소고사엔 구름 옅어 가랑비가 내리는데
> 팔월이라 난 시들고 국화 한창 피었네.
> 조선 사신의 말을 생각해보니
> 과연 동국에는 시를 이해하였구나.
> 澹雲微雨小姑祠, 菊秀蘭衰八月時.
> 記得朝鮮史臣語, 果然東國解聲詩.
> 王士禎,「元遺山의 論詩絶句에 戲做하여 짓다(戲倣元遺山論詩絶句)」(『漁
> 洋山人精華錄』)38)

왕사정은 元好問의 논시절구를 모방해서 지은 논시절구에 김상헌의 시
구를 인용하여 작품을 짓기도 하였다. 작품을 보면 1구와 2구의 "소고사엔
구름 옅어 가랑비가 내리는데(澹云微雨小姑祠), 팔월이라 난 시들고 국화

---

37) 金尙憲,『淸陰集』권9,「次吳晴川大斌韻, 三首, 其一」(한국문집총간 77, 127면).
38) 王士禎,「戲倣元遺山論詩絶句」,『漁洋山人精華錄』권5(四部叢刊景林佶寫刻本).

한창 피었네(菊秀蘭衰八月時)"라는 시구를 그대로 차용하고는 그 다음 3구
에서 조선 사신의 이러한 말을 생각나게 한다고 하였는데, 이는 바로 중국
을 다녀간 김상헌을 의미하는 시구라고 할 수 있다. 왕사정은 『조천록』의
김상헌의 시문을 기억하면서, 4구를 통해 金尙憲을 통해 조선의 한시 능력
을 중국 독자들에게 보여준다. 조선이라는 이국의 문인들이 운율에도 밝았
다고 노래하는 것이다. 이 작품은 왕사정의 저술 『漁洋山人精華錄』, 『帶經
堂集』, 『漁洋詩話』를 통해 널리 알려졌다.

　이와 같이 왕사정은 김상헌과의 인연을 바탕으로, 시화를 통해 조선을
대표하는 인물로 김상헌을 부각시켰다. 또한 김상헌의 시구를 빌어 집구시
를 지어 동문 조선을 널리 알리기도 하였다. 김상헌에 대한 왕사정의 특별
한 마음은 김상헌의 시구를 따서 집구시를 지었다는 사실에서 더욱 분명
해진다. 왕사정은 『감구집』에서 처음으로 김상헌과 그의 작품을 수록한
뒤 『池北偶談』과 『어양시화』에도 줄곧 등주를 거쳐 간 사실을 밝혔는데,
이는 김상헌의 역사적 배경을 부각시켜주는 동시에 청나라 문단에 '의리
조선', '동문조선'임을 확산시켜주는 역할을 하였다.

2) 鄭太和와 魏際瑞의 교유

　청나라가 들어선 후에는 北京으로 燕行한 조선 사신과 중국 문사의 교
류가 있었다. 조선 사신과 중국문사의 교류는 한족 지식인들로 하여금 조
선문화에 대한 관심을 증폭시키는 데 큰 영향을 주었다. 대표적 예가 鄭太
和(1602~1673)와 중국 魏際瑞(1620~1677)의 만남이다. 위제서는 江西寧都
縣城人으로 淸初의 學者이다. 본명은 祥으로 生員이 된 후 이름을 際瑞로
바꾸었다. 字는 善伯, 호는 東房이며 삼형제 중 맏이였기 때문에 '伯子先
生', '魏伯子'라고도 불린다. 동생 魏禧와 魏禮를 통칭하여 寧都三魏라고도
불렸다. 명나라 멸망 후 형제들과 彭士望 등의 인사들과 翠微峰에 거처하

면서 '易堂九子'라는 호를 사용하였다. 문집으로 『魏伯子文集』이 있다.[39]
둘째인 魏禧는 散文家로 명성이 높았다. 그 또한 관직에는 나가지 않았지
만 주이준, 왕사정 등과 가까웠던 사이이다.[40] 이들 삼 형제는 모두 강희
제의 부름을 받았으나 응하지 않았다. 이들 삼형제의 영향력은 중국에 매
우 큰 영향을 미쳤기 때문에 위제서가 조선 사신을 만난 일은 널리 알려졌
고, 따라서 이 또한 조선문화에 대한 관심을 더 한층 높이는 데 하나의 계
기가 되었다.

정태화는 1628년 별시문과에 병과로 급제하여 承文院에서 벼슬살이를
시작하였다. 1637년 昭顯世子를 따라 瀋陽에 가기까지, 堂下官의 淸要職을
두루 역임하였다. 효종이 즉위하자 謝恩使가 되어 명나라 燕京에 갔고, 그
뒤 곧 좌의정에 승진되었으나 어머니의 죽음으로 취임하지 못하고 향리에
머물렀다. 1651년(효종 2)에 상복을 벗으면서 영의정이 되어 다시 조정에
나아갔다. 청나라의 고위 관원들과도 적절히 교류했기 때문에 곤란한 경우
를 당할 때마다 이를 해결하는 핵심적인 역할을 하였다. 저서로 시와 문을
모아 엮은 『陽坡遺稿』 2권 2책, 1656년까지의 일기인 『陽坡燕記』 2권 2책
이 있으며, 시조 1수가 전한다.[41]

두 사람의 만남은 정태화가 進賀兼進奏使의 임무를 띠고 북경에 사신으
로 갔을 때에 이루어졌다. 이때는 강희제가 등극한 첫 해였다. 정태화 일행

---

39) 『淸史稿·文苑傳』; 『四庫全書總目提要』; 張維屛, 『國朝詩人征略』 권3(淸道光
   十年刻本).
40) 朱彝尊은 魏禧에게서 만년에 편찬한 문집 『曝書亭集』의 서문을 받은 일이 있으
   며, 왕사정은 그의 저술에서 魏禧에 대한 글을 실어, 그의 3형제의 뛰어난 문장솜
   씨와 博學鴻詞科에 응하지 않은 일 등을 기술하였다. 「徵聘不至」, "康熙己未博
   學宏詞之徵, 內外薦剡百八十餘人, 不至者四人, 浙江應撝謙嗣寅, 江西魏禧冰
   叔, 山西范鄗鼎彪西, 陝西李顒中孚. 范登順治辛丑進士, 闔明絳州辛復元全先
   生之學, 與應, 李以理學著於南北, 唯魏以古文擅名, 其兄際瑞, 弟禮, 皆有詩名,
   時號寧都三魏."(王士禎, 『池北偶談』 권4)(中華書局本 上冊, 82면).
41) 『仁祖實錄』, 『孝宗實錄』, 『顯宗改修實錄』, 『國朝榜目』 등 참조.

은 1662년(현종3) 7월 26일에 출발하여 1662년 9월 15일 북경에 도착했으며, 다시 북경을 1662년 10월 12일 출발하여 1662년 11월 10일 조선에 도착하였다. 일기에서는 11월 15일 平山에 도착하였는데 그 후 서울에 도착한 시간은 12월이 되었을 것으로 추정된다.[42]

鄭太和는 이 연행에서 『壬寅飮氷錄』을 남겼다. 이 사행의 임무는 강희제가 중국의 남부에서 복위 운동을 벌이던 명나라의 잔여 세력을 물리치고 雲南을 평정한 것을 進賀하는 한편, 압록강을 건너가 耕作 인삼을 採蔘하는 것을 방치한 義州府尹인 李時術의 책임을 물어 파면한 일을 陳奏하는 것이었다. 이시술의 사건은 청나라가 국경 문제(邊禁)를 들어 칙사를 보내 직접 조사할 정도로 큰 문제였는데, 조선에서는 大通官[청나라의 조선 통역] 李一善을 통해 뇌물을 전달하여 무마시키고자 하였다. 결국 이시술을 죽이라는 청나라의 요청을 파면시키는 것으로 매듭지었다. 조선에서는 특별히 대청 관계에 유연하게 대처하던 영의정 정태화를 정사로, 이전에 사행의 人蔘과 焰硝 불법무역에 관한 일을 무사히 해결했던 許積을 부사로 파견했다.

정태화는 북경에서의 일정을 모두 마치고 돌아오는 길에 永平에서 위제서를 만날 수 있었다. 정태화의 일기에 따르면 이는 1662년 10월 18일의 일이었다.

　18일. 바람이 많이 불었다. 새벽에 일어나 范家莊에서 아침을 먹고 바로 永平까지 왔다. 부사와 서장관은 野鷄坨에서 아침을 먹고 夷齊廟를 보러 갔는데 해가 떨어진 후 추위와 바람을 무릅쓰고 永平에 와서 만났다. 그러나 숙소가 누추하기가 말이 아니어서 서장관으로 하여금 민가에 나누어 유숙하도록 하였다. 숭의 아들이 강서의 선비 위제서를 만나게 하였는데 그는 예와 폐물로 상견하였다. 글을 받는 동안 심려를 기울이고 필로서 문답하였는데 밤

---

42) 정태화의 일기에도 당시 사행 일정과 일행의 직함과 이름을 「飮氷錄」에 모두 기록하고 있다. (鄭太和, 「飮氷錄」, 『陽坡遺稿』 권14)(한국문집총간: 102, 468면).

이 깊도록 앉아 필담하였다. 그의 문장은 박아하고 식견이 밝아 姜君弼을 훨씬 뛰어 넘었다.[43]

1662년(강희1) 정태화가 永平에서 당시 명나라 유민 위제서를 만나 교유한 기록이다. 정태화는 위제서와 만나보고서 그 문장과 識見이 그 전날 필담을 나누었던 姜君弼[44]을 훨씬 뛰어나다고 하였다. 당시 정태화는 위제서가 중국 전역에 이름을 드날리고 있는 魏씨 삼형제 중 한 명이라는 점은 몰랐던 듯하다.

정태화의 6대손인 鄭元容(1783~1873)은 『袖香編』에서 이 만남을 소상히 기록하였다.[45] 정원용은 조선 후기의 문신으로 자는 善之, 호는 經山을 사용하였으며 1802년(純祖 2)에 庭試文科에 을과로 급제하여, 예문관검열, 대사간 등을 지냈다.[46] 정원용은 당시 서장관 李東溟의 일기를 통해 정태화 일행이 위제서와 사모의 정을 나누며 필담을 한 사연 및 눈물을 흘리며 헤어진 정황을 기술하였다.

---

43) "十八日. 大風. 曉起. 余則朝飯于范家莊, 直到永平. 副使,書狀朝飯于野鷄坨, 往見夷齊廟, 日暮後冒風寒來會于永平, 而公廨弊甚, 使書狀分寓間家. 嵩兒適逢江西儒士魏際瑞, 彼以禮幣相接, 辭受之際, 頗費心力, 以筆問答, 坐到夜深, 其文詞之博雅, 識見之明的, 超勝於姜君弼也."(鄭太和,「飮水錄」, 『陽坡遺稿』권14, 10월 18일 일기)(위의 책: 102, 480 下면).

44) "十七日. 前導甲軍等聞變疾馳而來, 見吾等之行, 還爲隨護以行, 夕到沙河驛. 察院頹破, 難以過夜, 出宿于其近處士人之家. 主人姜君佐者出待曰, 伯兄君弼適出他. 進茶之後, 仍呈米釀鷄酒, 以文字半夜問答. 其言語皆從經書中出來, 筆翰如流, 其弟有君輔, 君寵兩人云, 而只一人同參接待, 亦能文."(鄭太和,「飮水錄」, 『陽坡遺稿』권14, 10월17일 일기)(위의 책: 102, 480 上면).

45) 〈陽坡公使行時逢魏伯子〉, "陽坡公, 康熙壬寅, 以進賀使赴燕, 副使許積, 書狀官李東溟, 同行. 十月十八日, 還到永平, 洛南公[諱載嵩, 陽坡公仲子, 以兵曹佐郎隨行.] 適逢江西儒生魏際瑞, 以禮幣相交, 以筆問答, 坐到夜深. 其文詞之博雅, 識見之明的, 逈出凡常."(鄭元容, 『袖香編』).

46) 『純祖實錄』, 『憲宗實錄』, 『哲宗實錄』, 『高宗紀事』, 『國朝榜目』 등 참조.

魏선비가 正使를 만났을 때, 정사가 그에게 筆墨을 주자 魏선비가 葛布와
은잔을 가져와 사례했다. 정사가 사양하면서 받으려 하지 않다가 갈포만 받
고 은잔은 돌려주었다. 魏선비는 자신이 지은 글 한 책을 정사께 드렸다.[47]

위제서가 정태화를 만났을 때 정태화가 위제서에게 필묵을 선물로 주니
위제서가 갈포와 은잔을 가져와 사례했다고 하였다. 이에 정태화는 값비싼
은잔은 받지 않고 예의로 갈포만 받았다. 이 만남에서 위제서는 자신의 시
집을 정사인 정태화에게 선물로 주었는데 이 책은 정원용 가문에서 보관
하고 있었다. 이렇게 조선에 들어온 魏伯子의 글과 시문은 그의 문집에는
들어 있지 않은 내용이었다. 정원용 집안에서 소장한 위제서의 시 가운데
「朝鮮使者」의 시를 보기로 한다.

> 멀리서 듣자하니 조선 사신이
> 굽이돌아 장안에 이르렀네.
> 북평길 위에 말을 세우니
> 도성 사람 앞다투어 구경하였네.
> 떳떳한 도리는 은나라 후예답고
> 예의와 겸손은 한나라의 의관이라.
> 하루 묵고 수레 몰아 떠나니
> 압록강 추위가 쌀쌀하겠네.
> 遙聞東海使, 委曲到長安.
> 駐馬北平路, 都人相競看.
> 彝倫殷子弟, 禮讓漢衣冠.
> 一夕驅車去, 凄凄鴨綠寒.
> 魏際瑞, 「조선의 사신(朝鮮使者)」(『袖香編』)

---

47) 〈陽坡公使行時逢魏伯子〉, "書狀官李東溟日記云: '魏士, 見上使, 上使贈筆墨,
魏以葛布銀盃來謝, 上使辭不獲, 受其布, 還其盃. 魏以所著文一冊獻上使."(鄭
元容, 『袖香編』).

당시 조선 사신의 행차는 중국인들에게 매우 큰 구경거리였다. 소문을 들고 많은 사람들이 구경하러 나왔는데, 이들과 직접 교유한 위제서는 조선 사신을 은나라의 후예로서 한나라의 法度를 지키고 있다고 하였다. 그리고 예의와 겸손을 지키고 법도를 지키는 조선 사신의 선비다운 풍채를 한나라의 의관으로 노래하고 있다. 귀국하는 길에 만나 하룻밤동안 필담을 나눈 이들은 헤어지며 눈물을 흘렸다. 결구에서는 헤어지는 아쉬운 마음을 압록강의 추위로 시화하였다.

또 다른 시는 다음과 같다.

> 옛날 노나라 孔子도
> 九夷에서 살고 싶다고 했지
> 동방은 군자의 나라여서
> 참으로 여러 오랑캐와는 다르다네.
> 三恪이 중국에 남아 있어서
> 雙星이 동방 사신의 수레에 드네.
> 生蒭가 도리어 옥과 같으니
> 그대의 생각은 어떠하신지?
> 在昔魯中叟, 九夷云欲居.
> 東方君子國, 洵與百蠻殊.
> 三恪存諸夏, 雙星入使車.
> 生蒭還似玉, 嘉客意何如.
> 魏際瑞, 「朝鮮使者」(『袖香編』)

1구와 2구에서 『論語』「子罕」 편에 孔子가 일찍이 九夷에 가서 살고자 하였다는 말을 한 것을 빌어 조선이 군자의 나라임을 칭송하고 있다. 3구와 4구에서 예부터 전해 오던 "동방은 군자의 나라"라는 말을 재차 자신의 눈으로 확인하였음을 밝혔다. 5구와 6구에서는 주나라 武王이 은나라를 멸한 뒤에 虞·夏·殷의 자손을 封하여 三恪이라 한 옛 말을 빌어 先王을 공경하는 유풍을 지닌 조선 사신 행차의 길에 牽牛星과 織女星이 밝게 비춰준다

고 하면서 사행 길의 평안을 빌고 있다. 그리고 『詩經』 小雅 「白駒」에서 노
래한 "희고 흰 망아지 저 빈 골짜기에 있도다. 싱싱한 풀 한 다발을 주노니
그 사람은 옥처럼 맑도다(皎皎白駒, 在彼空谷, 生芻一束, 其人如玉)." 라는
구절로 변변치 못한 禮物로서 인사를 하는 마음을 시의 결구에 담고 있다.

위 글에서는 위제서가 당시 정태화의 둘째 아들 鄭載嵩의 안내로 정태
화를 만나고 이들과 필담을 나누고 선물을 교환한 사실을 기록하였다. 위
제서는 이 일을 편지로 써서 그의 아들인 魏世杰(1645~1677)에게 보내기도
하였다. 魏世杰이 남긴 「高麗刀記」를 보면 당시 헤어질 때 정사 정태화는
위제서에게 '高麗刀'를 선물로 주고 魏際瑞도 또한 鄭太和에게 자신의 글
과 함께 선물을 준비한 것으로 보인다.[48]

을사년(1665)에 아버지께서 산중으로 돌아와서는 다시 사신이 준 붓과 종
이, 먹을 나에게 주면서 활과 화살, 쟁반, 사발, 冠服의 다른 점들을 말해 주
셨다. 조선 사신이 키가 훤칠하고 흰 피부에 수염이 멋있었다. 말을 타고 날
마다 300리를 가는데, 보행자들은 걸어서 그들을 따라간다고 하였다. 나는 아
버님을 모시고 여행해서 그들을 만나 밤새워 나눈 이야기를 낱낱이 들을 기
회를 얻지 못해 한스러웠다.[49]

---

48) 魏世杰은 江西 寧都 출신으로 字는 興士이다. 동생 世仿, 世儼과 함께 '小三魏'
로 불렸으며 문집으로 『梓室集』이 전한다. 강희16년에, 亂世에 아버지의 죽음으
로 인하여 목숨을 끊었는데 향년 33세였다. 叔父인 禧로부터 古文辭를 배웠다(謝
旻, 『(康熙)江西通志』 권94)(文淵閣 『四庫全書』).
　* 叔父인 魏禧의 사적은 청초 陳鼎이 명나라 유민들의 사적을 모아 펴낸 책 『留
溪外傳』에 보이며, 魏世杰의 사적은 조선의 李德懋가 펴낸 「磊磊落落書」에 실
려 있다(李德懋, 「磊磊落落書」, 『靑莊館全書』 권36~47).
49) 〈高麗刀記〉, "乙巳, 家大人歸山中, 更以所贈筆與紙墨, 賜傑爲語, 弓矢盤盂冠服
之異, 使者頎然白晳, 美鬚髥, 馬足所至, 恒日三百里, 步行人踐跡及之. 恨余不
獲侍家大人游, 得見其人, 備聞相與終夜語者, 每視此刀, 歡息鄭重. 乙卯三月取
刀出匣中, 磨之書此."(魏世杰, 林時益(淸) 編, 『三魏全集:興士集』, 『梓室文稿』)
(易堂藏板)(서울대 중앙도서관).

아버지로부터 받은 조선 사신의 선물과 전해들은 이야기는 조선 사신을 그리는 위세걸의 마음을 더욱 간절하게 하였다. 조선 사신의 외모를 훤칠한 키, 흰 피부, 멋진 수염으로 묘사하고 이들이 말을 타고 가는 행렬의 위풍을 기술하였는데, 위세걸은 이들과 만나 밤새워 이야기를 하지 못한 것에 대해 매우 안타까운 마음을 표현하였다. 이렇듯 조선은 중국 문사들에게 '의리의 나라'와 '동문의 나라'로 '문명의 나라'로 인식되었던 까닭에 명나라에 대한 정한을 표출해 내는 도구로도 작용하였던 것이다.

위세걸은 자신의 부친에게 '고려도'를 받고 글을 지어 조선 사신을 보지 못한 아쉬운 마음을 토로하였는데, 이를 매우 소중히 간직하면서 마음이 울적할 때마다 꺼내어 닦으면서 조선 사신을 그리워했다고 한다. 정원용은 1831년 동지사로 연경에 갈 때 정태화가 받아 왔던 글들을 베껴서 위씨 집안의 후손들에게 전해주고자 하였다. 그러나 정원용은 燕京에서 위씨의 자손들을 만나지는 못했다.

魏선비의 글은 지금까지 집에 간직되어 있는데, 『三魏全集』50)에는 실리지 않은 것이다. 내가 燕京에 갈 때 한 권을 謄寫하여 가져갔는데, 위씨 집안의 후손을 만나게 되면 전해 줄 요량이었다. 연경에 도착하고 나서 위씨 집안의 자손 중에 벼슬하는 자가 있는지를 조정에 있는 선비들에게 물었더니, 모두들 말하기를 "그 후손들은 영락하여 현달한 사람이 없습니다." 라고 하였다.51)

위씨 집안은 위씨 삼형제부터 강희제의 박학홍사과에 응하지 않고 줄곧 유민으로 생활하였기 때문에 그 후손들은 영달하지 못한 것으로 보인다.

---

50) 『三魏全集』: 魏際瑞, 魏禧, 魏禮 삼형제를 합하여 '寧都三魏'라 불렀다. 세 사람의 글을 한데 묶어 간행한 본이 청나라에서 禁書가 되었으나, 鄭太和 편에 魏際瑞가 알려진 후에 그들의 문집이 조선으로 들어와 많이 읽힌 것으로 보인다. 奎章閣, 서울대 중앙도서관 등에도 소장되어 있다.

51) 〈陽坡公使行時逢魏伯子〉, "魏文至今藏于家, 『三魏全集』之所不載也. 余之燕行時, 移謄一卷以帶去, 意如逢魏家後孫, 則欲贈之. 及入燕, 問子孫之有仕宦與否於朝士, 則皆云: '其後丞零替, 無聞達者云.'"(鄭元容, 『袖香編』).

정원용은 비록 위씨 후손들은 만나 보지 못했으나 정태화와의 인연을 계기로 위씨 삼형제들과 그들의 자손들, 그리고 문집들을 소개하고 조선 사신과의 교류와 관련된 이야기들을 모두 기록으로 남겼다. 魏禧가 형 위제서를 위해 지은 묘지명에도 당시 永平에서 정태화 일행을 만나 교유한 사실을 소상히 기록하였다.

일이 있어 관문을 나서 永平에 이르렀을 때, 북과 피리소리가 들리더니, 사람들이 조선의 사신이 왔다고 말하였다. 형님께서 客館으로 달려가 사람들이 모인 틈에서 멀리 바라보니, 사신 일행이 갓과 망건, 복건을 쓰고, 縫掖을 입고, 띠를 두른 것이 옛 관료와 같았다. 사신들이 문득 사람들이 모여 있는 곳에서 말에서 내리더니 형님의 옷을 잡고서 관소로 들어가 말하기를, "나는 병조좌랑 鄭嵩52)이오. 그대는 이곳 사람이 아닌 듯하니, 아마도 중국의 奇士인 듯하오."라고 하였다. 그리고는 걸터앉아 숯으로 바닥에 글씨를 써가며 문답을 나누는데, 사신이 눈물을 흘렸다. 내실로 데리고 들어가 아버지를 뵙게 했는데, 그도 다시 필묵을 갖추어 종이에 글씨를 써가며 서로 응대했다. 날이 밝을 즈음 사신이 형님의 문집 한 책을 가지고 가며 말하기를, "내가 마땅히 우리나라에서 간행하여 중국에 재주 있는 선비가 있다는 것을 알게 하겠소."라고 하고는 토산물과 부채, 먹 등을 주고 서로 눈물을 흘리며 헤어졌다.53)

청초 조선 사신과 중국 관인들 간의 사적인 만남은 관례상 그리 용이하지 않았다. 이러한 상황에서 永平에서 조선 사신과 중국 문사의 만남은 역사적인 만남이었다. 그러나 이 淸緣이 그리 쉽게 이루어진 것 같지는 않다.

---

52) 鄭嵩 : 원문에는 '鄭嵩'이라 되어 있는데, 문맥상 병조좌랑으로 鄭太和를 수행했던 둘째 아들 鄭載嵩을 가리키는 것으로 볼 수 있다.

53) 〈陽坡公使行時逢魏伯子〉, "叔子著伯子誌云 : '以事出關, 抵永平, 聞鼓吹聲, 人言 '朝鮮使者來矣'. 伯趨客館, 望之立叢人中, 使者冠・網巾・幞頭・縫掖・束帶, 如故官. 忽下馬於叢人中, 把伯衣, 入館曰 : '我兵曹佐郎 鄭嵩也, 君非此間人, 殆中國奇士.' 因蹲踞, 以炭畫地問答, 使者至流涕. 引入內室, 見其父, 更以墨筆書紙酬對. 至天明, 使者取伯文集一冊去曰 : '我當版行敝國, 使知中國有才子也.' 贈產物扇墨之屬, 相灑淚而別. 語詳「朝鮮使者問答記」."(鄭元容, 『袖香編』).

다만 조선 사신들이 꼭 거쳐 가는 곳인 영평은 北京과 거리가 떨어져 있었
으므로 이곳에서 중국 문사와 조선 사신은 교유에 큰 구애를 받지 않았기
에 서로 밤이 깊도록 교류할 수 있었고, 이 때문에 위제서 또한 자신이 준
비한 문집 한 책도 조선 사신에게 건네줄 수 있었다.

정원용은 위제서와 정태화 일행이 만난 이야기가 자신이 보관하고 있는
「朝鮮使者問答記」에 자세히 실려 있다고 하였다. 그러나 이 글이 위제서
형제의 문집인『三魏全書』에는 보이지 않으며 鄭載嵩이 상세히 기록해 두
었을 듯하나 불에 타 없어져 전하지 않으니 애석한 일이라고 하며 안타까
워하였다. 정원용의 글에서도 알 수 있듯이 당시 외국사신을 사적으로 만
나는 일은 매우 조심스러웠다. 이는 그만큼 청초 조선과 중국 두 나라의
문화교류 관련 자료는 매우 제한적이며 단편의 글조차 소중한 만큼 면밀
히 분석해야 함을 말해준다.

3. 翰林學士의 使行과 採詩

1) 朝鮮 使行과 朝鮮 漢詩의 採集

17세기 중반까지만 해도 중국 문단에 유포된 조선의 시선집으로는 吳明
濟의『朝鮮詩選』과 朱之蕃의『奉使朝鮮稿』,54) 錢謙益의『列朝詩集』등이
었다.55) 그러나 대규모의 편찬사업을 진행하는 과정에서 이보다 풍부한

---

54) 朱之蕃의『奉使朝鮮稿』는 上海圖書館藏, 萬曆刊本을 저본으로 한다(四庫全書
　　存目叢書編纂委員會 編, 四庫全書存目叢書, 集部, 別集類,『奉使朝鮮稿一卷,
　　附東方和音一卷』, 第176冊, 547~625면, 齊魯書社, 1997).
55) 윤근수 등이 편찬한『海東詩賦選』을 1606년(선조 39) 4월 중국으로 보냈다는 기
　　록이『朝鮮王朝實錄』에 보인다.『海東詩賦選』에 대한 연구는 이종묵,「조선 전
　　기의 漢詩選集」,『정신문화연구』, 20, 1997에서 자세히 다루었다.

정보를 담은 조선의 자료가 필요하였다. 하지만 조선에서는 청과의 정보교류를 원치 않았던 까닭에 조선에서 중국으로 들어오는 정보는 극히 제한적이었으므로, 강희제는 조선으로 사신을 보내면서 採詩官을 딸려보내는 등 보다 적극적인 노력을 기울이기도 하였다.

1678년(강희17)에 강희제는 一等侍衛 狼曇에게 명하여 孝昭皇後의 尊諡를 조선국에 반포하게 하고, 손치미를 채시관으로 함께 파견하였다. 조선의 『숙종실록』 1678년(숙종4) 5월 20일 기록에는 "淸使가 청나라의 皇后 鈕枯盧氏의 冊諡 뒤에, 勅書를 반포하러 왔는데, 임금의 몸이 회복하지 못하였으므로 郊迎을 정지하였다. 칙서를 仁政殿에서 받고, 勅使를 殿內에서 보았다."56)라고 한 기록이 보인다. 미국 버클리 대학 소장본『接勅考』에도 같은 해 一等侍衛 '馬'와 부사로 二等侍衛 '噶'이 황후의 시호를 반포하러 왔다는 기록이 있다.57) 청에서는 당시 조선으로 파견되는 인원에 대하여 만주어 발음을 한자로 轉寫하였기 때문에 정확한 이름은 확인되지 않으나『숙종실록』에 "청나라 皇后 鈕枯盧氏의 冊諡뒤에, 勅書를 반포하러 왔다"는 기록과 부합하는 것으로 보인다. "鈕枯盧氏"는 만주어 姓氏58)이다.

『欽定四庫全書總目』,『國朝詞綜』과『池北偶談』등에 따르면 孫致彌는 字가 愷似이고 號는 松坪으로 江南 嘉定사람이며 1688年에 進士가 되어 관직은 翰林院侍讀學士를 지냈다. 詞에 능하여『別花餘事』1권,『梅沜詞』4권,『衲琴詞』1권 등의 작품집을 남겼다. 손치미의 생몰년은 미상이나 王士禎 등 강희 연간 한림학사들과 교유한 것을 참고할 수 있을 듯하다.

『增補文獻備考』242권「藝文考」를 참고하면, 당시 조선 사행단은 조선

---

56) "己未, 淸使以其國皇后鈕枯盧氏册諡後, 須勅來以, 上使未復停郊迎. 受勅於仁政殿, 見勅使於殿內."(『朝鮮王朝實錄』)

   * 이하『朝鮮王朝實錄』는 奎章閣 자료와 한국고전번역원 DB원문자료 활용.

57) 이종묵, 앞의 논문, 2009.

58) "臣等謹按, 瓜爾佳本金部名, 見『金史』以部爲氏, 車克曾蒙太宗文皇帝賜姓覺羅石國柱, 因父名石翰, 遂以石爲氏. 今並列於總論各條下, 與此互載以資稽考."(官修『淸通志』권2,「氏族畧」)(文淵閣『四庫全書』).

의 문적을 구경하고 權韠, 朴誾, 許筠, 白光勳, 許蘭雪軒, 鄭夢周 등의 문집
을 가져가고 또 조선의 글씨를 요구하여 제술관과 글씨를 잘 쓰는 8인을
뽑아 책을 만들어 주었다고 한다. 이러한 기록으로부터 손치미가 당시 조
선에서 주로 조선의 시를 채집하며 조선의 문사들과 교류를 가졌던 것을
짐작할 수 있다. 다만 조선에서는 명나라 때와 달리 청나라 사신에 대해서
는 상세한 기록을 남기지 않았으며 관례로 편찬하던 『황화집』도 편찬하지
않았기 때문에 정확한 정황을 파악하기는 어렵다.[59]

　강희 연간 손치미가 조선 사행을 하면서 거친 행로는 사료에 나오지 않
지만 명나라 사신의 행로와 크게 벗어나지 않는 것으로 추정된다. 명나라
사신의 조선 사행을 참고한다면 사행 길은 주로 육로를 통해 압록강을 건
너 의주에 도착하는 경로를 따랐을 것이다. 중국에서 사신이 오면 조선 조
정에서는 원접사를 포함한 종사관 그리고 서장관 및 통역관들을 일전에
먼저 의주에 보내 영접 준비를 하도록 되어 있다.[60] 중국 사신은 이렇게
의주에서부터 원접사로 나온 조선 문인과 만나 함께 서울로 향하였는데
손치미의 경우도 명나라 사신 행차 때와 같았을 것으로 보인다.[61] 이는 강
희 후반 1717년부터 시작하여 1725년(옹정3)까지 4차례 조선을 다녀간 章

---

59) 명나라는 1450년(세종32) 정사로 파견된 翰林院侍講 倪謙을 시작으로 모두 24차
　　례에 걸쳐 40여 명의 사신을 파견하였다. 조선 역시 명나라 사신이 오면 遠接使로
　　구성된 접대 일행을 파견하여 義州에서 서울까지의 전 일정을 함께 하였으며, 사
　　신이 귀국할 때도 원접사가 伴送使의 직명으로 돌아가는 길을 동반하여 갔다. 1
　　개월이 넘게 소요되는 사신 행로에서 명나라 사신들은 조선 文人들과 교유하며
　　시문수창과 문화교류를 하였다(김덕수, 앞의 논문).

60) 定州牧使 崔沂(1553~1616); 平壤庶尹 朴燁(1570~1623) 등이 許筠의 「丙午紀行」
　　을 통해 확인된다. 朴燁은 仁祖反正에 희생된 대표적인 인물로 그에 대한 재평가
　　를 모색하는 연구로 이승수의 「葯窓 朴燁論 ― 역사적 평가를 중심으로 ―」(『민
　　족문화연구』 47, 고려대학교 민족문화연구원, 2007)가 있다.

61) 『東國輿地圖』에 따르면 중국 사신의 사행노정은 다음과 같다. 義州→龍川→
　　鐵山→宣川→郭山→定州→嘉山→博川→安州→肅州→順安→平壤→中和→
　　黃州→鳳山→瑞興→平山→牛峰→江陰→開城→長湍→高陽→漢陽.

佳 阿克敦의 『奉使圖』를 참고할 수 있다.62)

한편 명나라 사신들이 엮은 조선 관련 서책도 조선에 사신으로 나서는 청나라 사신들에게 참고 서적으로 활용되었다. 1537년 龔用卿이 조선 사신으로 왔을 당시 中宗에게 董越의 『朝鮮賦』에 대해 논하며 『朝鮮賦』가 조선의 서쪽 지방만 기록했기 때문에 자신은 『朝鮮錄』을 바탕으로 『續朝鮮賦』를 지어 조선의 禮樂과 文物을 명나라에 본격적으로 소개하겠다는 기록이 있는데, 이로부터 龔用卿이 동월의 『조선부』를 읽고 왔음을 알 수 있다. 조선정부는 공용경의 요청에 의해 조선 도로의 里數, 人物, 風俗 등 조선에 대한 상세한 자료를 『조선록』으로 만들어 주었고, 공용경은 중국으로 돌아가 이를 적극 활용하여 『使朝鮮錄』을 만든 것이다.63) 이 책에는 사행과 관련된 세세한 절차와 예법을 비롯하여 주변의 명산, 산천의 경계와 누정, 하천, 조선 관원들의 이름, 지역의 유래와 전설 등 조선에 대한 다양한 정보를 제공하고 있다. 이렇듯 조선에 대한 상세한 내용을 담은 공용경의 『사조선록』은 동월의 『조선부』와 함께 손치미를 포함한 중국 사신들에게 유용한 참고 서적이었을 것이다.

당시 조선 조정에서는 많은 정성을 들여 중국 사신을 영접했는데 평양에서는 대동강에서, 서울에서는 한강에서 잔치를 베풀어 주었다.64) 예컨대, 명나라 사신 주지번의 경우에는 압록강을 건너고 난 후 「渡鴨綠江」 시를 지었고 용만관에서 유숙하면서 聚勝亭에 올라 「龍灣館中登聚勝亭」을 읊었다. 그리고 유구한 역사가 깃든 평양을 거치면서 정전을 둘러보고 시

---

62) 章佳 阿克敦撰, 黃有福, 千和淑 校註, 『奉使圖』, 遼寧民族出版社, 1999.

63) "上以『登科錄』贈兩使, 兩使曰: '文章甚浩汗, 眞文獻之邦也. 請各書述者之名, 以備後考.' 上曰: '唯命.' 上使曰: '凡州府郡縣·官爵制度·風俗·山川形勝, 請一一書惠, 欲作『續朝鮮賦』也.'"(『朝鮮王朝實錄』, 中宗32년 3월 15일 「甲午」); 董越, 『朝鮮賦』, 까치, 1994.

64) "二日觀井田回泛大同江, 登永明寺, 飮浮碧樓故址, 見綾羅島, 麒麟窟, 放舟回館, 城上燈火, 五里通明如晝."(朱之蕃, 『奉使朝鮮稿』)(四庫全書存目叢書編纂委員會 編, 『四庫全書存目叢書』, 「集部」, 第175-176冊, 別集類, 齊魯書社, 1997).

를 지었으며 대동강에 배를 띄워 永明寺, 浮碧樓, 綾羅島와 麒麟窟등을 유람하고 시를 남겼다.

그러나 손치미의 조선 사행에는 이러한 기록들이 보이지 않는다. 조선 문인과의 수창 작품도 현재까지 발견되지 않은 상태이다. 다만 당시에 李元楨이 반송사로 손치미를 전송하면서 서문을 썼는데 이글이 왕사정의 『池北偶談』에 수록되어 있어 당시 손치미 일행의 행적을 조금이나마 살펴볼 수 있을 것이다.

　　康熙 紀元 17년(1678, 숙종4) 무오년에 上駟와 武備 두 大人이 大行皇后의 尊諡를 우리나라에 반포하였는데, 당시에 재능이 없음에도 사신을 접대하라는 寡君의 부탁에 잘못 뽑혀서 龍灣으로 달려가서 맞이하였으며, 인하여 사신의 행차를 호송해서 王京까지 왔다.(…) 그 당시에 마침 큰 흉년을 만나 公私간에 모두 비어 供億하는 예를 갖출 수가 없었다. 그런데 두 대인께서는 이를 몹시 불쌍하게 여겨 괜한 낭비를 일체 혁파하도록 하였으며, 요구한 것은 오직 詩文과 書法뿐이었다. 이에 과군께서는 조정의 신하들에게 명하여 혹 제술하거나 혹 글씨를 써서 요구에 응하였는데, 싸 가지고 가는 행낭이 쓸쓸하여 마치 가난한 선비의 행낭과 같았다. 이는 일찍이 없었던 일이다.65)

인용문에서 李元楨은 1678년(강희17, 숙종4)에 上駟와 武備 두 大人이 大行皇後의 尊諡를 조선에 반포하러 온 사실을 기록하면서 자신이 영접관의 임무를 맡아 서울까지 함께 오게 된 경과를 쓰고 있다. 청나라에서는 보통 만주족을 정사로 파견하였는데, 조선에서는 만주어 발음을 한자로 표기하였으며 한족인 한림학사의 정확한 이름도 기록에서 거의 찾아보기 힘들다. 이원정의 발문은 자료가 부족한 당시 정황을 알 수 있는 중요한 자

---

65) 「『朝鮮採風錄』序文」, 『池北偶談』.(王士禎, 『帶經堂詩話』에는 반송사 李元楨의 서문은 생략하고 五言十韻의 시 앞 구절이 수록되어 있음. "紙上風雷隱, 毫端造化奇. 城路風旌槊, 滄江鼓角悲."); 李元楨의 『歸巖先生文集』 권6에 수록된 「送北使序」(한국문집총간35, 443면)는 『池北偶談』을 참조하여 편집함.

료가 된다. 발문에서 이원정은 당시 손치미 일행이 조선에 요구한 것은 오
직 詩文과 書法뿐이었다고 기록하고 있다. 손치미는 시문을 얻는 일에만
힘썼으며 다른 요구는 일체 하지 않았던 것이다.

이러한 손치미의 요구에 따라 숙종은 조정의 신하들에게 명하여 제술하
거나 글씨를 써서 청나라 사신이 요구하는 시를 적어 주었다. 이원정은 당
시 손치미 사행의 행낭이 쓸쓸하여 마치 가난한 선비의 행낭과 같았다고
하면서 이는 일찍이 없었던 일이었다고 기술하고 있다. 손치미의 소박했던
모습과 당시 조선의 詩文을 얻어 가기 위하여 많은 노력을 기울인 점을 짐
작할 수 있다. 이러한 노력 끝에 손치미는 아직 중국에 전해지지 않았던
인조 연간까지의 시들을 조선에서 採集할 수 있었는데, 조정 관원과 문인
들의 참여로 이루어진 것이었기 때문에 오류가 적었다. 이러한 국가적 차
원의 사신 행차는 다시 중국에 돌아온 손치미가 한림학사들에게 정보를
제공함으로써 중국 문단에 조선문화에 대한 관심을 더욱 확대시켰을 것이
다. 손치미의 조선 사행은 직접 조선 땅을 밟고서 얻어온 조선의 정보였다
는 점에서 당시 한림학사들로부터 관심을 끌었을 것으로 보인다.

2) 雅會와 朝鮮文化에 대한 관심

손치미가 조선 문인들의 도움을 바탕으로 조선의 시를 얻어 편찬한『朝
鮮採風錄』은 실전되어, 현재 그 구체적 내용을 알 수는 없다. 그렇지만 손
치미가 채집한 한시를 王士禎이『池北偶談』에, 尤侗이『艮齋雜說』에, 朱
彝尊이『明詩綜』에 각기 선별하여 재수록하였기 때문에 이러한 자료들을
통해 그 면모를 어느 정도 파악할 수 있다.

당시 손치미는 한림원 학사로 왕사정, 주이준, 우통 등과 함께 동료로
절친하게 지내던 사이였다. 그는 당시 조선의 한시를 채집하고 돌아와 이
들에게 채집해 온 한시의 원본 자료들을 빌려 주고 조선의 문화를 적극적

으로 전파하였다. 조선문화에 깊은 관심을 가지고 있었던 이들 한림원 동
료들은 손치미의 귀환을 축하하며 시회를 가지고 담론을 이어나갔다.

　손치미는 조선사행에서 거둔 정보를 한림원을 중심으로 이루어진 '雅會'
라는 문화 공간을 통하여 널리 전파하였다.66) 雅會에 참여한 문사들은 손
치미의 원만한 귀국을 기념하는 시회를 열어 축하해주고 조선문화에 대한
관심을 적극적으로 표출하였다. 당시 주이준은 「孫致彌가 사신으로 갔다가
돌아온 뒤 밤에 대화를 나누다(解連環. 孫愷似使旋夜話, 用李十九韻)」라는
詞文을 지어 "많은 시인들, 달을 맞이해 종이에다 시를 남기네, 箕子의 유풍
을 자세하게 논하는 것을 기다리노라니, 물시계 소리가 오경을 알리는 구
나"라며 시회의 정경을 노래하였다.

　　　등불 하나 찬 비에
　　　환도의 먼 산을 이야기할 제
　　　강 너머에 숲은 울창했다네.
　　　석 달도 걸리지 않은 사신길에서
　　　하늘가 사신 별에 의아했었지
　　　비단 그네 오르락내리락
　　　쟁과 피리 울리는 賓筵에서
　　　온통 누런 치마 입은 악공들의 소리 들었네.
　　　내 묻노니 향기로운 쌀로 빚은 술이 진할제
　　　칠석날 밤 취해 자려 어디에다 자리 폈는지.
　　　지나온 역참은 능히 기억 하는가
　　　이곳저곳 손으로 가리키는 것
　　　별과 해 뿐이지.
　　　책 상자에 있는 책들 정돈하면서
　　　좀 벌레 털어 내자 더운 기운 물러가네.
　　　몇몇의 시인들은

66) 謝海林, 「圖像與清代詩人文學活動及其詩史意義」, 『清代文學研究集刊』 第5期,
　　2012, 15면.

달이 뜨자 종이에다 시를 남기네.
箕子의 유풍을 자세하게 논할 제
물시계 소리는 오경을 알리네.
一燈涼雨, 話丸都遠岫, 隔江葱楚,
曾未滿三月王程, 訝天角使星,
錦韉來去, 箏笛賓筵, 聽按徧黃裙樂部,
問香秫酒釀, 七夕醉眠茫茫何處. 郵籤定能記否?
但西東指點, 玉羊金虎,
看捫擋藤笈陳編, 拂盡字蟫魚載歸闌署,
多少詞人, 邀鏡面留題方絮
待細論箕子流風, 漏聲報五.67)
　朱彝尊, 「孫致彌가 사신으로 갔다가 돌아온 뒤 밤에 대화를 나누다(解連環. 孫愷似使旋夜話. 用李十九韻)」(『曝書亭集』)

　朱彝尊은 浙江省 秀水 사람으로 자는 錫鬯, 호는 주로 竹垞를 사용하였다. 주이준은 북경에서 당시『명사』편찬 총재관이던 우통의 제자 徐元文과 文淵閣大學士兼吏部尙書 陳廷敬, 詹事 高士奇 등과 가깝게 지냈다. 이들은 주이준이 북경의 역사와 지리를 고증하여 기술한 『日下舊聞』에 서문을 써 주고 간행을 도운 인물들로서 북경에서 이루어진 시회에도 참석하였을 것으로 추정된다.68)
　시의 배경은 등불을 켜 놓은 가을 비 내리는 밤이다. 이들이 만나 시회를 연 날이 가을이었던 것 같다. 저녁 시간에 한림원 학사를 포함한 문인들이 모여 조선에 다녀온 손치미와 함께 시회를 열고 조선의 산천과 그 곳에 대해 이야기를 나누었다고 하였다. 4구에서부터는 손치미가 3개월 여정

---

67) 解連環은 詞譜의 명칭이다. 朱彝尊, 「解連環. 孫愷似使旋夜話, 用李十九韻」, 「詞」, 『曝書亭集』 권26.
68) 1688년 『日下舊聞』의 序文을 쓴 인물들로는 文馮溥, 姜宸英, 徐乾學 등이 있다(『日下舊聞』)(奎中 5259)(奎章閣에는 이외 六峯閣藏板, 42권, 合20冊, 인장: 硏經博物, 集玉齋가 소장되어 있고 같은 본이 서울대 중앙도서관에도 소장되어 있다).

의 사신 행차에서 본 조선의 풍속을 읊고 있다고 서술하였는데 황색의 치
마를 입은 악공들이 쟁과 피리로 연회석장을 채우는 잔치 분위기가 그대
로 전해진다. 이 시회에 참석하였던 문인들은 새벽까지 조선에 대해서 이
야기하였을 것이다.

손치미의 조선 사행은 한림학사들에게 매우 큰 경사였다. 한림학사동료
인 陳維松도 그의 조선 사행을 축하해 주고 시를 지어 노래했다. 아래는
陳維松의 「孫愷似孝廉의 梅汴詞에 제하다(題孫愷似孝廉梅汴詞)」이다.

> 만리 길 돌아와 비단 도포 벗어 버리고
> 변방의 노래로 비파곡을 만들었네
> 이 음악 널리 퍼져 연경의 기생들이 노래하니
> 전장 머물러 칼춤에 취하는 듯
> 萬里歸來奪錦袍, 常將邊曲譜檀槽.
> 此聲漫遣燕姬唱, 留向沙場醉舞刀.[69]
> 陳維松, 「孫愷似孝廉의 梅汴詞에 제하다(題孫愷似孝廉梅汴詞)」(『湖海樓
> 詩集』)

陳維崧은 청 문단에서 詞로 일가를 이루어 주이준과 더불어 강회 연간
의 詞壇을 이끌어간 인물로 평가 받는다. 그는 字가 其年이고 號는 迦陵이
다. 江蘇省 宜興 사람으로 청년 시절에 명청교체의 혼란한 시기를 겪으면
서 전국을 떠돌았고, 강남의 유명 문사들과 교류하였다. 당시 冒襄의 水繪
園에서 시회를 가지고 龔鼎蘗, 蕫宸英, 王士禎, 彭孫遹 등 당대 유명 인사
들과 시문을 수창하였다. 그 또한 왕사정과도 각별한 詩友로 우정이 깊었
는데 왕사정을 위해 「王主客阮亭을 이별하며(贈別王主客阮亭)」, 「水繪園
에서 가진 3월3일 修禊(水繪園三月三日修禊)」, 「阮亭을 위하여 「秦淮春泛

---

69) 이 작품은 「題孫愷似孝廉梅汴詞 二首」인데 其二는 "輞徧香絃唱徧詞, 紛紛搓
粉滴臙脂. 時人縱賦枏榴枕, 難示孫郎帳下兒."로 되어있다(陳維崧, 『湖海樓詩
集』 권6)(淸刊本).

圖」에 제하다(爲阮亭題秦淮春泛圖)」 등 여러 작품을 남겼다. 진유숭은 모기령, 우통 등과도 교류하였는데, 「己未元日孫豹人, 毛大可, 朱錫鬯, 吳天章, 喬石와 함께 하다(己未元日同孫豹人, 毛大可, 朱錫鬯, 吳天章, 喬石)」, 「尤悔庵賦의 그림에 제하다(題畫爲尤悔庵賦)」, 「咏翰林院中古蹟次尤悔庵韻」 등이 그의 시집 『湖海樓詩集』에 실려 전한다.

진유숭은 위 작품의 첫 구에서 손치미가 멀리 사신행차 다녀와 비단 옷을 벗고 평상복을 갈아입은 모습을 그려 보여주고 있다. 2구에서는 바로 변방의 노래로 비파곡을 만들었다고 노래하고 있는데 이 '변방의 노래'는 바로 조선의 노래를 말하고 있는 것으로 보인다. 손치미가 음악에도 조예가 깊어 조선의 음악으로 비파곡을 만든 일이 한림원 동료들에게 佳話가 되었던 것으로 보인다. 3구에서 손치미가 지은 곡이 북경의 청루에서 널리 불렸다고 하니 예술계의 작곡가로서 활약하였다고 해도 과언이 아니다. 마지막 구에서 그의 지은 곡이 전장에서의 칼춤에 비유된 것으로 보아 매우 생동감 넘치는 음악의 감동이 있었던 것으로 보인다.

이렇듯 한림원 동료들은 雅會라는 네트워크를 통하여 조선문화에 대한 관심을 공유하고 정보를 전파하였다. 이 중에『明史』,『古今圖書集成』,『全唐詩』,『佩文韻府』,『康熙字典』 등의 편찬을 담당하고『大淸一統志』의 副總裁를 역임한 高士奇 또한 孫致彌 등의 한림학사들과 교분이 깊었던 인물이다. 高士奇는 字가 澹人이고 號는 江村이며 文恪이라는 시호를 하사 받았다. 錢塘(今浙江省杭州市)사람이다. 시와 書法과 서화 鑑賞에 뛰어나 康熙帝는 高士奇로부터 강의를 듣고 또 그와 함께 서화의 품평을 하기도 하였다. 저술로는『春秋地名考略』,『左傳記事本末』,『淸吟堂集』,『江村消夏錄』,『天錄識餘』등이 있다. 高士奇는 博學鴻詞科에 1등으로 합격하고 翰林院侍講으로 임명되었다가 侍讀와 日講起居注 관직을 함께 겸하였다.[70]

그는 고향으로 돌아가는 손치미를 전송하며 시를 지었는데 이 시에는

---

70)『淸史傳』;『山靜居畫論』;『名人扇集小傳』;『平湖縣志』등 참조.

조선의 漢江과 楊花渡가 등장한다. 조선의 한강은 강희 문단 문인들에게
풍류와 연결되는 하나의 문화 공간으로 인식되었던 것으로 보인다. 강희제
의 南書房 사부였던 高士奇가 孫致彌를 전송하는 시에는 학림원 학자들
간에 함께 나누었던 교분이 고스란히 담겨져 있다. 고사기의 「愷佀 孫孝廉
을 전송하다(送愷佀孫孝廉)」를 보기로 한다.

> 심원의 시인 이름 전부터 알았거니
> 일찍이 조선 漢江 楊花渡에 갔었다네.
> 아름다운 시구 이미 箕子國에 전하였고
> 돌아갈 생각에 또 閭闔城을 향해 가네.
> 부평 잎에 바람 약해 조각배 안온하고
> 푸른 계수 향기 짙어 작은 정원 맑구나.
> 나 역시도 廬江가에 좋아하는 곳 있거니
> 가을 오자 농어회 맛 그리워 못 견디겠네.
> 沁園詞客舊知名, 曾在楊花渡口行.[71]
> 佳句已傳箕子國, 歸思又向閭闔城.
> 白蘋風細扁舟穩, 靑桂香濃小苑淸.
> 吾亦有廬江上好, 秋來鱸膾不勝情.[72]
> 高士奇, 「愷佀 孫孝廉을 전송하다(送愷佀孫孝廉)」(『高士奇集』)

沁園은 손치미의 호이다. 첫 연에서 오래전부터 그가 詞曲을 잘 짓는다
는 명성을 들었었다고 운을 떼고 있다. 다음으로 손치미가 조선의 한강과
양화도를 다녀온 일을 언급하면서 조선을 대표하는 문화 공간을 보여주고
있다. 북경은 뱃놀이를 할 수 있는 강이 없다. 이런 만큼, 조선의 한강은
문인들의 잔치가 열리는 풍류의 문화 공간으로서 청나라 문인들에게 있어
서 선망의 공간으로 인식되었던 것 같다. 그리고 2연에서 조선에 시문을

---

71) 주석으로 "朝鮮有楊花渡口"라고 적혀 있다(『海東繹史』에는 이 부분이 생략되어
   있음).
72) 高士奇, 「古今體詩」, 「苑西集」 권1, 『高士奇集』(淸康熙刻本).

알릴 수 있었던 일을 매우 자랑스럽게 생각하고 있었다. 다음 3연으로 이어지면서 평화로운 일상에서 바라보이는 작은 정원의 아름다운 풍경을 통해 선비가 추구하는 맑은 정신세계를 노래하고 있다. 그리고 4연에서 시상이 조선의 한강을 통하여 고향의 廬江을 그리고 있는데 北京의 사대부들에게 조선의 한강은 고향을 그리는 하나의 자극제로도 작용하였다. 이렇듯 한림원 학사들을 중심으로 강희 문단에서는 조선문화에 대한 관심과 조선문화를 저술에 담아 전파하는 등 활발한 모습을 보였다.

강희 연간 한림학사들은 朱彛尊의 古藤書屋에 모여 雅集이란 사랑방 모임을 통하여 네트워크를 형성해 나가기도 하였다. 고등서옥은 중국 최고위층의 황실 귀족과 사대부들이 모이는 북경의 문화 살롱이었다. 고등서옥은 청대 일찍이 金之俊(?~1670)의 자택으로 집 마당에 紫藤나무가 있어서 '古藤書屋'이라고 칭한 데서 비롯된다. 그 뒤 龔鼎孳(1615~1673)가 이어서 살았고, 강희 초년에는 御使 何元英의 거처가 되어 丹臺書屋이라 이름 하였다. 戴璐(1739~1806)의 『藤陰雜記』에는 당시 이곳이 文士들이 雅集을 가졌던 자취를 기록하고 있는데[73] 주이준이 거처하며 문화공간을 만들어 가던 시기에 『明史』 편찬의 총재관 徐元文과 『大淸一統志』 총재 徐乾學을 비롯하여 納蘭明珠(滿洲 正黃旗)의 長子 納蘭性德 등이 이곳에 방문한 주요 인사들이었다.[74] 王士禎도 이곳을 방문하여 米氏硏山峰을 흠상하고 시를 지은 바 있으며[75] 조선 사행을 다녀온 손치미 또한 여기에 참여했다.

---

73) 〈北城上〉, "海波寺街, 爲金文通之俊第, 有古藤書屋, 康熙初年, 御史何樊音元英寓此, 名丹臺書屋. 橫云未遇時, 飮屋中詩云: "龍門百尺邈難登, 喜到高齋對古藤. 少長題詩紅葉共, 高低點筆石欄憑. 敬通跌宕因文史, 北海風流在友朋. 更喜柏臺增氣象, 邇來霜簡劇威稜."(戴璐, 『藤陰雜記』 권9)(淸嘉慶石鼓齋刻本).

74) 朱彛尊編·朱昆田補, 「序文」, 『日下舊聞』(乾隆年間刊本)(한국 국립중앙도서관 소장본).

75) 〈米海嶽硏山歌爲朱竹垞翰林賦〉, "竹垞邀飯古藤書屋, 食鮠魚牛翅甚美, 觀米氏硏山峰, 巒潭洞甚奇, 有寶晉齋三篆字, 襄陽米氏世珍印云, '其曾大父文恪公得之.'(王士禎, 「漁洋文」 13, 『帶經堂集』 권51)(淸康熙五十年程哲七略書堂刻本)

이처럼 한림원 학사들의 雅會는 최고학자들로 구성된 문화 살롱으로 조선에 대한 정보를 획득하고 전파하는 중요한 공간으로 작용하였다. 雅會에서 직접 조선을 다녀온 이로부터 전해들은 조선문화는 더욱 현장감을 안겨주었을 것이다. 이는 왕사정, 주이준, 우통으로 하여금 조선 한시의 選取와 형상화, 비평의 단계로 발전해 나갈 수 있었던 큰 동력이 되었다.

손치미의 성과는 그 뒤 18세기 초에 조선을 다녀간 納蘭明珠의 次子 揆敍의 행적과 비교해볼 만하다. 규서는 1703년(강희42, 숙종29)에 조선에 사신으로 와서 시를 구했던 기록이『숙종실록』에 보이나, 중국의 문헌에서는 규서와 조선 관련 시선집에 관련된 소개나 글을 찾아볼 수 없다. 이로 미루어 보건데 규서는 따로 조선의 시선집을 펴내지는 않은 듯하다.

册封勅使 明揆敍 등이 왔다. 이날 비오는 형세가 물동이를 뒤엎은 듯하였는데 늦게야 비로소 조금 개었다. 임금이 慕華館에 거동하여 칙사를 맞이하고 遠接使 趙相愚를 帳殿에서 인견하고는 드디어 仁政殿에 돌아와서 勅誥와 '藩封世守柔遠悋恭' 여덟 글자(胡皇의 手筆)를 받고 전례와 같이 접견하였으며, 인하여 頒赦하였다. 明揆敍는 바로 그 나라 정승 明珠의 아들로서 벼슬이 翰林學士인데, 淸王이 사랑하고 신임하였으므로 스스로 奉使하기를 원하여 왔고, 또 表를 올려 황제의 手筆을 조선에 頒賜하기를 청하였다고 한다. 명규서가 詩를 잘 짓는 것을 自負하여 아주 교만한 기색이 있었는데, 길에서 시를 많이 지어서 儐使에게 보이고, 또 宰相에게 매우 힘써 시를 구하니, 조정에서 이를 허락하였다.76)

규서는 명나라 納藍明珠(1635~1708)의 둘째 아들인 까닭에『숙종실록』에는 규서 앞에 '明'을 붙여 '明揆敍'라고 지칭하고 있다. 당시 조선으로 오게 된 연유는 조선왕비의 책봉을 위한 것이었는데, 그가 스스로 표를 올

(王士禎,『漁洋山人精華錄』권4, 四部叢刊景林佶寫刻本)(朱彝尊,「古今詩」,『曝書亭集』권13).
76)『肅宗實錄』1703년(癸未), 6월11일(乙酉)(奎章閣, 鼎足山本).

려 조선에 황제의 어필을 하사하기를 청했다고 한다. 당시 규서는 강희제의 어필 ‘藩封世守柔遠恪恭’을 가지고 와서 조선왕실에 전하였다. 손치미와 달리 규서는 조선 접반사들에게 교만하였다는 인상을 남겼다. 그러나 후에 규서에 대해 쓴 李瀷의 글을 보면 그 또한 청렴한 사신이었다고 서술되어 있음을 확인할 수 있다.

> 근자에 明揆敍가 사신으로 왔기에 내가 직접 보니, 나이는 20세 정도인데 위의와 용모가 단정하였고, 雜戲가 앞에 나열해 있어도 일체 눈을 거들떠보지 않았으며, 쌀을 준비해 가지고 왕복하면서 다만 조선의 물만 마실 뿐이었고 무릇 금이나 비단 따위의 뇌물에 조금도 간여하는 바 없었으며, 붓을 잡으면 사람들을 놀라게 하는 말이 많았다고 하는데, 물어 본즉 그가 바로 明珠의 아들이었다.77)

이익은 일찍이 先君으로부터 전해들은 明珠의 이야기를 바탕으로 그 아들에 대해 관심을 표현하였다. 이익이 활동하던 당시에 바로 明珠의 둘째 아들 규서가 사신으로 조선에 오게 되었던 것이다. 이익의 평가에 따르면 규서는 威儀와 容貌가 매우 단정하였고 길가에서 행해지는 오락에도 한눈팔지 않았다고 한다. 또한 자신이 먹을 것은 자신이 가지고 다니면서 향응을 요구하지도 않았다. 이렇듯 규서는 당시 조선 사행에서 청렴함과 뛰어난 문장 실력을 보여주었다.

주이준도 규서와 친분을 가지고 있었다. 주이준은 규서와 강희제 순찰시 강남에서 서로 만나 그로부터 조선 인삼을 선물로 받고 회포를 푼 적이 있었으나,78) 주이준이 편찬한 『명시종』 소재 조선 중기의 한시는 주로 손치미의 『조선채풍록』을 참고로 편찬하였다. 당시 규서도 조선에 와서 조선의 한시를 구하였고 조선 조정의 허락을 받아 이를 얻어 간 것으로 보이

---

77) 李瀷, 「明揆敍」, 「人事門」, 『星湖僿說』 권12(한국고전번역원 DB).
78) 朱彝尊, 「高麗蔓歌賦謝納蘭院長－揆敍」, 「古今詩」, 『曝書亭集』 권22.

나 손치미가 채록해간 조선 한시에서 크게 벗어나지 않았던 것 같다.

손치미의『조선채풍록』을 전사한 한림학사들의 저술을 토대로 살펴볼 때 손치미는 주로 당대 시를 중심으로 채록하고자 하였다고 할 수 있다.『명시종』의 조선 편목인「朝鮮下」는 손치미가 엮은『조선채풍록』을 수록하고 있는데 조선 인조 연간까지의 한시들을 확인할 수 있다. 주이준이 "이들의 관작이 상세하지 않아 여기에 기록해둔다."[79]라고 한 것으로 보아『조선채풍록』에는 인물에 대한 상세한 소개 자료가 없었던 것으로 보인다. 또한 이들의 시화를 구성할 수 있는 문헌적인 자료도 부족하였던 것으로 보인다. 이는 당시 17세기만 하더라도 '북벌론'이 거론되고 있어 조선에서 많은 자료들을 중국에 건네주지 않은 것과 관련된다.

왕사정은『지북우담』을 편찬하면서 조선 채시관으로 파견되어 조선시를 모아 엮은 손치미의『조선채풍록』을 수록하였음은 앞에 언급한 바와 같다.『지북우담』은 왕사정이 1689년(강희28)에 26권으로 지은 책이다.『지북우담』소재『조선채풍록』의 한시는 이미 사라진 원본을 복원하는 아주 중요한 자료로서 외교사적, 문학사적 사료가 되는 것이다. 왕사정의『지북우담』에는『조선채풍록』을 싣게 된 경과를 다음과 같이 서술하고 있다.

강희 17년(1678)에 一等侍衛 狼曋에게 명하여 頒孝昭皇의 尊諡를 조선국에 반포하게 하고, 인하여 東國의 詩를 채집하여 돌아와 아뢰게 하였다. 그때 吳땅 사람 손치미가 부사로 가서『조선채풍록』을 찬하였는데, 모두 근체시였다. 지금은 그 가운데에서 읊을 만한 시를 가려 뽑아 여기에 대충 기록한다.[80]

1678년은 바로 황실편찬사업을 준비하던 시점이었다. 청나라 관례에 따

---

79) "自悌至李仁老詩, 見朝鮮采風錄, 其官爵世次未詳, 姑系於此."(朱彝尊,『靜志居詩話』).
80) "康熙十七年, 命一等侍衛狼曋, 頒孝昭后尊諡於朝鮮, 因令採東國詩歸奏, 吳人孫致彌副行, 撰朝鮮採風錄, 皆近體詩也. 今擇其可誦者粗載於此."(王士禎,「朝鮮採風錄」,『池北偶談』).

라 정사로 파견되었던 狼曍은 만주족이었을 것으로 추정되며, 부사로 파견
된 손치미는 앞서 보았듯 한족 한림학사로 채시를 책임졌다. 이러한 사신
구성의 변화는 조선 문인과의 교류에 있어서도 차이를 나타나게 했다. 명
나라 때는 조선 사신으로 파견된 정사가 주로 제1선에서 조선 문인들과 수
창을 하고 조선 관련 저술도 편찬했다. 그러나 이때는 한족 한림학사가 부
사로 파견되어 실질적 정사의 직무를 맡아본 것이다. 이렇게 조선에서 손
치미가 채집한 한시가 중국에서 雅會를 통해 여러 인물들에게 전해지고
전사되었기 때문에 민간에서까지도 조선의 한시를 접할 수 있었던 것이다.

　이상에서 17세기 강희 연간 청나라 문단에서 조선문화 인식이 이루어진
배경을 크게 세가지로 나누어 살펴보았다. 첫 번째로 강희제의 『明史』 편
찬 작업 과정에서 왕사정, 주이준, 우통 등 한림학사들이 조선문화에 대한
관심이 높아졌다는 점을 들 수 있었다. 다른 한편으로 한중문사의 인적인
교류가 조선문화 인식에 미친 영향을 두 번째 배경으로 고찰하였다. 간접
적으로 김상헌과 접촉할 수 있었던 왕사정의 경우와 중국에서 연행사 정
태화와 위제서의 만남이 이에 해당한다. 마지막으로 손치미의 조선사행과
그 성과가 雅會를 통해 전파되는 과정을 조선문화 인식의 세 번째 배경으
로 고찰하였다. 이러한 배경을 바탕으로 청나라 문단의 한림학사들은 적극
적으로 조선문화를 자신들의 저술에 담았으며 조선의 한시도 함께 알리는
작업을 할 수 있었던 것이다.

Ⅲ. 조선의 歷史와 文化에 대한 인식

1. 歷史와 風俗

1) 『高麗史』와 고려 역사에 대한 인식

고려사는 중국에서 정사인 『宋史』와 『元史』 등에서 외교와 관련하여 다루었으나 크게 부각되지는 않았다. 그러다 17세기 『명사』 편찬에 참여한 한림학사들에 의해 고려 역사가 부각되었다. 이들이 가진 고려사에 대한 인식은 주로 조선에서 편찬한 『고려사』를 통해 형성된 것으로 보인다. 주이준이 『고려사』를 읽고 쓴 발문에 그러한 흔적이 보인다.

> 『高麗史』는 「世家」 46권, 「志」 39권, 「表」 2권, 「列傳」 50권, 「目錄」 2권, 합계 139권으로 되어 있는데, 그 나라 사람인 正憲大夫工曹判書集賢殿大提學知經筵春秋館事兼成均館大司成 鄭麟趾 등 32인이 편찬하였다. 명나라 景泰 2년(1451, 문종1) 8월에 표문을 올리고 아울러 이를 간행해서 국내에 반포하였다. 그 체제와 범례를 보니 조리가 있어 어지럽지 않은바, 왕씨 고려 한 시대의 문헌이 되기에 충분하다.[1]

주이준은 발문에서 『고려사』의 전체 구성 부분과 편찬 인원수, 명나라

---

1) 〈書高麗史後〉, "『高麗史』, 「世家」 四十六卷, 「志」 三十九卷, 「表」 二卷, 「列傳」 五十卷, 「目錄」 二卷, 合計一百三十九卷. 國人正憲大夫, 工曹判書, 集賢殿大提學, 知經筵春秋館事, 兼成均大司成鄭麟趾等三十二人編纂. 以明景泰二年八月表進, 幷鏤板行于國. 觀其體例, 有條不紊, 王氏一代之文獻有足徵者."(朱彝尊, 「跋」, 『曝書亭集』 권44 ; 「跋」 三, 『曝書亭集全集』, 2009, 488면).

에 표문을 올린 일과 이를 간행하여 반포한 일을 소개하였다. 그리고 모두 139권으로 된 방대한 양의 고려 역사서는 매우 조리 있게 구성하여 보는 이로 하여금 일목요연하게 찾아 볼 수 있게 한다고 하면서『고려사』의 편집 방식을 높이 평가하고 있다. 그리고『고려사』가 질서가 잡히고 철저한 고증이 이루진 역사서로서 한 시대를 전반적으로 모두 살필 수 있는 역사서로 중요한 가치가 있다고 판단하였다.

왕사정 또한 일부 金寬毅, 閔漬과 같은 고려의 사관들이 고려 왕계의 정통을 위해『編年通錄』과『編年綱目』에서 고려 왕계를 唐肅宗, 唐宣宗과 관련을 지은 것에 대하여 이제현이 많은 자료를 근거로 고증한 것을 지적하고 있다. 이제현은『王氏宗族記』[2]와『聖源錄』에 근거하여 '王建之祖作帝建爲唐肅宗之子'가 근거 없는 주장임을 보여주었다. 정인지도 고려사에서 논의를 이어 받고 있다. 이와 관련하여 왕사정도 자국이익과 상관없이 고증을 거친 역사서술을 더 높이 평가한 것을 볼 수 있으며,『고려사』에 기술된 이제현의 고증에 찬동하고 이를 받아들였다.[3]

---

2) 王士禎,『居易錄』에는『宗族記』라고 기록.

3) "『高麗史』(…)卷首冠「世系」一卷, 引其陪臣金寬毅『編年通錄』, 謂王建之祖作帝建爲唐肅宗之子, 閔漬『編年綱目』辨其妄, 而以爲宣宗, 皆誕而不可信. 今畧其史官之論于左云: 載稽舊集(全集爲'籍'), 同知樞密兵部尙書金永夫, 徵仕郞檢校軍器監金寬毅, 皆毅宗朝臣也. 寬毅作『編年通錄』, 永夫采而進之, 其箚子亦曰寬毅訪集諸家私蓄文書. 後閔漬撰『編年綱目』, 亦因寬毅之說, 獨李齊賢援据『宗族記』,『聖源錄』斥其傳訛之謬. 齊賢一代名儒, 豈無所見而輕有議于時君世系乎? 其云'肅宗, 宣宗者, 以『唐書』考之, 肅宗自幼未嘗出閣, 宣宗雖封光王, 唐史無藩王就封之制. 而其遭亂避禍之說, 亦是禪錄雜記. 二說皆無所據, 宣宗避禍隱于浮屠但必不至高麗耳, 不足信也. 況龍女之事, 何其荒怪若是之甚耶!'『太祖實錄』乃政堂文學修國史黃周亮所撰, 周亮仕太祖孫顯宗之朝, 太祖時事, 耳目所及. 其于追贈據實書之, 以貞和爲國祖之配(寬毅云, 後追尊寶育爲國祖元德大王, 其女辰義爲貞和后. 辰義卽作帝建母也.), 以爲三代而畧無一語及于世傳之說. 寬毅乃毅宗朝微官, 且去太祖二百六十餘年, 豈可舍當時實錄而信後代無稽雜出之書耶?"(王士禎,『居易錄』권1)(奎章閣본; 文淵閣『四庫全書』)(『王士禎全集』五, 3691~3692).

『고려사』는 1451년에 조선에서 간행된 후 명나라에 들어 왔으나 줄곧 주목 받지 못했는데 왕사정과 주이준 등 청나라 학자들에 의해 재조명되었다. 주이준은 『고려사』를 특히 높이 평가했는데 그 이유는 첫 번째로 직필에서 나왔다는 것, 두 번째로 조리 있게 서술이 된 역사라는 것, 세 번째로 잘못된 역사에 대한 비판과 고증이 철저히 이루진 역사서라는 것이다. 주이준은 중국의 일부 역사서와는 달리 『고려사』가 직필에 의해 쓰인 것임을 강조하고, 이를 높이 평가하고 있다.

　　靖難君臣들이 명나라 『太祖實錄』을 改修한 것은 方孝孺로 인해서였는데, 방효유의 아버지인 方克勤은 循吏였는데도 그 사실을 기록하지 않았으며, 黃觀과 景淸이 『書傳會選』을 찬수하면서는 그 이름을 삭제하고 또 "方先生이 머리를 조아리고 애걸하였다."고 거짓으로 썼다. 정인지의 『高麗史』를 보면, 鄭夢周가 李成桂를 죽이려고 도모하였다가 이루지 못하고 李芳遠에게 피살되었는데, 이방원은 오히려 관작을 추중하고 시호를 내려 줄 줄 알았으며, 정인지 등도 역시 그 사실을 直書하였다. 이것은 下國의 史官이 楊士奇 등의 무리들에 비해 훨씬 나은 것이니, 탄식할만하다.[4]

　　명나라를 세운 朱元璋이 죽자 얼마 지나지 않아 皇位를 쟁탈하기 위한 반란이 일어났다. 반란과정에서 永樂帝는 많은 살육을 자행하였다. 이를 일러 중국 역사에서는 "靖難之變"이라 한다.[5] "靖難之變"에서 유자들 또

---

4) 〈書高麗史後〉, "靖難君臣改修 『明太祖實錄』, 因方孝孺, 而其父克勤, 循吏也, 乃沒其實. 黃觀, 景淸, 修 『書傳會選』而削其名, 且誣方先生叩頭乞哀. 觀于鄭麟趾『高麗史』, 夢周圖李成桂, 不克, 爲芳遠所殺. 芳遠猶知贈官易名, 麟趾等亦直書其事.是篡竊之芳遠, 賢于長陵, 而下國之史官, 勝于楊士奇輩多矣. 可歎也夫." (朱彝尊, 「跋」, 『曝書亭集』 권44 ; 「跋」 三, 『曝書亭集全集』, 2009, 488면).

5) "靖難"에서 "靖"은 平息, 掃平의 뜻을 가지고 있는데 "靖難"은 난을 평정하고 奸臣을 없앤다는 뜻이다. 영락제는 "淸君側, 靖國難"을 이유로 "靖難之役"을 일으켰으나 중국 지식인들의 보편적 인식은 藩王의 반란이었다. 당시 유자들은 "生而忠貞, 死而英靈, 在地爲河嶽, 在天爲日月"로 절의를 지키고자 하였다.(穀應泰, 「靖難之變」, 『明史紀事本末』).

한 많이 희생되었다.6) 결국 1402年(明 建文 四年)에 帝位에 올랐으나 역사 기술에서는 진실을 밝히지 않았다. 찬탈로 황위에 오른 영락제는 사관 方孝孺에게 등극 詔書를 작성하도록 하였으나 사관 방효유는 거절하고 작성하지 않았다. 이렇게 되어 방효유와 그 가문 十族이 멸족을 당하였다. 고려의 신하 정몽주가 고려를 지켜내려고 이성계를 죽이려 했으나 이루지 못하고 이방원에게 살해되었다. 그러나 조선이 건국된 후 이방원은 정몽주의 충성심을 높이 사 그의 관작을 추증하였다. 사관인 정인지도 역시 이 사실을 直書하였다. 주이준은 이러한 사실을 들어 중국 사관 楊士奇 무리를 조선 사관의 직필 정신에 대비하여 중국 역사에 대한 곡필을 비판하고 있다.

주이준은 저술을 통하여 기타 사건들도 이와 같이 '一大可疑事'에 대해서는 "징험할 만한 문헌이 없으니, 변명하지 않을 수 없다. 국사가 기만되어 전해질까 두려운데, 관계되는 바가 작지 않을 뿐이다(文獻無徵, 不可不爲辯明, 恐貽慁國史, 所關匪小耳)."7)라고 하면서 실록과 같은 正史의 잘못된 기술을 비판하고 『고려사』에 입각하여 역사를 사실대로 기록해야 함을 강조하였다.

한림학사들이 『고려사』를 높이 평가한 또 다른 이유는 중국 역사서에 실리지 않은 사건들을 『고려사』에서 확인할 수 있었기 때문인 것으로 보인다. 고려는 918년에서 1392년까지 중국의 宋, 元, 明 세 朝代와 외교 관

---

6) 살육을 당한 대표적 儒者: 張信(1373~1397)은 浙江 사람으로 字가 彦實이고 호가 城甫이다. 明太祖洪武二十七年(1394) 甲戌科狀元으로 翰林院修撰을 지냈으며, 官至侍讀學士였다. 그는 조정에서 직언으로 이름이 높았다. 戴德彝(1364~1402)는 자가 幫倫이며 浙江奉化城內 사람이다. 明나라 洪武27年 進士가 되어 監察御史를 지냈다. 許觀(原名黃觀, 字伯瀾, 一字尙賓, 貴池人)도 建文帝初에 左右侍中次尙書로 지내다 右侍中으로 지내면서 方孝孺와 함께 뜻을 같이한 인물이다. 가족들도 함께 정절을 지킨 인물로 역사에 기록되어 있다.(穀應泰, 「靖難之變」, 『明史紀事本末』 등 참조).
7) 鄧實編, 「竹垞老人晚年手牘」, 『叢書集成續編本』; 『曝書亭集全集』, 2009, 1005~1006면.

계를 가지고 있었다. 北元의 역사는 명나라 역사서에는 등장하지 않고 삭
제되었기 때문에 세부 내역은 거의 알 수 없었다. 주이준은 『고려사』를 통
해 북원의 진실된 역사를 알게 되었고 이로써 관련 내용을 자신의 저술에
가져와 담았다.

　　庚申年에 임금이 사막으로 도망쳐 달아난 뒤의 일과 같은 경우는, 원나라
군신들의 사적을 상세히 알 길이 없다. 그런데 고려에서는 간혹 사신을 보내
통교하면서 北元이라고 칭하였다. 북원의 임금이 應昌으로 달아났다가 洪武
3년 경술(1370, 공민왕19) 4월에 죽었는데, 나라 사람들이 惠宗이란 시호를 올
렸는바, 이가 바로 順帝이다. 그의 아들이 임금 자리를 이어받아 남은 군사를
데리고 和林으로 달아났다. 10년(1377, 우왕3) 정사에 사신을 파견하여 고려
에 도착해서 宣光이란 연호를 행하였으나, 나라 사람들이 인정하지 않았다.
그로부터 2년 뒤에 또 僉院 甫非를 파견하여 天元이라는 紀年을 통고하였는
데, 辛禑가 永寧君 王彬를 파견하여 가서 축하하게 하였다. 자리에 선 지 11
년 만에 죽으니 北元에서 諡號를 내려 昭宗이라고 하였다. 이상의 내용들은
명나라의 전적에서는 모두 숨기고 기록하지 않은 것인데, 『高麗史』에 의지
하여 그 사적들이 약간 남아 있게 되었다. 그러니 후대에 세대를 논하고 연호
를 기록하는 자들이 마땅히 이어받을 바이다.[8]

　원나라 말년인 1368년(至正28)에 朱元璋의 명나라 군대가 북경을 공략
하자, 원나라 마지막 황제 妥懽貼睦爾는 북방 應昌으로 도망갔다가 2년 뒤
1370년(洪武3, 공민왕19)에 죽었는데 明太祖 朱元璋은 그가 천명에 순종하
여 사막으로 물러났다고 하여 順帝라 호를 가하고 시호를 惠宗이라 내렸

---

8) 〈書高麗史後〉, "至若庚申君遁走沙漠之後, 君臣事迹不得而詳. 高麗間猶通使,
　稱爲北元. 北元主奔應昌, 以洪武三年庚戌四月殂落, 國人追諡曰惠宗, 卽順帝
　也. 其子嗣立, 以餘兵走和林. 十年丁巳, 遣使至高麗, 行宣光年号, 國人不允. 後
　二年, 又遣僉院甫非告紀年天元, 辛禑遣永寧君王彬往賀. 相傳立十一年而殂,
　北元諡爲昭宗者也. 凡此, 明之載籍皆隱而不書, 藉其史, 略存事迹. 後之論世紀
　年者, 所當述也."(朱彝尊, 『曝書亭集』 권44, 「跋」; 「跋」 三, 『曝書亭集全集』,
　2009, 488면).

다.9) 그러나 원순제가 죽은 뒤 원나라 군신들의 事後 시말에 대해서는 중국의 역사서는 기록을 남기지 않았다. 그러나 주이준은 『고려사』의 내용을 통해 원순제의 아들이 남은 군사를 데리고 和林으로 간 사실과 순제의 자리를 이어받아 宣光이란 연호를 사용하였음을 알았다. 그리고 1377년(洪武10, 우왕3)에 사신을 고려에 파견하였으며 그로부터 2년 뒤에 또 僉院甫非를 파견하여 天元이라는 紀年을 고려에 통고하였던 일, 고려왕 辛禑가 永寧君 王彬을 파견하여 가서 축하하게 한 사실 등을 알게 된 것이다. 그뒤 북원 왕이 11년 만에 원순제의 아들이 죽으니 북원에서 시호를 내려 昭宗이라고 하였다는 내용도 함께 기술하여 그 시말을 상세히 중국에 알리고자 하였다. 주이준은 이러한 북원의 역사가 고려 역사에 남아 있음을 매우 소중히 생각하고 있었다.

『고려사』에 나오는 「輿服志」의 경우에는 "蒙古에는 머리를 정수리까지 깎아 그 모양을 네모지게 하고 그 중간 부분의 머리카락은 남겨 두는 풍속이 있는데, 그것을 일러 開剃라고 한다."는 내용이 실려 있으며, 충렬왕 4년 (1278) 2월에는 온 경내 사람들로 하여금 모두 上國의 의복을 입게 하고 개체를 하게 하였으며, 16년(1290) 9월에는 백관들이 비로소 갓을 쓰고 朝謁하였다는 내용이 실려 있는데, 이런 것들은 『元史』에는 기록되어 있지 않은 것들이다.10)

---

9) "順帝名, 妥懽貼睦爾, 明宗之長子. 母罕祿魯氏(…)八月庚申午, 大明兵入京城, 國亡. 後一年, 帝駐于應昌府, 又一年, 四月丙戌, 帝因痢疾殂於應昌, 壽五十一, 在位三十六年. 太尉完者, 院使觀音奴奉梓宮北葬. 五月癸卯, 大明兵襲應昌府, 皇孫買的里八剌及后妃幷寶玉皆被獲, 皇太子愛猷識禮達臘從十數騎遁. 大明皇帝以帝知順天命, 退避而去, 特加其號曰順帝, 而封買的里八剌爲崇禮侯."(宋濂, 「本紀」38, 『元史』 권38)(乾隆武英殿刻本).

10) 〈書高麗史後〉, "卷中「樂志」歌辭, 率本宋裕陵所賜『大晟府樂譜』. 若『輿服志』, 載蒙古俗剃頂至額, 方其形, 留髮其中, 謂之開剃. 忠烈王四年二月, 令境內皆服上國衣冠, 開剃. 十六年九月, 百官始著笠朝謁. 此『元史』所不載."(朱彝尊, 「跋」, 『曝書亭集』 권44;「跋」三, 『曝書亭集全集』, 2009, 488면).

『고려사』「輿服志」에는 몽골의 머리 모양을 소개하고 있는데 머리를 정수리까지 깎아 그 모양을 네모지게 하고 그 중간 부분의 머리카락은 남겨두는 풍속이다. 그것을 일러 開剃라고 하였다. 고려를 정복한 몽골이 당시 자신들의 풍속을 따라 고려에서도 몽골의 의복을 입고 개체를 한 일이 있었다. 줄곧 그런 것은 아니었다. 1278년 2월에 시작하여 1290년 9월에는 고려의 백관들이 고려의 풍속으로 갓을 쓰고 朝謁하였다. 주이준은 고려에서 몽골의 풍속에 따라 머리 장식을 하고 의복을 입었던 일에 주목하였다. 이 내용들은 원나라 역사서에서는 찾아 볼 수 없는 내용이었다. 이와 같은 역사 내용은 청이 들어선 후 만주족의 풍속을 따라 행했던 剃髮의 문제와 직접적으로 연계되는 역사였다.

주이준은 원나라의 통치에서 자주를 지켜나가고자 노력한 고려를 주목하였다. 바로 조회 시 몽골의 머리 양식과 입은 의복 문제였다. 고려에서는 원의 상복을 입고 조회한 12년 뒤에 자신들의 풍습으로 머리모양을 하고 고려 의복으로 바꿔서 입을 수 있었다. 이는 고려 문인들이 원으로부터 노력하여 쟁취한 자주의 일면이라고 할 수 있다. 이 또한 주이준이 읽어낸 고려 역사이다.

이상에서 살펴보았듯이 청의 문인들은 고려사가 자신들의 역사를 반추하게 하는 역사라는 점, 철저한 고증으로 이루어진 역사라는 점에 주목하였다. 그리고 고려사 또한 동아시아 역사로서 중요한 의미를 지닌다는 점을 북원의 역사기록을 통해 보여주고 있다.

2) 조선 개국에 대한 시각

청나라 문인들은 조선개국의 역사와 건국 이후의 역사에 대해 다른 시각을 가졌던 것으로 보인다. 조선 건국에 대해서는 명말청초 전겸익에서부터 17세기 주이준에게도 모두 부정적인 시각을 보이는 반면, 건국 후 조선

중기로 이어지는 역사에 대해서는 매우 우호적이다. 먼저 전겸익과 주이준
의 저술『명시종』11)에 나타난 鄭夢周, 李穡, 李崇仁 시화를 분석하여 이들
이 조선개국을 어떻게 이해했는지 살펴보자.

　정몽주가 죽지 않으면 이성계의 찬탈이 필시 이루어 지지 않을 것이니,
(이성계는) 정몽주를 죽이고 나라를 찬탈하였다. 또 요나라를 공격한다는 빌
미로 정몽주에게 죄를 뒤집어씌우고 이로써 자신은 죄를 면하고자 하였다.12)
(『明詩綜』: 鄭夢周 시화)

　이성계가 昌을 내쫓고 瑤를 세워 장차 찬립을 도모하고자 하였다.13) (『明
詩綜』: 李穡 시화)

　이성계가 찬립한 후, 정몽주 일당 모두의 관직을 없애고 멀리 유배 보냈
다.14) (『明詩綜』: 李崇仁 시화)

　주이준은 조선 건국을 '찬국', '찬립'으로 규정하고 있으며, 그가 인용한

---

11) 본고에서는 康熙년간에 간행된 秀水朱氏六峰閣刻本, 奎章閣 소장본『明詩綜』
을 저본으로 한다.
12) 『明詩綜』에서 '錢受之云'을 인용한 부분: "夢周不死, 成桂簒必不成, 旣殺夢周
以竊國, 又藉口攻遼, 委罪夢周, 以自解免."(錢謙益, 『列朝詩集』, 閏集 권6)(淸
順治九年毛氏汲古閣刻本)(集玉齋印, 奎章閣소장본, 奎3246); 『靜志居詩話』의
내용: "其事是簒竊之芳遠賢于長陵, 而下國之史官勝于楊士奇輩多矣, 可歎也
夫."朱彝尊, 『明詩綜』(康熙年刊本, 六峰閣藏本)(奎章閣소장본, 奎3673).
13) 『明詩綜』에서 '錢受之云'을 인용한 부분: "成桂放昌立瑤, 將圖簒立."(錢謙益, 『列
朝詩集』, 閏集 권6)(順治九年毛氏汲古閣刻本)(集玉齋印, 奎章閣소장본, 奎3246).
14) "李成桂簒立, 以鄭夢周黨削職遠流."(朱彝尊, 『明詩綜』)(康熙年刊本, 六峰閣藏
本)(奎章閣 소장본, 奎3673); 『明詩綜』에서 '錢受之云'을 인용한 부분: "次年流
京山府, 三年召還, 成桂簒立貶李穡於驪典(典은 오자로 興이 맞음(驪興).
＊ 주이준의 『靜志居詩話』에서는 정확하게 驪興으로 되어 있음), 廢崇仁爲庶
人."(錢謙益, 『列朝詩集』 閏集 권6)(淸順治九年毛氏汲古閣刻本)(集玉齋印, 奎
章閣소장본, 奎3246).

전겸익의 인물전기에서도 '찬국', '찬립' 용어를 쓰고 있다. 이는 고려시대
인 1390년(공양왕 2) 이성계의 政敵이었던 尹彝, 李初가 명나라로 도망가
서 恭讓王이 고려왕실의 후계가 아니라 이성계의 인척으로서 그와 공모하
여 명나라를 치려 한다고 모함하고 이성계는 李仁任의 후손이라 한 정사
의 기록에서 기인한 것이다. 명나라에서는 이 내용을『太祖實錄』과『大明
會典』에 기록하였다. 조선은 1394년 명나라 사신을 통해 이런 사실을 알게
되었다. 이러한 宗系문제는 조선왕조의 합법성과 왕권확립에 관계된 중요
한 문제였으므로 조선에서는 명나라 사신 黃永奇의 귀국편에 辨明 奏文을
지어 보냈다. 그 뒤 재차 1402년(태종 2) 謝恩使 林彬을 파견하여 奏請文을
보냈으나, 명나라에서는『萬曆會典』重修本에 辨明 사실을 부기하는 데 그
쳤다.『대명회전』朝鮮國條에는 여전히 "李仁任과 그의 아들 丹(이성계)이
洪武 6년에서 28년까지 4명의 왕을 시해했다"고 기록되어 있어 조선왕조
의 합법성을 인정하지 않고 있었다.[15] 1518년 주청사 李繼孟이 돌아와 이
를 알리자 중종은 南袞, 李耔를 보내 개정을 요구했다. 그 후『대명회전』의
중찬이 있으리라는 소식을 듣고 1529년부터 1575년까지 총 6차례에 거쳐
변무사를 보내 거듭 개정을 요구했다. 그 뒤 1584년 黃廷彧이 重纂된『대
명회전』의 수정된 등본을 가지고 돌아옴으로써 종계변무가 일단락되었다.
1587년에는 兪泓이 중수된『대명회전』중 조선 관계 부분 1질을 받아와
선조가 종묘사직에 親告했으며, 1589년 윤근수가『대명회전』전부를 받아
옴으로써 종계변무 문제가 해결되었다.[16]

　이렇듯 조선의 건국 역사가 宗系辨誣를 통해 1584년에 조선왕조 개국의

---

15) "祖訓, 朝鮮國卽高麗. 其李仁任, 及子李成桂今名旦者, 自洪武六年, 至洪武二
　　十八年, 首尾凡弑王氏四王. 姑待之. 按高麗幷有扶餘·新羅·百濟·其國分八道.
　　洪武二年, 國王王顓遣使奉表賀卽位, 請封, 貢方物, 詔封爲高麗國王. 賜龜鈕金
　　印誥命."(申時行,「禮部」63,『大明會典』권105)(明萬曆內府刻本).

16) 金暻綠,「朝鮮初期 宗系辨誣의 展開樣相과 對明關係」,『國史館論叢』108집,
　　국사편찬위원회, 147~183면; 한명기,「宣祖代 후반~仁祖代 초반 對明關係 연구」,
　　서울대학교 박사학위논문, 1997 참조.

정당성을 공식적으로는 인정받았음에도 불구하고 17세기 청의 문인들은 조선왕조의 건립은 여전히 정당성이 없는 찬탈로 인식하고 있었다.17) 이러한 인식은 위에서 언급한 오랜 시일 중국 정사에서 조선 개국의 정통성을 부정한 것에서 찾아볼 수 있거니와, 다른 한편 고려에 대한 긍정적 인식이 영향을 미쳤다고 할 수 있을 것이다.

전겸익과 주이준이 가진 조선 개국의 역사 인식은 명말청초 중국 문인들의 보편적 인식으로 나타난다. 전겸익의 『열조시집』은 강희 초에 강남의 錢氏 絳雲樓에서 간행 후 얼마 되지 않아 禁書가 된 관계로 『열조시집』의 영향은 강희 연간 이후에는 크게 영향을 끼치지 못하였을 것이나, 이러한 역사 인식은 건륭 연간 『사고전서』에 수록된 『명시종』으로 말미암아 후대 청 문단에 영향을 주었을 것으로 보인다.18)

그렇다면 조선이 개국된 이후의 조선역사에 대한 인식은 어떠했는가? 조선개국 문제와는 달리 조선 개국 후 경영된 조선 역사는 매우 호전적인 방향으로 흘러갔다. 곧 중국과 조공책봉체제로 평화를 유지하면서 전통과 문명을 이어갔다고 인식하였다. 이러한 예는 우통이 노래한 조선죽지사에

---

17) 임형택은 중국 지식인들이 조선의 왕조교체기에 천착하여 심각하게 다룬 문제를 두고 "중국지식인들이 자국의 역사를 비춰보고 말하기 어려운 곳을 빗대어 말하고자 하는 의도가 숨어있었다"는 견해를 내놓았다(임형택, 「『列朝詩選』, 『明詩綜』과 『朝鮮詩部』: 한문세계의 중심과 주변」, 『동아시아 출판문화와 기록』, 제7회 奎章閣 한국학 국제심포지엄, 2014. 8. 21).

18) 조선으로 들어온 『列朝詩集』은 御覽용 '集玉齋' 印章이 있는 서책 외, 현재 奎章閣에 소장된 신하들이 본 책에는 불편하게 서술된 부분 즉 이성계와 이방원의 찬립에 대한 글들은 모두 먹칠로 지워졌다. 한치윤과 같은 경우 이러한 지워진 책을 보았기에 찬탈로 묘사된 시화는 검토하지 못하였다. 전겸익의 『列朝詩集』과 주이준의 『明詩綜』에서 모두 이성계와 이방원을 '篡立'으로 기록한 불편한 역사 기록은 조선의 문인들에게 매우 조심스러웠던 것으로 보인다. 현재 한국국립도서관 소장본 『明詩綜』의 고려조 인물의 시화도 마찬가지로 내용을 칼로 잘라 내 없애 버렸다.(朱彝尊, 『明詩綜』)(康熙年刊本 六峰閣藏本)(한국국립중앙도서관 소장본 고 5-76-다6; 소장인: 樊巖 蔡濟恭의 印章)(錢謙益, 『列朝詩集』, 奎 5117).

서 찾아 볼 수 있다. 우통은 조선을『외국죽지사』의 첫머리에 놓고 노래하
였는데, 다른 나라는 1~2수를 읊은 반면 조선을 읊은 노래는 4수에 달한다.
「조선죽지사」를 노래한 특징을 살펴보면 조선의 유구한 역사에 대한 인식
과 同文의 意識을 찾아볼 수 있으며 조선의 문명을 칭송하였을 뿐만 아니
라 조선문화의 독자성을 높이 평가하였다.[19]

> 고구려를 깎아내려 하구려라 하였으니
> 조선이란 옛 이름이 마땅하네.
> 高句麗降下句驪, 未若朝鮮古號宜.

> 주석: 古朝鮮은 고구려에 합병되었다. 隋나라가 정벌했으나 복종하지 않았
> 으므로 낮추어 '下句麗'라 했다. 明나라 洪武 연간에 중국에 들어와서 공물을
> 바치고 詔書를 받들었으므로, 조선이라고 고쳐 불렀다. 漢城을 서울로 삼았
> 는데 매번 詔使가 이르면 각종 雜戲를 펼쳤다.[20]

주석에서는 고구려를 하구려로 낮추어 부른 일이 수나라의 정벌에서 비
롯되었다고 하였으나, 이는 잘못된 정보이다. 王莽이 흉노를 정벌할 때 고
구려에 지원을 요청했으나 순순히 응하지 않자 '高句麗王'을 '下句麗侯'로
고쳐 부르게 했다는 기록이『後漢書』에 보인다.[21] 우통이 하구려보다 조
선이라는 국호가 마땅하다고 말한 것은 단순한 명칭의 문제가 아니다. 이

---

19) 이하 우통의 죽지사 관련 내용은 졸고, 「尤侗의 〈朝鮮竹枝詞〉에 대하여」,『한국
    한문학연구』 48집, 한국한문학회, 2011을 바탕으로 발전시킨 내용이다.
20) "古朝鮮並入高句驪. 隋征之, 不服, 貶爲下句麗. 洪武中入貢奉詔, 更號朝鮮, 以
    漢城爲王京. 每詔使至, 雜陳百戲."(尤侗, 「朝鮮竹枝詞」,『外國竹枝詞』).
21) 〈東夷〉, "王莽初發句驪兵, 以伐匈奴, 其人不欲. 行彊迫遣之皆亡. 出塞爲寇盜,
    遼西大尹田譚追擊戰死, 莽令其將嚴尤擊之誘句驪侯, 騶入塞斬之, 傳首長安莽,
    大說更名高句驪王爲下句驪侯."(「東夷傳」75,『後漢書』권115); "王莽初發高驪
    兵, 以伐胡不欲, 行彊迫遣之皆亡, 出塞爲寇盜, 州郡歸咎於句驪侯. 騶嚴尤誘而
    斬之. 王莽大悅更名高句驪爲下句驪, 當此時爲侯矣."(「列傳」48,『梁書』권54).

는 명나라에서 고조선의 이름으로 조선이란 국호를 내려 주었던 일과 관련된다. 고조선은 유구한 단군조선의 역사를 가지고 있으며 기자조선으로 명칭이 후세에 더욱 드러났다. 우통은 이렇듯 역사가 유구하고 교화가 이루어졌으며 풍속이 아름다운 나라로 조선을 노래하였다. 앞에서 살펴보았듯이 조선 개국에 대해서 청초 문인들이 가진 인식은 매우 부정적이었다. 그러나 건국 이후의 조선은 수나라와 전쟁을 하던 고구려와 달리 천하에 그 이름이 드러난 아름다운 국호를 가진 조선이란 점과 명나라와 조공책봉관계로 평화를 지켜온 나라라는 점을 더욱 강조하고 있다.

조선 역사에 대한 긍정적 인식은 일본을 읊은 죽지사와 비교해 보면 더욱 선명하게 드러난다. 전통시대 조공책봉체제는 무역의 강약에 의해서 이루어지고 강자가 약자를 지배하는 형태가 아니었다. 근대에 들어와서 일본은 책봉체제에서 벗어난 것이 자랑스럽다고 생각하였지만 중세 문명권에서 책봉체제는 동아시아 문명 공동체였으므로 이탈이 자랑스러울 수 없다.[22] 우통은 『외국죽지사』에서 조선에 이어 일본을 두 번째로 다루었는데, 일본은 참칭과 임진왜란을 일으키며 평화를 깬 전쟁을 일삼은 나라로 비판하고 있다.

> 日本
> 일출에선 천황을 지존이라 일컬으니
> 五畿와 七道가 부용의 신하라네.
> 역대의 『吾妻鏡』이 덧없이 전해와도
> 大閤王은 끝내 木下人 平秀吉에 돌아갔구나.
> 日出天皇號至尊, 五畿七道附庸臣.
> 空傳歷代吾妻鏡, 大閤終歸木下人.

주석: 수나라 때 국서를 보내어 해가 뜨는 곳의 천자라 스스로 일컬었다. 나라 안에서는 천황이라 일컬어 존호로 삼는다. 五畿, 七道, 三島가 있고 附

22) 조동일, 『동아시아 문명론』, 지식산업사, 2010, 196~211면.

庸國이 백여 개이다. 『吾妻鏡』은 본국 군신의 사적을 기록한 것이다. 吾妻는 섬 이름이다. 木下人는 평수길이다. 만력 연간에 왜국을 찬탈하고 스스로 大閣王이라 하였다.[23)

　일본이 스스로 天皇이란 호칭을 일컫는다는 사실을 첫 구에 언급한 까닭은, 일본이 천자를 僭稱하며 조공책봉 체제에 동조하지 않는 나라임을 강조하기 위해서이다. 승구에서는 일본의 행정구역인 五畿, 七道 및 附庸國을 소개하고, 전구에서는 일본의 역사서 『오처경』을 언급하였다. 『오처경』은 『東鑑』이라고도 하며, 일본 鎌倉幕府 시대의 역사를 기록한 52권의 편년체 사서이다.

　주이준은 『오처경』 발문에 "날짜와 날씨를 반드시 쓰고, 장군들이 집권한 차례와 會射의 절차를 기록하였는데 그 文義가 답답하다. 또 곁에다 倭訓으로 點을 찍어 놓았는데 해석하기가 쉽지 않고 국가의 큰일에 대해서는 도리어 간략하니 이른바 현명하지 못한 사람은 적은 것밖에는 모른다는 것이다."고 하였다. 또 일본의 역사서에 대해서 "요점을 얻은 申叔舟의 『海東諸國記』만 못하다."[24)고 하면서 조선과는 달리 文이 없으니 문명국

---

23) "隋時致書, 自稱日出處天子, 國中稱天皇, 以尊爲號, 有五畿, 七道, 三島, 附庸百餘. 『吾妻鏡』紀本國君臣事績. 吾妻, 島名也. 木下人, 爲平秀吉, 萬曆纂奪倭國, 自號大閣王."(尤侗,「朝鮮竹枝詞」,『外國竹枝詞』).

24)〈『吾妻鏡』跋〉, "『吾妻鏡』52卷, 亦名『東鑑』. 撰人姓氏未詳, 前有慶長十年序, 後有寬永三年國人林道春後序, 則鏤版之歲也. 編中所載, 始安德天皇治承四年庚子訖龜山院天皇文永三年七月凡八十有七年歲. 月日陰晴必書餘紀, 將軍執權次第及會射之節, 其文義鬱轖. 又點倭訓于秀, 繹之不易, 而國之大事反略之, 所謂'不賢者識其小者而已.' 外藩惟高麗人著述往往流入中土, 若鄭麟趾『高麗史』; 申叔舟『海東諸國紀』, 以及『東國通鑑』,『史略』諸書多可玫證. 日本職貢不修, 故其君長授受次第, 自崙然所紀外相傳頗有異同. 臨淮侯李言恭撰,『日本考紀』, 其國書土俗頗詳, 而國王世傳未明晰, 合是編以勘『海東諸國紀』, 則不若叔舟之得其要矣. 康熙甲辰獲覯是書于郭東高氏之稽古堂, 後四十三年乃歸插架惜第六第七二卷失去, 慶長十年者明萬恖三十二年, 寬永三年者明天啓四年也."(朱彝尊,「跋」,『曝書亭集』권44).

으로 대접하지 않았다. 우통도 마찬가지로 일본의 역사서에 호의적인 평가
를 내리지 않았으며, 심지어 부질없이 전한다는 비평을 남겼다. 결구에서
는 주석에서 설명한 내용과 같이 왜국을 찬탈하고 스스로 大閤王이라고
한 豊臣秀吉을 들어 大閤王이란 호칭이 정당성이 없음을 지적한다. 일본을
읊은 이 작품은 기구부터 결구까지 참칭과 침략을 일삼은 나라로 바라보
고 있는 것이다. 이와 반대로 조선은 책봉체제와 동문의식을 바탕으로 중
국과 우호적 관계를 발전시켜 나갔던 역사를 긍정적으로 보고 있다.

'중국'은 하나의 '국가'인 동시에 그 자체로 하나의 '동아시아문명권'을
대표한다. 청대 주이준, 우통, 왕사정 등 강희 연간 문인들은 조선을 동아
시아 문명권에서 다른 주변 나라에 비해 '문명국'이라는 시각을 가지고 있
었다. 이렇듯 조선을 '문명국'으로 인식하였기 때문에『명사』에서「외국」
을 다룰 때 조선을 제일 첫머리에 놓고 편집하였고, 우통 또한『외국죽지
사』를 지을 때「조선」을 첫머리에 놓고 읊은 것이다. 그만큼 조선역사에
대한 인식은 동아시아 문명을 함께 이룩한 국가로 바라보았다.

왕사정 또한 조선 인조의 정통성 문제를 두고 모함을 썻어 주고자 자신
의 저술『지북우담』에〈朝鮮疏〉전문을 싣고 있다.〈조선소〉는 강희 15년,
즉 숙종 2년(1676년)에 조선국왕 李淳이 올린 주청문이다.〈조선소〉는 황
실편찬사업으로『명사』가 본격적으로 편찬되고 있던 강희 연간에 조선에
서, 인조반정을 '찬역'으로 기록한 중국의 역사서를 바로 잡기 위하여 숙종
이 즉위한 이듬해 '辨誣使'를 파견하여 올린 글이다. 인조반정을 두고 명나
라에서는『憙宗實錄』과『兩朝從信錄』을 편찬하면서 "인조가 광해군을 불
에 태워 죽였다"고 하는 등 비판적인 기술을 하였던 것이다.[25] 결국 왕사

---

[25] "仁祖反正辨誣"에 대한 연구는 한명기,「17, 8세기 한중관계와 인조반정 − 조선
후기의 "인조반정 변무" 문제 −」,『한국사학보』13집, 고려사학회, 2002, 9~24면;
이영춘,「仁祖反正 후에 파견된 冊封奏請使의 記錄과 외교 활동」,『조선시대사
학보』59, 조선시대사학회, 2011, 105~142면; 양염추,「朝鮮王朝仁祖反正辨誣與
明史編纂」,『사총』69집, 고려대학교 역사연구소, 2009, 191~217면 등 논문을 참

정이 수록한 〈조선소〉는 조선에 대한 긍정적인 인식에서 출발했던 셈이다.

당시 중국은 명나라와 청나라가 교체되는 시기였고, 조선은 戰亂 중이어서 역사의 오류를 바로잡는 일은 무리였다. 그러다가 정세가 비교적 안정기에 들어서자 조선에서는 왜곡된 역사를 바로잡고자 노력하였다. 이는 조선건국의 정통성이 달려 있는 문제로 인조반정 문제가 국제적으로 해결해야 할 중요한 현안이었기 때문이다. 이에 조선 왕실은 청나라에 변무사를 파견하여 疏를 올리게 되는데 이는 외교적으로 매우 중요한 사안이었다. 이에 대해 조선에서는 변무사를 파견하여 정사의 기록을 바로잡았다.

그러나 『皇明十六朝記』와 같은 野史에서는 여전히 인조의 왕권을 찬탈로 적고 있었다. 『황명십육조기』가 비록 야사이기는 하지만 강희 연간에 본격적으로 편찬 중인 『명사』에 전재될 경우 조선 왕권의 정통성과, 조선 국가의 위신에 심각한 손상을 줄 것을 염려하였다. 전통 유교의 문화를 보유한 동아시아에서 인조반정은 용납될 수 없었던 일이라는 중국의 시선을 의식했기 때문이다. 〈인조변무〉는 200년간 끌어왔던 〈종계변무〉에 이어 두 번째로 조선에서 중국에 조선역사에 대한 정통성을 확립하기 위해 올린 疏였다.

왕사정은 조선에서 야사로 인해 인조가 모욕과 모함을 당한 것에 대한 설명과 광해군의 잘못을 일일이 들어 기록한 내용 등 전후 결말을 생략하지 않고 전문을 자신의 저술 『지북우담』에 상세히 수록하여 조선의 입장을 대변했다. 이런 과정 속에서 조선을 대변하여 조선의 국가적 위신을 높여주려고 노력한 왕사정의 모습과 역할을 살펴볼 수 있다.26) 왕사정의 역

조할 수 있다.
26) 洪大容은 당시 潘庭筠의 편지에서 왕사정의 『池北偶談』에 관해 전해 듣고 이 책을 얻을 바가 없어 潘庭筠에게 다시 부탁하여 이 책을 얻어 보고자 하였다. 그리고 潘庭筠에게 著書할 때 꼭 변설에 대한 글을 적어 주기를 바랐다. ["玩亭의 『(池北)偶談』은 들어보니 놀랍고 기쁘나, 다만 그 『辨疏』를 한 번도 볼 길이 없으니 혹 쪽지에라도 써서 보내 주시겠습니까? 이런 일이 우리나라에 있어서는 관계가 대단히 중대하오니, 바라건대, 제공들이 저서 할 때에는 한 마디 말씀을 하시어

할이 18세기 반정균을 비롯한 청 문인들이 조선의 역사를 인식하는 데 있어서 중요하게 작용하였다.

당시 홍대용은 중국의 正史에서 이미 바로잡은 조선의 인조반정 문제가 『황명십육조기』와 같은 야사에서 여전히 찬탈로 쓰여 있는 것에 대해 〈辨說〉을 써서 반정균에게 편지를 보낸 적이 있다. 이 문제를 두고 반정균은 왕사정의 『지북우담』에 〈조선소〉가 실려 있다고 소개하면서 "보여주신 헌문 왕의 일을 변명한 것은 왕완정의 『지북우담』 중에 실린 한 대목을 보아도 이 일을 변명한 것이 존형의 변명한 것과 같습니다. 완정의 시문은 명품이어서 輿望이 國朝에서 제1인자로 꼽히므로 학자들이 많이 따르고 있으니, 그 말이 넉넉히 신빙될 것이고, 또한 靑巖의 틀린 말도 깨칠 수 있을 것입니다. 아울러 들려 드립니다."27)고 하였다. 반정균은 왕사정이 청 문단에서 가진 위상으로 놓고 볼 때 그가 조선을 위해 실어 놓은 〈조선소〉는 충분히 조선을 위해 변명할 수 있는 글이라고 홍대용에게 답신을 보냈다.

반정균의 편지에서도 알 수 있듯이 왕사정은 인조가 모함을 당하고 조선 역사가 왜곡된 사실을 변명해 주고자 하였는데 이는 왕사정이 조선에 대한 긍정적인 인식을 가지고 있었기 때문이라고 생각된다. 이처럼 청문단의 1인자로 꼽히는 왕사정이 가진 조선에 대한 긍정적인 인식은 반정균 등 18, 19세기 청 문인들에게도 영향을 끼쳤다고 할 수 있다.

길이 억울한 것을 풀어 주십시오. 마땅히 수천 리 밖에 사는 백성들과 더불어 같이 그 은혜를 영구히 칭송하겠습니다. ("阮亭『偶談』, 聞來驚喜, 但其辨疏, 無由一見, 或以小紙謄示否? 此事於小邦, 關係甚重, 望諸公如有著書, 不惜一言, 永賜昭雪, 當與數千里民生, 共頌恩於無窮矣.")](洪大容, 〈與秋庫書〉, 「杭傳尺牘」, 『湛軒書·外集』권1)(한국문집총간: 248, 118면(5)).

27) 〈與秋庫書〉, "潘答曰: '示憲文王事辨, 從王阮亭池北偶談中, 見載一疏, 亦辨此事, 與尊辨同. 阮亭詩名品望, 爲國朝第一, 學者多宗之, 其言足以徵信, 亦可破靑巖訛謬之說矣. 並聞.'"(洪大容, 「杭傳尺牘」, 『湛軒書·外集』권1)(한국문집총간: 248, 113면(3)).

3) 조선의 風俗과 文物에 대한 이해

조선 사신들이 연행사로 중국에 들어올 적에 입은 의복은 청의 한족 문인들에게 매우 큰 자극을 준 것으로 보인다. 이에 대해서는 앞서도 잠시 살펴보았던 명말청초 '寧都三魏'로 알려진 魏際瑞의 아들 魏世杰이 지은 글을 통해 알 수 있다.

　　내가 10년 전에 듣건대, 외국에서 온 사람들은 모습이나 머리털, 띠, 의복, 장신구 등이 대부분 이상한데, 유독 조선의 사신들이 올 적에는 網巾을 쓰고, 紗帽를 쓰고, 너른 소매의 붉은 도포를 입고, 束帶를 두르고, 말 위에 앉은 채 들어와 조회하니, 서울 사람들이 漢官의 威儀라고 탄복하였다고 한다. 나는 늦게 태어나서 일찍이 伶人의 모습에서 이런 몇 가지를 보았다. 나는 궁벽한 시골에서 태어나 보고 들어서 아는 바가 없으며, 발걸음이 마을 밖을 나가지 못하였는바, 뜻과 기운이 답답하기가 마치 칼집 속에 들어 있는 칼과 같다.[28]

위세걸은 북경에 계신 아버지로부터 보내온 서신을 통해 조선 사신이 조회하러 들어올 때 다른 나라 사신들과 달리 漢官의 威儀를 지녔음을 전해 들었다. 당시 망건과 紗帽를 쓰고, 너른 소매의 붉은 도포를 입고, 束帶를 두르고, 말 위에 앉아 북경 성내로 들어오는 조선 사신의 모습은 당시 중국 사람들로 하여금 탄복을 금치 못하게 하였던 것 같다. 그러나 이러한 정경을 보지 못한 위세걸은 다만 부친이 보내준 조선 사신의 선물인 고려도를 만지면서 답답한 마음을 달래었다고 한다. 이렇듯 조선 사신들의 한관의 모습은 당대 중국인들에게 매우 깊은 인상을 심어 주었던 것으로, 지

---

28) 〈高麗刀記〉, "予十年前, 聞外國來者, 形狀毛髮帶佩服飾器用, 多奇異, 獨高麗使者至, 則裹網巾, 著紗帽朱袍方袖束帶坐馬上入朝, 都人歎爲漢威儀. 予生晚, 固嘗從伶人, 得識此數也. 予旣產窮僻鄕, 耳目無所知, 足跡不出里閈, 意氣拂鬱, 如劍在匣."(魏世傑著; 林時益(淸)輯, 『三魏全集:興士集』)(梓室文稿, 易堂藏板) (서울대고문헌자료실 청구기호: 3421535).

식인들은 더욱 이러한 광경을 직접 자신의 눈으로 보고 싶어 했다. 위에서
살펴본 '한관의'는 당대 강희 문단의 사대부들에게 특별한 정감을 가져다
준 것으로 보인다. 漢官의 威儀라며 탄복한 위세걸과 같이 우통은 죽지사
를 통해 형상화하였는데 한관의에 대한 강희 연간 한림학사들의 인식이
잘 드러난다.

> 천 리라 한양에서 百戲를 陳設하니.
> 한성이라 한관 의표 여태도 볼 수 있네.
> 千里王京陳百戲, 漢城猶見漢官儀.

　詔使를 환영하기 위해 한양에서 벌어지는 온갖 잡희에 대해 읊고, 다음
으로 조선에서 여전히 '漢官儀'를 볼 수 있다고 감개한 어조로 말하였다.
『漢書·藝文志』에는 "예를 잃게 되면 초야에서 찾는다(禮失而求諸野)."[29]
는 말이 있듯이, 우통은 淸代에 들어와 滅絶된 중국의 복식을 조선에서 발
견할 수 있다는 점을 노래하고 있다.
　'漢官儀'에 대한 우통의 특별한 관심은 한시 작품을 통해서도 드러난다. 시
제는 〈元旦에 拜闕하고 '早朝詩'를 모방하여 짓다(元旦拜闕擬早朝詩)〉이다.

> 경양문에 종이 울고 새벽별 빗겼는데
> 수많은 난의위는 푸른 깃발 잡았다.
> 금빛 궁전의 천안은 일월처럼 빛나고
> 맑은 강의 봄빛에는 구름 노을 일어나네.
> 금성에는 마차와 말 큰 길에 늘어서고
> 해국이라 의관이 한 곳에 모였네.
> 홀로 변관에 체류하며 관리가 되어
> 잔 올려 저 멀리 상림원 꽃 바라본다.

---

29) "仲尼有言, '禮失而求諸野', 方今去聖久遠, 道術缺廢, 無所更索, 彼九家者, 不
　猶瘉於野乎?"(班固, 『漢書』 권30)(淸乾隆武英殿刻本).

景陽鐘動曉星斜, 十部鑾儀擁翠華.
金殿天顔光日月, 玉河春色起雲霞.
禁城車馬羅千陌, 海國衣冠會一家.(朝鮮國王入觀)[30]
獨滯邊關成外吏, 稱觴遙望上林花.[31]
尤侗, 「元旦拜闕擬早朝詩」(『西堂詩集』)

　위 시는 우통이 궁궐에서 아침 조회의 풍경을 읊은 작품이다. 이 작품은
당나라 시인 賈至의 〈早朝大明宮〉[32]를 모의하였다.[33] 첫 연에서 북경성
새벽이 밝아오는 시각에 종소리 울리고, 줄 늘어선 군사들이 깃발을 들고
있는 궁궐 새벽 조회의 풍경을 그려 보이고 있다. 2연에서는 조회를 받으
러 나온 황제의 天顔을 日月에 비유하여 그 빛나는 용모를 노래하고 얼음
이 녹아 맑은 강물이 흐르는 이 봄에 신비로운 구름 노을이 피어나고 있음
을 들어 평소와 다른 정경을 그려 보여주고 있다. 3연에서는 쭉쭉 뻗은 북
경성의 거리로 달려오는 말과 마차를 보여주면서 조회하러 온 조선 사신
들이 갖춘 의관을 통해 한관의를 노래하고 있다. 마지막 연에서 작가 자신
이 이러한 한나라의 풍속을 그대로 보존하고 있는 조선 사신의 조회 풍경
을 본 감개무량한 심정을 토로하고 있다. 이러한 차림세는 이미 청나라의
조회풍경에서는 찾아 볼 수 없었던 풍경이었으나 조선 사신의 '한관의'는
한족 문인들에게 특별한 풍경으로 받아들여졌을 것이다. 마지막 구에서 한
나라 때의 아름다웠던 상림원으로 시상을 이끌어 나갔다. 이러한 경험은

---

30) 주석에 '朝鮮國王入觀'이라고 되어 있는데, 이는 조선국왕이 북경에 간 사실이
　　없기 때문에 조선 사신의 행차를 두고 한 기록이거나 혹은 상상으로 적어 넣은
　　듯하다.
31) 尤侗, 「右北平集」, 『西堂詩集』(淸康熙刻本).
32) 賈至, 〈早朝大明宮兩省突友〉, "銀燭朝天紫陌長, 禁城春色曉蒼蒼. 千條弱柳垂
　　靑瑣, 百轉流鶯滿建章. 劍珮聲隨玉墀步, 衣冠身染御鑪香. 共沐恩波鳳池裏, 朝
　　朝染翰侍君王."(杜甫, 『錢注杜詩』 권10)(康熙刻本).
33) 賈至의 〈早朝大明宮〉의 작품은 杜甫가 〈奉和賈至舍人早朝大明宮〉를 지어 창
　　화하였으며 그 뒤에도 王維, 岑參이 和作을 하기도 하였다.

우통으로 하여금 조선에 대하여 '일가족'이라는 인식을 심어 주었으며, 조선을 죽지사로 노래하는 데 영향을 주었을 것으로 보인다.

중국의 유풍을 지닌 한관의에 대한 남다른 인식을 비롯해 조선의 풍속, 문물에 대해서도 한림학사들은 매우 큰 관심을 가지고 있었다. 우통이 노래한 다른 한 편의 죽지사를 보기로 한다.

> 긴 저고리, 넓은 소매, 절풍건
> 白硾紙, 이리 털 붓, 한자.
> 長衫廣袖折風巾, 硾紙狼毫漢字眞.
> 尤侗, 「朝鮮竹枝詞」(『外國竹枝詞』)

> 주석: 백추는 종이이고, 이리 꼬리로 만든 붓, 그리고 글은 중국과 같은 문자이다.[34]

> 尤侗, 「朝鮮竹枝詞」(『外國竹枝詞』)

첫 구에서 '긴 저고리, 넓은 소매, 절풍건'을 읊고 있다. 고구려 벽화 「무용총」에 있는 '다섯 사람 춤'[35]에서 길고 넓은 소매 옷을 입고 춤을 추는 사람들의 모습이 그려진다. '절풍건'은 『魏書』에 따르면 새의 꼬리털을 옆에 꽂은 고깔이었다고 하니,[36] 고구려 벽화에 긴 수꿩의 꼬리를 머리에 장식한 고구려인들의 모습에서 유추할 수 있을 듯하다. 李白은 樂府體의 〈高句麗〉에서 고구려의 풍속을 생동감 있게 그려낸 바 있다. "황금빛 꽃을 절풍건에 꽂아 쓰고, 하얀 신발 바닥 조금 들어 보이고 돌아서네. 넓은 소매 펄펄 날려 너울대니, 마치 새가 해동에서 날아온 듯해(金花折風帽, 白馬

---

34) "白硾紙, 狼尾筆, 書與中國同文."(尤侗, 「朝鮮竹枝詞」, 『外國竹枝詞』).

35) 共同通信社 編, 『高句麗壁畵古墳』, 東京 共同通信社, 2005; 이애주, 「고구려 춤의 민속학적연구 ―고구려 고분벽화에 나타난 춤을 중심으로」, 『고구려연구회』 3집. 고구려발해학회, 1997.

36) 〈高句麗〉, "頭著折風, 其形如弁, 旁插鳥羽, 貴賤有差."(「列傳」 88, 『魏書』 권 100)(乾隆武英殿刻本).

(鳥)小遲回. 翩翩舞廣袖, 似鳥海東來).”37)라고 하였는데, 『李太白集分類補
註』에는 “노란 꽃 모자, 흰 버선, 넓은 소매는 당시 춤을 추는 복식이었다.
(金花帽白馬廣袖者, 當時樂舞之飾)”라고 하였다.38) 이 주석의 내용대로 절
풍건은 고구려인들이 춤을 출 때도 썼었음을 알 수 있다. 『北史』「高句麗
傳」 역시 “사람마다 머리에 절풍건을 쓰는데 형상이 고깔 같았다.”39)라고
하였다. 고대 문헌에서 ‘절풍’이란 용어의 연원이 모두 고구려의 복식에서
비롯되는 것으로 보아, 절풍건은 고구려의 전통 복식으로서 중국인의 눈에
는 매우 이국적으로 보였던 듯하다. 서긍의 『고려도경』에서도 고구려의
복식은 매우 중요하게 다루어졌는데,40) 우통 역시 조선의 ‘이국적인’ 복식
에 관심이 높았다.

　다음 구에서는 조선의 특산인 白硾紙와 鼠狼尾筆을 소개하였다. 이는
전래로 조선의 특산물로 알려진 것이기도 하다. 『宋史』「高麗傳」에 보면
白硾紙와 鼠狼尾筆이 고려의 물산으로 소개하였으며41), 『淸一統志』에는
“조선의 토산으로는 백저포, 면주, 목면포, 오조룡서, 잡채화석, 백추지, 미,
녹비, 달피, 칼이 있는데 이상은 모두 조공으로 바친다’라고 하였다. 이렇
듯 어느 시대를 막론하고 백추지와 낭모필은 조선의 특산물로 알려져 있

---

37) 현전하는 문헌에는 白馬라고 되어 있음. 李白, 〈高句驪〉, “金花折風帽, 白鳥小遲
　　回. 翩翩舞廣袖, 似鳥海東來.”(『全唐詩』 권26, 第二冊, 中華書局, 1960, 373면).
38) 〈高句驪〉, “金花帽白馬廣袖者, 當時樂舞之飾, 卽所見而詠之. 東海俊鶻名海東
　　靑, 此喩其舞之快捷, 如海東靑之快健也.”(『李太白集分類補註』 권6)(四部叢刊
　　景明本).
39) 〈高驪〉, “人皆頭着折風, 形如弁, 士人加揷二.鳥羽, 貴者其冠曰蘇骨, 多用紫羅爲
　　之, 飾以金銀, 服大袖衫, 大口袴, 素皮帶, 黃革履.”(唐 李延壽, 「列傳」 82, 『北史』
　　권94)(淸乾隆武英殿刻本).
40) 〈冠服〉, “漢史稱其公會衣服, 皆錦繡金銀自飾, 而大加, 主簿著幘如冠, 小加著
　　折風如弁, 豈依倣商, 周冠弁之制而然乎! 唐初稍服五采, 以白羅爲冠, 革帶皆金
　　珥, 逮我中朝, 歲通信使屢賜襲衣, 則漸漬華風, 被服寵休, 翕然丕變, 一遵我宋
　　之制度焉.”(徐兢, 『宣和新修高麗圖經』 권7)(淸知不足齋叢書本).
41) 「高麗傳」, “產龍鬚席藤席, 白硾紙, 鼠狼尾筆.”(『宋史』 권487)(乾隆武英殿刻本).

었다. 명필로 소문난 명나라 사신 朱之蕃도 허균의 붓을 써보고는 "닷새 동안 써도 닳지 않는다."라며 조선의 붓을 수천 자루나 얻어갔다는 일화가 전한다. 종이와 붓은 문인의 필수품이라는 점에서 단순한 특산품이 아닌 '文'의 상징이 되기도 한다.

우통은 한림원 동료인 손치미가 조선사행의 임무를 마치고 돌아와 秋試에 급제한 일에 대해 축하하면서 동시에 조선의 특산과 생활 풍속을 시에 담아 노래하였다.[42] 아래 관련 작품 「孫愷似가 고려에 사신으로 갔다가 돌아와서 秋試에 급제한 것을 축하하는 시(賀孫愷似高麗使回秋捷)」를 보기로 하자.

> 만리 먼 변경 땅에 필마를 타고 가니
> 가죽띠에 화살통 찬 일개의 서생일세.
> 친히 황명 받들고서 큰길을 치달리고
> 널리 풍요 채집하며 한성에 도달했네.
> 백추지는 단단하여 그림 붓에 마침 맞고
> 만화석은 부드러워 대자리와 어울렸네.
> 돌아온 뒤 금화전서 일을 모두 아뢰고
> 베옷 갈아입고 즐겁게 녹명을 들었다네.
> 萬里邊關疋馬行, 鞾裝箭箙一書生.
> 親銜天命馳周道, 博採風謠到漢城.
> 白硾紙堅宜彩筆, 滿花席軟伴桃笙.
> 歸來奏事金華殿, 笑換麻衣聽鹿鳴.
> 尤侗, 「賀孫愷似高麗使回秋捷」(『西堂詩集』)

첫 구에서 사신으로 떠나가는 손치미의 행차를 그려 보이고 있다. 변방으로 필마를 타고 가는 모습과 가죽 띠에 화살 통 찬 서생의 름름한 모습을 시문에 담아내고 있다. 그리고 그가 강희제의 명을 받들어 일로에서 조선

---

42) 尤侗, 〈賀孫愷似高麗使回秋捷〉, 「于京集」 권1, 『西堂詩集』(康熙刻本).

풍요를 채집하면서 한성에 이르렀다고 하면서 조선 풍요를 채집하고 돌아온 그의 원만한 성과를 3, 4구에서 노래하고 있다. 5구와 6구에서는 손치미가 조선 땅에 들어선 풍경이다. 풍요를 채집하여 조선의 백추지와 붓을 놀려 이를 종이에 적는 모습이 그려지고 있다. 다음으로 조선에서 만화석을 깔고 손님을 맞던 당시 풍습을 보여주고 있다. 7구에서는 손치미가 金華殿에서 황제를 알현한 일을 읊으면서 손치미의 원만한 귀국을 노래하였다. 8구에서는 손치미가 베옷을 갈아입고 즐겁게 〈鹿鳴〉[43]을 듣는 다고 하였는데 손치미의 소박한 생활 모습과 秋試에 급제한 일을 크게 축하하고 있다. 이는 조선사행을 다녀온 이듬해인 1679년에 있은 順天鄕試를 두고 말한다. 〈녹명〉은 『詩經·小雅』의 編名으로, 본래는 임금이 신하를 위해 연회를 베풀며 연주하던 樂歌인데, 후대에는 郡縣의 長吏가 鄕試에 급제한 擧人들을 招致하여 鄕飮酒禮를 베풀어 축복하는 뜻으로 이 노래를 불렀다고 한다. 소위 〈鹿鳴宴〉이라고도 한다.[44] 이렇듯 손치미의 추시 급제를 축하하는 시에서 그의 조선사행과 조선의 풍속을 함께 노래하고 있다.

---

43) 〈鹿鳴〉, "呦呦鹿鳴, 食野之蘋. 我有嘉賓, 鼓瑟吹笙. 吹笙鼓簧, 承筐是將. 人之好我, 示我周行. 呦呦鹿鳴, 食野之蒿. 我有嘉賓, 德音孔昭. 視民不恌, 君子是則是傚. 我有旨酒, 嘉賓式燕以敖."(『詩經·小雅』; 漢 毛亨, 『毛詩注疏』, 附釋音毛詩注疏卷第九(淸阮刻十三經注疏本).

44) 〈選擧志〉, "每歲仲冬, 州·縣·館·監擧其成者送之尙書省 ; 而擧選取不緣館·學者·謂之'鄕貢'皆怀牒自列於州·縣. 試已, 長吏以鄕飮酒礼, 會屬僚, 設賓主, 陳俎豆, 備管弦, 牲用少牢, 歌「鹿鳴」之詩, 因与耆艾敍長少焉."(歐陽修, 『新唐書』권44, 「志」34)(淸乾隆武英殿刻本).

2. 歷史와 人物

1) 文章家와 儒學家의 부각

왕사정은 고려 인물들을 문장가로서, 유학가로서, 서예가로서 높이 평가하고 있다. 왕사정이 문장가로서 金富軾, 金富轍 형제와 같은 인물을 높이 평가했고 또한 權敬中과 같은 이러한 문장가와 유학가로서 주목하였다. 왕사정은 고려의 서예가인 柳公權도 주목하였다. 이밖에도 李藏用과 같이 한국에서 거의 알려지지 않은 인물을 비롯하여 외교에서 뛰어난 인물에 대해서도 주목하면서 아래와 같이 이들의 사적을 자신의 저술에 담아 전하고자 하였다. 먼저 김부식, 김부철에 대해 비평한 글을 분석하고자 한다.

왕사정은 일찍이 김부식의 문장을 좋아했었다. 왕사정이 처음 김부식 형제를 알게 된 것은 『고려사』를 통해서였는데 그 때 이들 형제의 이름이 소동파 형제의 이름과 비슷하여 의문을 가지고 있었다.

高麗太師門下侍中集賢殿大學士 金富軾은 新羅사람으로 兄弟가 모두 文章과 功名이 더 높아 卿相에 이르렀다. 그 이름들은 富弼, 富軾, 富轍이다. 轍은 子由로 자를 삼았는데 그때를 계산해보니 송 고종시대로 慶愿, 元祐에 여러 명현들이 있어 해외에서 경모하는 바가 되었다. 부식은 文章으로 세상에 이름을 날렸는데,『通古今樂』, 新羅, 高句驪, 百濟의『三國史』를 편찬하였다. 書筵에 있을 때 王에게 司馬溫公의 어짐을 말한 바 있으며, 졸한 후 시호가 文烈이다. 宋使 路允迪, 徐兢의『高麗圖經』에 富軾世家를 넣었는데, 그 형상을 그려 돌아왔다.

동생 富轍은 관직이 吏·戶·禮 三部尙書, 翰林學士承旨에 이르렀다 왕이 일찍이 국경 방위 문제에 대하여 문의했는데 그가 답신한 내용은 다음과 같았다. "현재 고려는 三韓의 옛땅을 통일했으니 어찌 70리뿐 이겠는가? 그런데도 타국을 두려워하니 그 허물은 自治를 우선 하지 못하는데 있을 뿐이다. 무력의 우열을 관찰한다면 기병이 맞붙어 육박전으로써 결승을 다툴 경우에는 戎狄들에게 장점이 있으며 중국에 단점이 있고, 강력한 무기를 가지고 성

을 지키거나 요새를 공고하게 방어하며 적이 쇠약할 때를 기다렸다가 적을
격멸하는 전술은 중국의 장점이요, 오랑캐의 단점으로 됩니다. 자기의 장점을
살리고 발휘하며 적정의 변화를 관찰하면서 국면을 유리하게 타개하는 것은
곧 梁商의 계책입니다.45)

왕사정은 우선 김부식의 공명을 소개하고 있다. 김부식은 관직이 高麗
太師, 門下侍中, 集賢殿大學士를 지냈는데 왕사정은 그를 신라사람이라고
소개하고 있다. 이는 김부식의 선조가 신라인이었기 때문에 그렇게 소개한
것으로 보인다. 김부식의 형제는 모두 文章과 功名이 더 높아 고려 중기
중앙관료가 되었다. 왕사정은 『고려사』를 근거로 富弼, 富軾, 富轍의 이름
을 지닌 형제들을 일일이 소개하고 김부식이 문장뿐만 아니라 고금의 음
악에도 능통하였고, 또한 역사서도 편찬한 大 문장가이자 역사가임을 말하
고자 하였다. 그리고 일찍이 書筵에 있을 때 王에게 司馬溫公의 賢을 말한
바 있음을 들어 김부식도 현인임을 드러내었다. 왕사정은 『고려사』외 서
긍의 『고려도경』에서 기술한 내용도 들어 富軾世家가 일찍이 중국에 전해
졌던 사실을 재차 확인시키고 있다.

다음 글로 왕사정은 왕의 앞에서 국경 방위 문제를 토의할 때 내세운 김
부철의 답신을 통해 大臣다운 모습을 보여주고 있다. 당시 김부철은 당나

---

45) "高麗太師門下侍中集賢殿大學士金富軾, 新羅人, 兄弟皆以文章功名顯, 致位卿
相. 其命名曰富弼, 曰富軾, 曰富轍. 轍, 又以子由爲字. 計其時當宋高宗朝. 慶
歷, 元祐諸名賢, 已爲海外所景慕如此. 富軾以文章名世, 通古今樂, 撰新羅, 高
句驪, 百濟三國史. 嘗在書筵爲其王言司馬溫公之賢, 卒諡文烈. 宋使路允廸, 徐
兢著 『高麗圖經』載富軾世家, 又圖其形以歸. 弟富轍官吏·戶·禮三部尙書, 翰林
學士承旨. 王嘗問邊事, 上奏曰:'(…)今我三韓之地, 豈惟七十里而已哉. 然而不
免畏人者, 其咎在乎不先自治而已. 良騎野合, 交鋒接矢, 決勝于當時, 外國(全
集 3722면에는 外國이 戎狄로 되어 있음)之所長, 而中國之所短也; 强弩乘城, 堅
壁固守以待其衰, 此中國之所長, 而外國(全集 3722면에는 外國이 戎狄로 되어
있음, 고려사 원문에도 戎狄으로 되어 있음) 之所短也. 宜先務所長, 以觀其變,
此梁商之策, 甚合于今之形勢'云云. 筆勢雄辯, 有秦, 晁之風. 富轍諡文懿."(王
士禎, 『居易錄』 권3).

라의 杜牧이 時事를 답신한 글과 신종이 文彦博과 국경 방위 대책을 토의
할 때 문언박이 답신한 글을 빌어 '自治'를 주장한 사례를 왕에게 들려주
었다. 그리고 김부철은 고려가 삼국을 통일하여 강토가 더 넓어졌다고 하
면서 타국을 두려워하는 것은 자치를 하지 못함에 있는 것이라고 하면서
자치를 해야 함을 강조하였다. 그리고 자국의 장점을 살려 국세를 관찰하
고 자국에 유리하게 나아가는 길이 좋은 계책이라고 왕에게 답변을 한 일
이 있었다. 왕사정은 이와 같이 중요한 국책을 논한 김부철의 사적을 소상
히 저술에 기록하면서 김부철이 뛰어난 관료임을 증명해 보여주고 있다.
이외 왕사정은 김부식의 기타 사적도 보여주고 있다.

高麗國王, 僭號仁宗이 즉위한 후 李資謙이 國舅로서 국권을 잡게 되었으
므로 왕이 조서를 내리기를 "이자겸은 나의 外祖이므로 班次와 禮數에서 일
반 관원들과 같이 할 수 없으니 兩府와 兩制 및 여러 시종들은 모여서 의논
하고 그 방안을 보고하라"고 하였다.46) (당시) 김부식이 寶文閣待制로 있었
는데 유독 그가 말하기를 (…) 이것으로 미루어 보면 비록 천자의 아버지라
도 尊號를 받지 않았으면 임금의 절을 받을 수 없습니다. (…) 또 이자겸의
생일을 仁壽節이라고 칭하자는 제의를 하였는데 김부식은 반대하기를, "생일
을 節이라고 부르는 실례는 예로부터 없었는데 唐나라 玄宗 때로부터 처음
으로 황제의 생일을 千秋節이라고 불렀으나 신하의 생일을 무슨 절이라고 불
렀다는 말을 듣지 못하였다. 이 논의를 보니 정말로 한, 당, 송의 명신에 부끄

---

46) 『高麗史』에는 김부식의 올린 글이 있기 전 먼저 다음과 다른 寶文閣學士 鄭克永
과 御史雜端 崔濡 등이 건의가 있었다. 건의는 "옛글에 이르기를 임금이 신하의
예로 대우하지 않을 사람이 셋이 있는데 王后의 父母가 그 중의 하나입니다. 그
러므로 이제부터 이자겸에겐 주상에게 올리는 글에 자기를 臣이라고 쓰지 않아도
좋으며 君臣이 모인 연회 석상에서도 백관들과 같이 뜰에서 하례할 것이 아니라
바로 왕이 계신 幕次로 올라가서 배례하면 주상께서 예배로써 답례하신 후 殿上
에 앉게 하여야 합니다"라고 하니 일동이 이 말에 맹종하였다.(寶文閣學士鄭克永
御史, 雜端崔濡議曰傳云, 天子有不臣者三, 后之父母居其一. 今資謙宜上表不
稱臣, 君臣宴會不與百官庭賀, 徑詣幕次拜, 上答拜, 而後坐殿, 衆議雷同.") (鄭
麟趾, 「列傳」11, 『高麗史』권98).

럽지 않다. 그 형제는 부한공, 소문충공 형제를 사모하여 이름을 지었는데 진
실로 헛된 것이 아니다.[47)]

왕사정은 김부철이 國舅로서 국권을 잡게 된 李資謙에 대한 예우를 두
고 낸 의견을 수록하였다. 김부철은 이자겸의 생일을 仁壽節이라고 칭하자
는 제의에 생일을 節이라고 부르는 일은 예로부터 없었다. 그는 唐나라 玄
宗때 처음으로 생긴 황제의 생일을 千秋節이라고 부른 사례를 보여주고
역대로부터 신하의 생일을 절로 지칭한 일은 없다고 하면서 고금의 일례
로써 설명하였다. 이러한 김부철의 논의에 대해 왕사정은 "정말로 한, 당,
송의 명신에 부끄럽지 않다고 평가하면서 김부식 형제를 소동파에 견주어
명신으로 부각시켰다.

이렇게 『고려사』에서 김부식 형제를 알게 된 왕사정은 그들의 문장을
좋아해 그들의 사적을 길게 자신의 저술에 넣었다. 후일 왕사정은 수필에
서도 이를 거론하고 있다.

---

47) "高麗國王僭號仁宗, 時其國老李資謙擅權, 兩府兩制侍從官議: 資謙不稱臣, 不
與百官廷賀, 徑詣幕次拜, 王答拜. 金富軾爲寶文閣待制, 獨上奏曰: 漢高帝初定
天下, 五日一朝太公. 家令說太公曰: 天無二日, 土無二王, 皇帝雖子, 人主也; 太
公雖父, 人臣也. 奈何令人主拜人臣? 高帝善家令言, 詔曰: 人之至親, 莫親于父
子, 故父有天下, 傳歸于子, 子有天下, 尊歸于父, 此人道之極也. 今王·侯·卿·大
夫已尊朕爲皇帝, 而太公未有號, 今上尊太公曰太上皇. 以此論之, 雖天子之父,
若無尊號, 則不可令人主拜也. 不其侯伏完, 獻帝皇后父也. 鄭玄議曰: 不其侯在
京師, 禮事出入宜從臣禮. 若后息離宮及歸寧父母, 則從子禮. 故父完朝賀公庭
如羣臣, 及皇后在宮, 后拜如子. 又東晉羣臣議穆帝母褚太后見父之禮, 紛紜不
一. 博士徐禪依鄭玄議曰: 王庭正君臣之禮, 私觀全父子之親, 是大順之道也, 況
外祖乎! 按『儀禮』五服制度, 母之父母服小功五月而, 已豈得與上抗禮, 宜令上
表稱臣. 在王庭則行君臣之禮, 宮闈之內, 則以家人禮相見. 如此, 則公義私恩,
兩相順矣. 又欲號資謙生日爲仁壽節. 富軾言: 稱節自古所無, 唐玄宗時始稱皇
帝生日爲千秋節, 未聞人臣有稱節者. 觀其論議不愧漢·唐·宋名臣. 其兄弟慕富
韓公·蘇文忠公兄弟而命名, 誠不虛也."(王士禎, 『居易錄』 권8).

　　내가 전에 『고려사』를 읽다가 그 신하인 김부식의 문장을 좋아하게 되었다. 또 형제의 이름이 한 사람은 軾이고 또 한 사람은 轍이었으므로 宣和 시대는 元祐 시대와 멀지 않은데 眉山 二公의 이름을 절취할 수 있었을까 하고 의아하게 생각하였다. (그런데) 『遊宦記聞』을 읽다가 徐兢이 선화 6년(1124, 인종2)에 사신으로 고려에 가서 몰래 그 형제가 이름 지은 뜻을 물었더니 "대개 미산 이공을 사모하는 바가 있었다."고 했다고 말했다. 문장이 蠻貊을 감동시켰다는 말이 거짓이 아니라고 하겠다. 이것을 보고서는 내가 전에 의심하던 것이 잘못되지 않았다는 것을 알았다.[48]

　　위 글은 왕사정이 『香祖筆記』 중 내용이다. 『향조필기』는 필기류의 문체 형식으로 당시 한림원에서 많은 황실도서들을 접할 수 있었던 기회에 典章制度, 詩文評論, 考辨史事, 網羅軼聞 등 광범한 지식을 모아 내놓은 책이다. 이중에서 名山物産, 醫藥方劑를 비롯하여 일부 인물의 이야기와 역사의 일들도 엮었기 때문에 일반적인 필기류로서의 성격을 넘어 높은 가치를 지닌다. 『향조필기』는 18세기-19세기로 이어지면서 꾸준히 읽힌 책으로 당시 중국에서 베스터셀러라고 할 수 있었던 책이었다. 김부식, 김부철 형제가 활동하던 시대는 모두 송나라 시대로 소동파 등이 활동하던 시대이다. 김부식 형제의 이름이 한 사람은 軾이고 또 한 사람은 轍이라는데 의구심을 품은 왕사정은 시대 차이가 크지 않는데 어떻게 소동파 형제인 眉山 二公의 이름을 따서 지을 수 있었을까 하고 의아하게 생각하였다. 그러다 『遊宦記聞』을 읽다가 서긍이 1124년(선화6, 인종2)에 사신으로 고

---

48) "餘昔閱 『高麗史』愛其臣金富軾之文. 又兄弟一名軾, 一名轍, 疑其當宣和時去元祐未遠, 何以已竊取眉山二公之名, 讀 『遊宦記聞』云, 徐兢以宣和六年使高麗, 密訪其兄命名之意, '蓋有所慕文章'. 動蠻貊語不虛云. 觀此則知餘前疑不誤, 而是時中國方禁錮蘇黃文章, 字畫, 豈不爲島夷所笑哉."(王士禎, 『香祖筆記』권 9)(서울대학교 고문헌 자료실 소장본)(『王士禎全集』六, 2007, 4668면).
　* 이하 王士禎의 『香祖筆記』는 서울대학교 고문헌 자료실 소장본: 香祖筆記序: 康熙乙酉(1705)春日西陂同學宋犖撰)을 저본으로 하며 文淵閣 『四庫全書』본과 『王士禎全集』一~六, 2007를 자료로 활용한다.(奎章閣에는 集玉齋 印의 古活字本이 소장되어 있다).

려에 가서 몰래 그 형제가 이름 지은 뜻을 물었더니 바로 소동파와 동생 소철을 사모하는 바가 있어 그들의 이름자를 따서 지었음을 알았다. 고려 는 이렇듯 시차 없이 송나라 당대 문명과 소통하고 고려 문명을 발전시켜 나갔다. 이러한 의문이 풀리자 왕사정은 『향조필기』에 오래전부터 관심을 가져오던 김부식 형제에 대한 글을 저술에 담아 이들을 널리 청 문단에 알 렸다. 따라서 고려시기 김부식 형제를 좋아한 마음은 송나라 소동파로 이 어지고, 아울러 조선을 동문으로 더욱 가까운 연대관계를 형성하였음을 보 여준다.

이상에서 왕사정은 김부식이 『三國史』를 편찬한 인물임을 『고려사』의 소개를 빌어 보여줌으로써 그 문장의 뛰어남을 확인시키고 있다. 그리고 왕에게 司馬光(1019~1086)의 賢을 말한 바 있다고 하면서 유학의 교화를 중시한 인물임도 강조하고 있다. 사마광은 北宋의 政治家이자 文學家이며 史學家로 중국 역사상 처음으로 편년체 통사 『資治通鑑』을 편찬한 인물이 다. 司馬光은 儒學敎化의 전범으로 추앙되던 인물로, 왕사정은 김부식이 역사서를 편찬하고 또 賢을 중시한 면을 들어 김부식을 사마광과 같은 인 물에 대비하고 있다. 왕사정은 김부식 형제가 이렇듯 뛰어난 인물이었기에 송나라 사신 徐兢이 고려에 갔을 때 이들 富軾世家의 그림을 그려 돌아와 『고려도경』에 넣었던 것이라고 생각하였다. 그리고 동생 富轍이 관직으로 吏·戶·禮 三部 尙書를 지내고 翰林學士承旨에 이르렀음을 기술 하면서 이 들의 관직생활에서의 뛰어난 행적을 높이 사고 있다. 또한 왕사정은 김부 식 형제가 소동파 형제를 사모하여 지은 이름에 하나도 어긋남이 없다고 높이 평가하였는데 김부식 형제를 名臣으로서 사학가로, 정치가로, 문장가 로 인식하였음을 알 수 있다. 왕사정이 내린 김부식 형제에 대한 평가는 처음 사마광과 소동파 형제에 비견하여 내린 평가라는 데서 의미가 깊다.

왕사정이 權敬中을 유학자로서 평가한 사례를 보기로 한다.

　　권경중이 의논하기를 "대체로 세상이 바로 잡히면 천변이 적어지고 세상이 어지러워지면 천변도 잦아지는 것이다. 道義에 밝은 임금은 사람으로서 할 일을 잘하여 하늘을 다스리는 것이므로 임금의 덕이 쇠진한 후에야 하늘이 견책하고 경고하는 것이다. 임금된 자가 德으로써 정사를 시행하여서 사람의 마음에 순응케 한다면 천재를 어찌 방지하지 못하며 복이 이르지 않겠는가?" 이 주문은 董仲舒와 劉向의 유풍으로 中國士大夫도 어려운바 이에 기록하는 바이다.49)

　　권경중은 고려후기 문신으로 과거에 급제한 후 博士로 임명되었다. 그가 일찍이 신선의 벽곡 방법을 배웠던 관계로 李奎報가 詩를 지어 그의 잘못을 물었다. 高宗 때에 버슬이 여러 번 올라 尙書禮部侍郎知制誥로 임명되어 이규보, 兪升旦 등과 함께 『명종실록』을 편찬하였는데 연대별로 나누어 집필을 담당한 인물이다.50) 왕사정은 우주 천체 운행의 궤범을 들어 '도의'와 '덕'으로서 세상을 다스릴 것을 내세운 권경중의 논리를 보여주면서 권경중을 董仲舒(B.C.179~B.C.104)와 劉向(B.C.77?~B.C.6)에 대비하였다. 이러한 비유는 권경중이 단순한 문장가가 아닌 유학과 경학에서도 깊은 조예를 얻은 인물로 평가한 것이다. 이는 당시 청나라 강희 문단에서 유학과 경학을 중시한 文風과도 연관된다. 이로써 왕사정은 권경중을 두고 동중서와 유향의 유풍을 지니고 있음에 탄복하면서, 중국 사대부라도 해낼 수 없는 어려운 일을 해냈다고 하면서 높이 평가하고 있다.

　　이밖에도 왕사정은 고려 시대 인물 중 서예가에도 관심이 보였다.

　　柳公權은 자가 正平이고 고려 儒州 사람이며 관직은 同知樞院事에 이르렀으며, 시호는 文簡이다. 史書에 이르기를 "學問을 좋아하였으며 草書와 隷

---

49) "大抵世治則天變署, 世亂則天變繁. 道勝之君, 以人理天, 德衰然後天亦譴告. 王者布德行政, 以順人心, 則災何不消, 禍何不至哉! 此奏有董仲舒, 劉向之風, 國士大夫所難, 備錄之."(王士禛, 『居易錄』 권7; 『王士禛全集』 五, 2007, 3805~3810면).

50) 『高麗史』 권99, 「列傳」 14, 〈權敬中〉.

書를 잘 썼다고 한다'라고 기술하고 "혹시 또한 誠懸을 사모하여 그 이름을
따라 지은 것일까?[51]

柳公權(1132~1196)은 고려 후기의 문신으로 태조 때의 功臣인 車達의 6
세손으로 시문에 능하였고, 특히 초서와 예서를 잘 썼다. 과거에 급제하여
淸州牧의 書記로 3년간 있다가 翼陽府錄事가 되었다. 그 뒤로 四門博士·
直史館을 거쳐 兵部郎中이 되었다. 1186년(명종 16)에 禮賓卿으로 금나라
에 가서 萬春節을 축하하였는데, 이 때 금나라 사람들로부터 예절을 잘 안
다고 칭찬을 받았다. 귀국 후 우부승지가 되었다가 뒤이어 右散騎常侍翰林
學士가 되었고, 1192년에는 同知貢擧가 되어 진사 29명을 뽑았으며, 知奏
事를 거쳐 1195년에 同知樞密事에 올랐다. 향년 65세로 죽었으며 시호는
文簡이다.[52] 왕사정은 유공권의 인적 사항을 먼저 소개하고 사서를 근거
로 공부하기를 좋아한 그의 학문적 진취심을 보여주고 있다. 다음으로 草
書와 隸書를 잘 썼다는 데 주목하여 唐나라 저명한 書法家 柳公權(778~
865)과 그 이름이 같음을 발견하고, 고려 유공권의 이름이 당나라 서예가
유공권을 사모하여 지은 것이 아닐까 성과 이름이 똑같은 데에 신기로움
을 감추지 않고 있다. 이렇듯 왕사정이 고려의 유공권을 당나라 서예가인
유공권에 비견할 수 있다고 생각하였던 것은 김부식 형제와 같이 고려 문
인들에 대한 인식이 남달랐기 때문이라고 생각된다.

이밖에도 왕사정은 '현인' 외교가로 고려인물을 높이 평가하고 있음을
찾아 볼 수 있는 데 高麗의 宰相 李藏用에 대한 기록에서 찾아 볼 수 있다.

高麗宰相 李藏用은 字가 顯甫인데 그의 王을 따라 원에 입조하였다. 翰
林學士 王鶚이 이장용을 자기 집으로 청하여 연회를 베풀었는데 가인 吳彥

51) 柳公權, 字正平, 高麗儒州人. 官同知樞密院事, 諡文簡. 史稱其好學, 工草, 隸
書. 或亦慕誠懸(之爲人:四庫全書本)而襲其名耶.(王士禎, 『居易錄』 권3).
52) 『高麗史』 권99, 「列傳」 12, 〈柳公權〉.

高가 작사한 〈人月圓〉과 〈春從天上來〉란 두 곡조를 불렀다. 이장용이 낮은
목소리로 그 歌詞를 읊었는바 그것이 음절에 맞았다. 왕악이 일어나서 이장
용의 손을 잡고 경탄하여 말하기를 '동해의 현인이다'라 하였다.53)

이장용(1201~1272)은 고려 후기의 문신으로 초명은 仁祺, 자는 顯甫이
다. 1267년 국사 편찬에도 참여하였던 그는 고종 때 과거에 급제해 西京司
錄, 校書郞兼直史館, 國子大司成樞密院承旨를 거쳐 1256년(고종43) 樞密院
副使를 역임하였다. 1262년 中書侍郞平章事가 되어 守太傅判兵部事太子太
傅를 겸하였고 1264년에 고려왕이 몽고에 입조할 때 수행하여 '海東賢人'
으로 칭송받았다. 왕사정은 바로 이장용이 '海東賢人'으로 칭송 받은 이 일
에 주목하였다. 당시 고려왕과 함께 원나라에 오게 된 이장용이 연회자리
에서 부른 노래는 吳激(1090~1142)54)가 작사한 〈人月圓〉55)과 〈春從天上
來〉56)이었다. 詞의 창작에서 淸婉한 풍격을 가지고(淸婉哀而不傷), 故國에
대한 그리움을 담아낸 작품이 많다. 元好問은 吳彦高를 일러 "國朝第一作
手"라고 하였다. 이에 원나라 연회석장에 있던 사람들이 모두 놀랐다. 원
나라 大臣으로 있던 王鶚(1190~1273) 또한 기뻐 이장용의 손을 잡고 '해동

---

53) "高麗宰相李藏用, 字顯甫, 從其王入朝於元, 翰林學士王鶚邀宴於第. 歌人唱吳
    彦高〈人月圓〉, 〈春從天上來〉二曲, 藏用微吟其詞, 抗墜中音節. 鶚起執其手, 歎
    爲'東海賢人'"(王士禎, 『居易錄』).
54) 吳激은 자가 彦高이며 宋金 시기의 作家이자 書畵家이다. 自號로 東山이라 칭하
    였다. 建州(今福建建甌)사람으로 北宋의 宰相 吳拭의 아들이며, 書畵家 米芾의
    사위(婿)이다.(脫脫, 「列傳」 63, 『金史』 권125)(百衲本景印元至正刊本).
55) 〈人月圓〉, "南朝千古傷心事, 猶唱後庭花. 舊時王謝, 堂前燕子, 飛向誰家? 恍然
    一夢, 仙肌勝雪, 宮髻堆鴉. 江州司馬, 靑衫淚濕, 同是天涯."(元好問, 『中州樂府』,
    四部叢刊景元本).
56) 〈春從天上來 小序〉, "會寧府遇老姬, 善鼓瑟. 自言梨園舊籍, 因感而賦此. 海角
    飄零, 歎漢苑秦宮, 墜露飛螢. 夢裏天上, 金屋銀屛. 歌吹競擧靑冥. 問當時遺譜,
    有絶藝鼓瑟湘靈. 促哀彈, 似林鶯喓喓, 山溜泠泠. 梨園太平樂府, 醉幾度春風,
    鬢變星星. 舞破中原, 塵飛滄海, 飛雪萬裏龍庭. 寫胡笳幽怨, 人憔悴, 不似丹靑.
    酒微醒, 對一窓涼月, 燈火靑熒."(元好問, 『中州樂府』)(四部叢刊景元本).

의 현인'이라 크게 경탄하였다.[57] 외교가로서 뛰어난 자질을 갖춘 이장용을 왕사정은 '해동의 현인'으로 인식하고 있다. 왕사정은 고려의 악부를 비롯하여 음악에서 창조된 독창적인 모습들을 소개한 바 있는데, 이장용의 음악적 소양과 외교가로서의 재능이 큰 관심을 불러일으킨 것이라고 보인다. '詞'가 크게 발전되어 오던 청초, 이장용은 왕사정에 의해 '東海賢人'으로 다시 부각된 것이다.

왕사정은 고려 인물들을 중국에서 최고로 꼽는 소동파, 동중서, 권경중 등 인물들에 비유하며 높이 평가하였다. 왕사정이 문장가로서 높이 평가한 고려인은 김부식과 김부철과 같은 인물이었으며 또한 권경중과 같은 인물은 유학가로서 높이 평가되었다. 그리고 유공권을 서예가로, 이장용을 외교에서도 뛰어난 재능을 발휘한 외교가로서 현인임을 보여주고 있다. 이러한 고려인들에 대한 왕사정의 적극적인 소개와 평가는 고려 인물들이 중국에서 부각되는 데 결정적인 역할을 하였다고 생각된다.

2) 節義 인물에 대한 高評

청나라가 들어선 후 한족 사대부들은 고국 명나라에 대한 절의를 지키기 위에 많은 노력을 하여 왔다. 이에 희생된 인물들도 많았고 수많은 유민들이 산출되었다. 청초 순치 연간만 해도 전겸익과 같은 경우 청나라 관직을 받았던 관계로 시대의 혹평을 받아야 했다. 강희 연간에 들어 국가통치가 안정되자 사대부들도 점차 문화정책에 융합되었다. 그러나 이들은 언제나 명나라에 대한 절의는 내면화 되어 있었던 것으로 보인다. 청나라의 특수한 역사 배경은 이들로 하여금 직접적인 표출의 방식이 아닌 '함축'의 방식으로 또 자국이나 자국민이 아닌 '조선'을 통해 이를 표현하고 있었다.

---

57) 『高麗史』 권102, 「列傳」 15, 〈李藏用〉.

왕사정은 김상헌의 시화를 통해 명나라에 절의를 지킨 인물임을 간접적으로 알렸다. 김상헌의 해로 사신행의 시화에서 보여주고자 한 뜻은 병자호란 이후 청나라와의 화의를 배척하는 주전론을 강력히 주장한 그의 절의를 보여주고자 한 것으로 보인다. 이렇듯 왕사정과 같은 경우 김상헌의 시화를 엮어 금나라가 육로를 막고 있었던 어려운 실정에서 1626년 해로를 통해 명나라에 사신으로 왔던 김상헌을 적극적으로 소개하였다. 김상헌이 심양으로 압송되어 갔었던 인물임을 정면으로 보여주지는 않았지만 김상헌의 시화에는 많은 정보를 담았던 것이다.

육로가 막힌 역사적 배경은 청나라와 직접 연관된다. 앞에서 언급하였듯이 당시 김상헌은 해로로 중국에 사신으로 갔다. 당시 김상헌은 산동성 등주를 거치면서 왕사정의 처조부 都察院左都御史 張延登을 만나는 기회를 가졌다. 왕사정은 처조부 장연등의 집에서 위 세대 간의 문학 교류를 문집을 통해 확인하고, 당시 어려운 상황에서 위험을 무릅쓰고 사행 길을 온 조선 사신에 대한 깊은 존경심을 품고 있었던 것으로 보인다. 이러한 존경심은 동문의식과 동지의식으로 나아갔으며 김상헌의 작품을 인용하여 집구시를 짓고 또 작품을 저술에 담아 소개하는 방향으로 나아갔다. 왕사정이 수록한 김상헌의 작품에서 이러한 환난의 모습이 그려진다.

> 딱딱딱 딱딱딱 딱따기 소리
> 긴긴 밤을 그치지 않네.
> 어느 누가 날 추운데 옷 없고
> 어느 군졸 배고픈데 밥 못 먹는가.
> 어찌 그가 나와 친한 사람이겠나
> 역시 서로 아는 사람 아니라네.
> 같은 동포 생각하는 마음이
> 내 애간장을 슬프게 하네.
> 擊柝復擊柝, 夜長不得息.
> 何人寒無衣, 何卒飢不食.

豈是親與愛, 亦非相知識.
自然同胞義, 使我心肝惻.58)
金尙憲, 「밤에 앉아 있다가 딱따기 소리를 듣다(夜坐聞擊柝)」(『感舊集』)59)

위 작품은 김상헌의 문집에 〈登州夜坐聞擊柝〉로 되어 있는데『감구집』
에는 〈夜坐聞擊柝〉로 수록되었다. 김상헌의 문집에 있는 시와 비교할 때
4구 뒤에 "萬家各安室, 獨向城上宿" 두 시구가 더 있는데, 왕사정이 자신의
저술에 수록할 때는 마지막 시구는 가져오지 않은 것으로 보인다. 1구와
2구에서 긴긴밤 딱따기 소리를 듣고 있는 작가의 깊은 상념을 보여주고 있
다. 이 상념은 그 다음 시구에서 이어지는 춥고 배고픈 군사들을 걱정하는
마음이다. 작가 김상헌이 이들을 아는 것도 아니다. 하지만 마지막 시구에
서 보여준 중국 군사들에 대한 동정으로부터 조선 문인을 患難之交의 同
志로 인식하고 있다.

다음 작품은 왕사정의『지북우담』에서 소개한 작품으로 김상헌의 굳건
한 선비 정신을 잘 보여주는 것이다.

황현성 가에 해 넘어갈 때
주교역 안에서 중양절 맞네
국화꽃은 여전히 나그네를 반기건마는
머리털엔 또 가을 서리 내리네
黃縣城邊落日, 朱橋驛裏重陽.
菊花依然笑客, 鬢髮又度秋霜.60)

---

58) 이 작품은『感舊集』와『池北偶談』,『帶經堂詩話』, 朱彝尊,『明詩綜』등 저술
에 수록되어 있다.
59) 김상헌의 문집에는 "〈登州夜坐聞擊柝〉, 擊柝復擊柝, 夜長不得息. 何人寒無衣,
何卒飢不食. 萬家各安室, 獨向城上宿. 豈是親與愛, 亦非相知識. 自然同胞義,
使我心肝惻."로 되어 있다. (金尙憲, 〈登州夜坐聞擊柝〉, 「朝天錄」詩,『淸陰集』
권9(한국문집총간: 77, 129면)(이하 한국 문인의 문집류의 인용은 한국고전번역원
의『한국문집총간』을 이용하여 그 집수와 면수를 밝힌다).

金尙憲, 「九日」(『感舊集』)

위 작품은 『청음집』에 제목이 〈九日宿朱橋驛〉으로 실려 있다. 重陽節은 가족과 함께 보내는 명절로, 높은 곳에 올라 그리운 고향의 부모, 형제를 그리워하는 날이다. 해 넘어 가는 황혼의 저녁노을이 그려지는 풍경이 기구에서 등장하여 붉게 물든 노을의 유원, 표묘한 풍격을 읽을 수 있다. 전구에서 가을의 국화꽃이 등장하면서 나그네의 시름이 인다. 회어지는 나그네의 머리카락을 가을 서리에 비유하여 도연명의 '국화꽃' 시어와 매치되면서 독자로서 작가에 대한 고담함과 굳건한 선비정신을 찾아 볼 수 있게 한다. 주이준도 『명시종』에서 『지북우담』을 저본으로 위 김상헌의 〈구일〉을 수록하였는데 당대 청 한림학사들에게 김상헌이 명과 교류한 대표적 조선 문인으로 그의 작품을 통해 조선 문인의 선비다운 정신을 소개하고자 하였다.

이와 같이 왕사정은 김상헌을 절의의 인물로 고평하였음을 알 수 있는데 주이준 또한 시화를 통해 절의의 인물을 부각시키고 있다. 그가 부각시키고자 한 절의의 인물 또한 자국의 역사와의 대비 속에서 이루어진 것으로 보인다. 주이준의 『정지거시화』에서 부각된 인물들은 鄭夢周, 李穡, 李崇仁, 趙云仡 등이다. 정몽주를 비롯한 이들 인물에 관해 서술한 시화에는 이성계를 없애려다 희생 되거나 유배된 인물들이 소개되고 있다. 이는 비록 청나라에 몸을 담고 있지만 명나라를 위해 싸웠던 많은 명나라 유민들의 역사와 처지가 이들의 상황이 반추된 것으로 보인다. 청나라의 통치에 수긍하기는 했으나 절의를 지키려 노력했던 자신들의 투쟁에 대해서 또한 정당한 평가가 내려지기를 희망하였던 것 같다.

대표적 예로 전겸익과 같은 경우 복명운동을 위하여 싸웠지만 결국은 청조에 투항하였다는 이유로 '貳臣'이라는 불명예가 붙어 다녔다. 때문에

---

60) 王士禎, 「朝鮮詩」『池北偶談』 권15.

명말청초를 겪은 청나라 문인에게 있어서 '절의'의 인물로 평가된다는 것
은 매우 의미 있는 사안이었다. 이러한 이유에서 여말선초에 절의를 지켰
던 인물이 존재했던 점은 중국 청나라 한족 지식인들에게 시사하는 바가
컸다. 주이준은 정몽주를 중심으로 절의를 지키려다 추방된 인물에 관심을
보였다. 정몽주의 충절은 이미 앞장에서 살펴보았듯이 이성계를 죽이려고
도모하다 피살된 인물로 고려 역사를 통해 주이준이 소개한 바 있다.61) 이
밖에 주이준은 『정지거시화』에서 정몽주와 함께 활동했던 이색, 이숭인
등 인물들에 대한 행적도 기술하고 있다. 주이준은 이색에 대해 고려와 조
선왕조의 교체시기에 정몽주와 더불어 겪어온 고난을 피력하고 조선건국
당시 고려에 충절을 바친 신하로 기록하고 있다.62)

　　이색은 자가 穎叔이다. 征東省의 鄕試에서 1등으로 급제하였으며, 다음 해
　에 원나라에 가서 庭試에 응시해 2甲으로 진사시에 급제하여 應奉翰林文字
　에 제수되었다. 그 뒤 여러 관직을 거쳐 정당문학이 되었고, 韓山府院君에 봉
　해졌으며, 門下侍郎으로 승진되었다. 정몽주와 더불어 이성계를 없애려고 하
　다가 韓州에 유배되고 다시 衿州로 유배되었다. 驪興에 옮겨지고 나중에 韓
　山伯에 봉해졌다.63)

　　李穡(1328~1396)은 공민왕 3년에 원나라 과거에 급제하였다.64) 명나라

---

61) 〈書高麗史後〉, "觀于鄭麟趾『高麗史』, 夢周圖李成桂, 不克, 爲芳遠所殺. 芳遠猶
　　知贈官易名, 麟趾等亦直書其事."(朱彝尊, 「跋」, 『曝書亭集』 권44)(朱彝尊, 「跋」
　　三, 『曝書亭集全集』, 2009, 488면).
62) 조선에서는 왕권을 '찬탈'로 몰아붙인 내용들에 대해서 모두 먹으로 칠해 놓은 간
　　본이 있어 한치윤과 같은 경우 이러한 조선 관련 불경의 구절의 기록은 보이지
　　않는다. 奎章閣본 〈奎中5117〉(奎中3146본; 奎中3673본은 원래 내용 그대로이고
　　먹칠을 하지 않았음.)
63) "穡, 字穎叔, 中征東省鄕試第一, 明年赴元廷試擢二甲進士, 授應奉翰林文字,
　　累官政堂文學, 封韓山府院君, 進位門下侍中, 與鄭夢周同謀去李成桂, 放於韓
　　州, 再放衿州, 徙驪興, 尋封韓山伯, 卒諡文靖, 有『牧隱集』(朱彝尊, 『明詩綜』).
64) 朴趾源, 「制科錄」, 『叢桂雜錄』(단국대학교 소장본).

朱元璋이 일어서고, 조선조가 들어서는 역사의 혼란기에 晩年을 보냈다. 그의 생애를 간략히 정리하여 보면, 20세 되던 1347년(충목왕 3년)에 당시 원나라에 계시던 부친 李穀을 뵈러 원나라 서울로 갔다가 이듬해 1348년에 學子監 生員이 되었다. 1353년(공민왕 2년) 고려에서 있은 魁試에 수석으로 합격하여 肅雍丞이 되었고, 가을에 征東行省 鄕試에 제1위로 급제하였다. 이해 서장관이 되어 원나라에 갔으며, 이듬해 1354년(공민왕 3년, 27세) 2월 원나라에서 制科에 응하여 會試에서 수석, 殿試에서 二甲第二가 되어 원나라에서 應奉翰林文字承事郎同知製誥兼國史院編修官을 제수 받았다. 당시 이색은 원과 고려 두 나라에서 관직을 역임하다가 29세 되던 1356년에 원나라에서 벼슬을 내놓고 본국으로 돌아와서 요직을 담당한 고려의 핵심인물이다. 門下의 대표적 인물로 權近, 金宗直, 卞季良 등 조선 성리학의 주류 인물들이 있으며 저서로는 『牧隱文藁』와 『牧隱詩藁』 등이 있다.65) 주이준은 이색의 인적사항을 소개하고 충신이었음을 말하려고 정몽주와 함께 일을 도모했던 인물임을 기술하고 있다. 그리고 이색이 유배당한 행적을 기술함으로써 절의를 지키려 했던 신하로 부각하고 있다.

또한 주이준은 『정지거시화』에서 이숭인에 대해서도 구체적으로 언급하고 있다.

　　이숭인은 공민왕 때 과거에 급제하였고, 관직이 簽書密直司事, 同知春秋館事에 이르렀다. 이성계가 簒立되고 정몽주 일당으로 몰려 삭직되고 멀리 유배되었다.66)

이숭인(1347~1392)은 고려 말기 문인으로 자는 子安이고 호는 陶隱이다.

---

65) 「制科錄」, 『叢桂雜錄』(朴趾源山房本)(단국대학교 퇴계중앙도서관, 연민기념관 소장본); 『高麗史』, 李仲求 譯『(國譯)牧隱先生年譜』 1985 등 참조.

66) "崇仁, 字子安, 京山府人. 恭愍王時, 登第官至簽書密直司事, 同知春秋舘. 事李成桂簒立, 以鄭夢周黨削職, 遠流. 有『陶隱集』"(朱彝尊, 『明詩綜』).

공민왕 때에 과거에 급제해 肅雍府丞으로 임명되고 여러 관직을 거쳐 長興庫使 겸 進德博士로 되었다. 그 뒤 成均司成으로 임명되었다가 右司儀大夫로 전임하였다.[67] 이숭인에 대해서 주이준은 특히 이성계가 찬립되고 난후 유배당한 일을 적으면서 그의 절의를 높이 평가하고 있다. 주이준은 당시 조선 건국과 '찬립'이 함께 거론되면서 고려를 지키려 했던 충신들이 삭직되고, 유배된 상황을 보여주고자 한 것으로 보인다. 명나라에서 청으로의 교체를 겪어온 주이준으로서는 자신들의 역사와 견주게 되는 부분이기도 하였다. 그러나 이러한 매우 민감한 정치적 사안을 주이준은 고려 인물들을 통해 말하고자 하였다. 왕조가 교체되는 역사적 시점에서 고국에 충성하고자 했던 정몽주, 이색, 이숭인을 고려에 절의를 지킨 인물로 부각하고자 한 의도가 드러난다. 이는 명청 교체와 고려와 조선의 교체라는 아이러니가 주이준 당대를 살아간 청 문단의 지식인들에게 공감대를 형성하였기 때문인 것으로 보인다.

　주이준은 또한 정몽주, 이색과 이숭인 외에 趙云仡과 같은 인물에 대해서도 주목하고 있다. 조운흘은 전겸익이 『열조시집』에서 「조선」조에 배치했던 인물인데, 주이준은 『열조시집』에서 잘못된 기술을 『고려사』를 근거로 바로잡아서[68] 「고려」조에 올려놓았다. 그는 새로운 조선 왕조시기 관직에 나가지 않고 녹봉도 받지 않은 인물로 조운흘을 그려 보이면서 조운흘의 곧은 절개와 절의를 부각시키고자 하였다.

　　趙云仡은 고려 豊壤縣 사람이다. 공민왕 6년(1357)에 급제하여 安東書記에 뽑혔으며, 여러 차례 옮겨 閤門舍人이 되었다. 刑部員外郎으로서 (공민)왕을 따라 南幸하였으며, 國子直講으로 옮겨졌고, 전라도, 海西道, 楊廣道 3도의 按廉使를 역임하였다. 辛禑 3년(1377)에 기용되어 左諫議大夫에 제수되었다. 辛昌이 즉위하고서는 소환되어 簽書密直司事에 제수되었다가 同知로 올

---

67) 『高麗史』 권115, 「列傳」 28, 〈李崇仁〉.
68) "錢氏『列朝詩』定爲嘉靖中人, 『高麗史』爲正."(朱彝尊, 『靜志居詩話』).

랐다. 恭讓王2년(1390)에 외직으로 나아가 鷄林府尹이 되었다. 李芳遠이 즉
위해서는 江陵大都護府使에 제수되었으나 병으로 인해 사양하였으며, 또 檢
校政堂文學의 벼슬을 내렸으나 녹봉을 받지 않았다.[69]

위 글에서 주인준은 조운흘의 인적사항과 그의 고향 그리고 지낸 관직
을 열거하고 조운흘이 이방원이 즉위해서 江陵大都護府使에 제수되었으나
병으로 인해 사양하였다는 사실을 적고 있다. 또 檢校政堂文學에 제수되었
으나, 녹봉을 받지 않았다는 사실을 기술하면서 조선 조정의 관직과 녹봉
을 받지 않았다는 데서 그를 조선조 인물에서 배제시켰다. 「정지거시화」에
서는 조운흘이 스스로 지은 묘지명을 전사하는 등 주이준은 조운흘의 일
생을 전면적으로 보여주고자 일정한 지면을 할애하였다.

  趙云仡이 典法郎으로서 尙州의 露陰山 아래로 물러나 있으면서 스스로
石澗棲霞翁이라고 호하고는 출입할 적에 소를 타고 다녀 초연히 세상 밖에
서 노닐 뜻이 있었다. 이씨가 찬위한 후 관작과 녹봉을 내렸지만 받지 않았
다. 임종에 미쳐서는 스스로 墓誌銘을 짓기를, '(…)공민왕 때 興安君 李仁復
의 문하에서 登科하여 중외의 관직을 역임하였으며, 5州의 印을 찾고 4道의
풍속을 관찰하였는데, 비록 큰 치적은 없었으나 시속의 비루함도 없었다. 다
음과 같이 銘한다. "공자는 행단 위에 계시었고, 석가는 쌍수 아래 계시었네.
고금의 성인들과 현인들 중에, 그 어찌 독존한 분 있었으리오(孔子杏壇上, 釋
迦雙樹下. 古今聖賢人, 豈有獨存者)."하였으니, 품격이 높고 구애됨이 없는
선비라고 할 만하다. 운흘을 상고해보니 공민왕 때에 벼슬하였으며 이씨가
나라를 얻은 후가 아니므로, 정씨의 『고려사』로써 고친다.[70]

69) "仡高麗豐壤縣人. 恭愍王六年登第, 調安東書記, 累轉閤門舍人. 以刑部員外郞,
   從王南幸, 遷國子直講, 歷全羅, 西海, 楊廣, 三道按廉使. 辛禑三年, 起授左諫議
   大夫. 辛昌立召拜僉書密直司事, 升同知. 恭讓王二年出爲鷄林府尹. 李芳遠簒
   立授江陵大都護府使, 以病辭, 又詔拜檢校政堂文學, 不授祿."(朱彝尊, 『靜志居
   詩話』).
70) "仡, 以典法郎, 退居尙州露陰山下, 自號石磵棲霞. 翁出入騎牛超然有世外之想,
   及轉判典校, 復退居廣州古垣江村, 營板橋, 沙平兩院, 自稱院主, 敝衣草履與役

　주이준은『고려사』에서 상세히 기록한 조운흘의 여러 가지 업적에 대하여서는 생략하고 그가 은거생활에 뜻을 두고 尙州의 露陰山 아래로 물러나 있으면서 스스로 石澗棲霞翁이라고 한 일에 초점을 두고 기술하고 있다. 조은흘은 출입할 적에 소를 타고 다닌 것으로 유명하였는데 주이준은 초연히 세상 밖에서 노닐 뜻이 있었다고 하면서 은거 생활을 하는 그의 사적을 높이 사고 있다. 또한 주이준은 조운흘이 "이씨가 찬위한 후" 새 왕조에서 관작과 녹봉을 내렸지만 받지 않았다면서 그의 절개를 높이 평가하고 있다.

　다음으로 조운흘 스스로 지은 墓誌銘을 소개하면서 본관과 고려에 충성해온 자손으로 굳은 절개를 지킨 선비임을 추앙하였다. 그리고 조운흘의 배치를『고려사』를 근거로 공민왕 때에 벼슬하고 조선왕조가 들어선 후에는 녹봉을 받지 않았으므로『열조시집』에서 조선왕조의 순서에 배치한 위치를「고려」조로 올려놓았다. 그리고 정인지의『고려사』를 근거로 바로잡는다고 하였다. 한편 조운흘이 스스로 묘지명을 지으며 쓴 시문을 함께 실으면서 유가를 숭상한 그의 아름다운 덕행 또한 높이 찬양하고 절의의 인물임을 알리고자 하였다.

　위에서 부각된 고려 문인들의 충절은 주이준을 비롯한 청나라 문인들과의 공감대를 형성한 것으로 보인다. 특히 주이준은 이성계의 찬위를 부정당하게 보았으므로 고려 신하들의 충절을 더욱 관심 있게 주목하였다고 생각된다. 이로서 주인준은 정몽준, 이색, 이숭인, 조운흘 등 인물들의 절의를 더욱 높이 평가하고 있다. 한편으로 고려 문인들의 절의는 조선개국

　徒同勞苦. 李氏篡立爵祿不受, 臨終自誌其墓云: 趙云仡, 本豊壤人, 高麗太祖臣平章事趙孟三十代孫. 恭愍代興安君李仁復門下登科, 歷仕中外佩印五州, 觀風四道, 亦無聲績, 亦無過譽. 年七十三病終, 廣州古垣城. 無後, 以日月爲珠璣, 以淸風明月爲奠, 而葬于古揚州峩嵯山南. 銘曰: 孔子杏壇上, 釋迦雙樹下. 古今聖賢人, 豈有獨存者. 可謂鈌奇跌宕之士. 考云仡仕恭愍朝, 非李氏得國之後, 以鄭氏高麗史爲正."(朱彝尊,『明詩綜』권94).

의 부정당함을 보여 주는 동시에 이에 맞서서 싸운 이들 충신들의 면모를
보여주고 있는 것이다.

3) 明과 교류한 조선 문인의 소개

청 문단에서 바라본 조선의 대명의리는 한족지식인들의 정신세계를 자
극하였고 그들의 저술에 적지 않은 영향을 주었다. 왕사정은 김상헌을 통
해 대명의리의 조선을 간접적으로 알렸다면, 주이준은 시화의 형식을 빌어
명과 교류한 조선 문인을 적극적으로 소개하고 있다. 그는 명나라 문인과
조선 문인들이 찬란한 동아시아 문학 외교를 발전시켰다고 보았다. 따라서
이러한 인식은 중국을 다녀가면서 남긴 조선 사신의 행적과 조선 초기에서
부터 조선 중기까지 내려오면서 탄생된 조선본『황화집』의 많은 정보에 근
거한다. 주이준이 소개한 조선 문인은 거의 30명이 넘는데 여기서는 대표적
으로 명나라 한림학사들과 수창하면서 관반의 행렬에 오른 조선 문인들이
다. 이밖에도 주이준은 중국을 다녀간 조선 사신에 대해서도 관심을 가지
고 소개하고 있다. 예를 들면 李安訥이 중국에 사신으로 왔을 때 중국의
문사 姚園客을 만났던 일을 놓치지 않고 이를 시화로 엮었는데 중국 땅에
서 이루어진 조선 문인과 명나라 문사와의 만남을 매우 소중하게 여겼던
것으로 보인다.

> 李子敏은 어떤 관직에 있었는지 분명치 않다(子敏未詳何官). 姚園客이 말하
> 길 "萬歷庚戌 仲秋에, 조선 공사가 사람을 만나 인사를 하였는데, 高麗紙扇을
> 선물로 주었다. 위에 시를 제하고 辛丑秋 東岳 李子敏이 짓다."고 하였다.71)

萬歷 庚戌은 1610년(神宗 38, 光海君 2)이다. 이서구의 변증에 따르면 이

---

71) "姚園客云, '萬歷庚戌仲秋, 値朝鮮貢使遇人贈, 高麗紙扇, 上題有詩, 稱辛丑秋
東岳李子敏作.'"(朱彛尊,『静志居詩話』).

해에 북경으로 간 조선공사는 趙緯韓이었고, 이안눌은 1601년(만력 29)에 서장관으로 북경을 갔는데 당시 천자의 은혜를 기록하고자 〈賀聖節詩〉 시를 지었다. 이자민이 곧 이안눌의 자이다. 그러나 당시 주이준은 東岳 이자민이라고 적은 내용에서 이름을 이자민으로 알고 이안눌의 號인 東岳을 字로 알고 있었던 것으로 보인다. 주이준은 이 시화를 姚園客의 저술『露書』에서 정보를 얻어 채록한 것이다.[72] 姚園客는 이름이 姚旅(?~1623?)이며 字가 園客이고 初名은 鼎梅이다. 복건성 사람이며, 명나라 말기에 활동한 시인이자 학자로 布衣로 지내다 만년에 저술에 힘써 『露書』를 간행하였다. 『露書』는 복건성 莆田 지방의 상업, 단배, 희곡, 음악, 방언, 민속 등에 관한 내용도 들어 있어 문헌적 가치가 높다. 姚園客이 수록한 조선 사신의 일은 민간에서의 정보를 바탕으로 하였다. 이렇게 조천사들이 북경을 가면서 일로에서 남긴 시와 일화가 합쳐져 한사람의 시화로 주이준의 『정지거시화』에서 거듭 태어나게 된 것이다. 이안눌과 같은 경우 북경으로 가던 도중에 중국 문인들과 교류를 가졌던 것으로 보이는데, 당시 선물로 조선의 특산물인 고려지로 만든 부채에 자신의 시를 적어 준 것으로 보인다. 주이준은 중국으로 나온 조선 사신과 교류한 일에 주목하였고 이를 부각시키고 있다.

이밖에 주이준은 『황화집』을 통해 徐居正, 李荇, 鄭士龍, 蘇世讓, 柳根 등 인물들의 시화를 엮어 명나라 한림학사들과 교류한 조선 문인들을 부각시키고 있다. 우선 먼저 주이준이 『정지거시화』에 담은 서거정에 대한 시화를 보기로 한다.

成化 병신년(1476, 성종7)에 主事 祁順이 조선에 사신으로 갔는데, 서거정

---

72) "全陵社集諸詩人: 以布衣遊四方, 卒於燕. 著『露書』若幹卷. 詩苦吟, 不多作, 有集行世."(錢謙益,『列朝詩集』丁集, 권7); "園客放浪湖海, 綴拾舊聞, 『露書』一編, 頗存軼事. 其評隱時詩家, 速比敖器之, 近續王元美."(朱彝尊,『靜志居詩話』 권18).

이 遠迎使에 충임되었으며, 얼마 있다가 관반이 되었다. 그로 인하여 때때로 그와 더불어 창화하였으며 『北征稿』의 서문을 지어 주었는데, 『北征稿』는 天順 경진년 (1460, 세조6)에 서거정이 왕명을 받들고 들어와 朝覲할 적에 지은 것이다. 기순이 그 서문에서 칭하기를, "옛일을 두루 알고 經典에 통달하였으며, 長篇과 短章을 지음에 있어서 깊고도 깊어 근본이 있고, 넓고도 넓어 궁하지가 않다. 그러니 중국에서 시를 잘 짓는다고 하는 사람과 비교해 보아도 그다지 차이나지는 않다.73)

서거정은 1476년(성종7)에 主事 祁順이 조선에 사신으로 왔을 때, 遠迎使로 충임되었고, 이에 관반이 되어 기순과 함께 더불어 창화하였다. 기순은 명나라 24차의 조선사행 사신 중 6차로 조선을 다녀간 사신이다.74) 당시 기순이 황태자 탄생을 반포하는 조서를 받들고 사신으로 조선에 왔을 때 서거정이 접반사로 동행한 것이다. 주이준은 특히 선배인 한림학사들과 조선 문인들의 교류에 많은 관심을 가졌다. 또한 주이준은 장서가로서 조선의 문집과 서책에도 주목하였는데 서거정 문집에 쓰인 서문을 통해 서거정에 대한 평가를 고찰하고 인용하였다. 서거정의 『北征稿』는 1460년(세조6)에 서거정이 왕명을 받들고 중국에 들어와 朝覲할 적에 지은 것이다. 기순이 이 문집이 만들어지고 난 뒤 6년이 된 해에 서문을 써준 것이다. 『千頃堂書目』에도 "서거정, 『북정고』, 字가 剛中이며, 議政府左參贊을 임했으며, 天順 庚辰에 王命을 받들고 入覲하여 지은 바이다"75)라고 되어 있는 것으로 보아 서거정의 『북정고』가 중국에 전해진 것을 알 수 있다.

---

73) "成化丙申, 祁主事順使朝鮮, 居正充遠迎使, 旣爲館伴, 因時與倡和, 爲序其『北征稿』. 『北征稿』者, 天順庚辰, 居正奉王命入觀而作也. 順稱其博古通經, 長篇短章, 淵淵乎有本, 浩浩乎不窮, 與中國之能詩, 者殊不相遠."(朱彝尊, 『靜志居詩話』).

74) 이혜순, 「『황화집』 수록 명 사신의 사행시에 보이는 조선인식」, 『한국시가연구』 10집, 한국시가학회, 2001.

75) "徐居正, 北征稿, 字剛中, 議政府左參贊, 天順庚辰奉王命入觀, 所作之"(黃虞稷, 『千頃堂書目』 권28)(文淵閣 『四庫全書』).

기순은 서문에서 서거정이 역사를 두루 알고 經典에도 통달하였다고 평가하였다. 그리고 긴 문장과 짧은 문장을 막론하고 글을 잘 지으니 중국의 시인과 비교할 만한 사람이라고 서거정의 문장의 솜씨와 그의 학문의 깊이를 높이 평가하였다. 주이준은 기순의 서문을 인용하여 서거정이 경전을 비롯한 폭 넓은 지식을 함유하고 있으며, 중국의 시인과 대등한 수준을 가진 훌륭한 한시 작가라는 점을 시화를 통해 재 부각시키고 있다.

이외 주이준은 10차로 조선을 다녀간 唐皐와 수창을 가진 李荇에 대해서도 관심을 가지고 시화로 엮었다. 주이준은 이행을 소개하면서 함께 관반으로 나왔던 조선 문인들의 관직과 이름을 확인하여 이를 모두 시화에 담았다.

> 嘉靖 원년(1522, 중종17)에 世宗이 들어와서 大統을 이었을 적에 사명을 받들고서 조선에 사신으로 간 자는 翰林修撰 歙人 守之 唐皐와 兵科給事中 涿州人克弘 史道이다. 그 당시의 관반 중에서는 오직 이행의 시가 가장 많다. 그 나머지 議政 金詮, 의정 南袞, 寺正 鄭士龍, 寺副 李希輔, 承旨 尹希仁, 승지 徐厚, 司成 蘇世讓, 判書 李沆 및 爵秩을 알 수 없는 두 사람인 洪叔과 成云이 모두 酬唱한 시가 있다. 그러나 필시 이행이 巨擘인 듯하다.[76]

당고와 克弘 史道는 1521년 제10차로 〈頒勅極詔使〉의 직책을 맡고 조선을 다녀간 사신이다. 당시 접반사로 이행이 동행하면서 교류를 가졌는데 『명시종』에서 이행의 시문 3수를 싣고 있다. 開城館과 臨津江 그리고 鹿峰 등 지나는 행로의 풍경을 시제로 한 시문이다. 주이준은 이행의 시화에서 당시 함께 시문 수창을 한 조선 문인들의 성명을 모두 기재하고 있는데, 관직을 알 수 없는 문인의 성명도 모두 배열해 놓고 있다. 議政 金詮, 의정

---

76) "世宗入繼大統, 嘉靖元年, 奉使朝鮮者, 翰林修撰歙唐皐守之, 兵科給事中涿州 史道克宏. 其時舘伴, 惟荇詩最多. 餘若金議政詮, 南議政袞, 鄭寺正士龍, 李寺 副希輔, 尹承旨希仁, 徐承旨厚, 蘇司成世讓, 李判書沆, 又不知爵秩者二人洪淑, 成云皆有賡酬之作, 然必以荇爲巨擘焉."(朱彝尊, 『靜志居詩話』).

南袞, 寺正 鄭士龍, 寺副 李希輔, 承旨 尹希仁, 承旨 徐厚, 司成 蘇世讓, 判書 李沆 및 爵秩을 알 수 없는 두 사람인 洪叔과 成雲이다. 중세 시기 글을 안 다는 자체가 상당한 문명의 기준이다. 『漂海錄』의 작가 崔溥(1454~1504)가 절강성에 표류해 갔을 때 지나는 곳마다 그의 글을 받아보고자 하는 중국인들이 많았던 것 또한 중국인들 자체도 시문을 아는 자가 많지 않았다는 사실을 보여준다. 주이준은 시문을 수창하는 문인들의 행렬로부터 조선 문명의 메시지를 전달하고자 하였다.

이밖에 주이준은 시문이 훌륭하고 여러 차례 접반관으로 나왔던 인물에 주목하여 이들의 시화를 엮고 시문을 평가하기도 하였다. 대표적으로 蘇世讓의 시화를 보기로 하자.

> 언겸 소세양은 가정 원년(1521, 중종16)부터 사신과 唱和하기 시작하여 16년(1537, 중종32)과 18년 등 모두 세 차례 관반에 충임 되었는데, 시가 비록 평탄하기는 하나 역시 품격을 갖추고 있다.[77]

소세양은 1539년 12차 華察과 薛廷寵이 조선 사신으로 왔을 때 원접사의 명단에 올라와 있었다. 그 전에는 관반으로 당고와 공용경과도 수창을 가지며 문화교류를 하였다. 주이준은 『명시종』에서 소세양의 시는 〈箕子操〉, 〈東方五章으로薛給事에게 답하다(東方五章苔陳給事)〉, 〈당선생 총수 산시에 차운하다(蔥秀山次唐先生韻)〉, 〈한강에서 사신을 모시고서 잔치하다(漢江陪宴)〉, 〈답녹봉급사(答鹿峰給事)〉, 〈良策道中에 차운하다(良策道中次韻)〉, 〈(태평관시에 차운하다(太平館次韻)〉, 〈처음 진달래꽃을 보고 雲崗修撰의 시에 차운하다(初見杜鵑花次雲岡修撰韻)〉 등 8수를 수록하고 있다. 전체 평균 한 두 수의 시문을 수록하는 기준에서 봤을 때 소세양의 시문 편수는 상당한 비중을 지닌다. 주이준은 주로 〈기자〉, 〈총수산〉, 〈한

---

77) "彦謙自嘉靖元年, 卽與使臣唱和, 至十六年十八年凡三充舘伴, 詩雖平衍, 亦稱具品."(朱彝尊, 靜志居詩話』).

강〉, 〈태평관〉 등이 실려 있어 중국 독자들에게 기자 조선과 조선의 명승 및 중국 사신의 숙소 등 공간이 그려진 시문을 수록함으로써 이국 독자에게 기자조선의 문명과 조선의 풍광 등을 보여주었다. 주이준은 소세양의 시문이 품격을 갖추었다고 높이 평가하고 있다.

주이준은 특히 창화 시문이 우수한 조선 문인을 시화에서 다루고 이들의 시문을 비평하였는데 鄭士龍의 예를 들어 보자.

운경 정사룡은 嘉靖 연간에 다섯 차례나 관반에 충임되어 도의로써 교제하고 예의로써 접하여 여러 사람의 칭찬을 받았다. 守之 唐皐가 준 시에 이르기를, "정자는 시의 재주 뛰어나거니, 그 어찌 鷦鷯새 아래 있을 것인가.(鄭子有詩才 豈在鷦鷯下)" 하였다. 또 雲岡 龔用卿은 "차분하고 담박하여 화려하고 아름다운 말을 구사하지 않아 당나라 시인의 遺意가 있다." 하였다. 일찍이 十玩堂을 鼎津에다가 지었는데, 십완이란 대나무, 매화, 소나무, 국화, 시냇물, 돌 및 종이, 벼루, 붓, 먹 10가지를 뜻한다. 守之 및 給事中 克弘, 史道가 모두 그를 위하여 시를 읊었다. 華亭 行人 張承憲이 사신으로 갔을 적에 국왕이 그의 시를 간행해서 『皇華集』에 넣게 하고는 운경을 시켜서 서문을 짓게 하였는데, 그 서문에 이르기를, "옛날의 시인들은 대부분이 무엇인가를 하기 위해서 시를 지어 일찍이 무익한 말은 하지 않았다." 하였으니, 이 역시 시인의 뜻을 얻은 것이다. 그의 시구에 '즐기는 곳이라고 말하지 말라, 뒤바뀌어 송별하는 자리 되리라(不謂交歡地 翻成送別亭)' 하였는바, 운치가 충분히 있다.[78]

정사룡은 11차(1537) 공용경 조선사행시 원접사로, 13차(1445년) 賜諡使 조선사행시 『황화집』 서문을 쓴 찬서자로, 14차(1446년) 원접사로 확인된

[78) "云卿, 嘉靖中五充舘伴, 道交禮接, 爲羣公所稱. 唐守之贈詩云: '鄭子有詩才, 豈在鷦鷯下.' 龔云岡則謂其'沉著冲澹, 不爲綺麗豔冶之辭, 有唐人之遺意'嘗築十玩堂于鼎津, 十玩者:竹, 梅, 松, 菊, 水, 石, 幷楮, 研, 筆, 墨而十也. 守之及史給事克宏皆爲之賦詩. 及華亭張行人承憲奉使, 國王刊其詩入『皇華集』, 俾云卿序之, 謂'古之詩人, 類皆有爲而作, 未嘗爲無益之辭.' 是亦得詩人之旨者也. 句如'不謂交歡地, 翻成送別亭', 具饒韻致."(朱彛尊, 『靜志居詩話』).

다. 관반으로도 충당되어 나가 수창한 것이 주이준의 시화에는 '嘉靖 연간에 다섯 차례'가 된다고 하였다. 이는 당시 중국에 전해진 조선본 『황화집』을 근거로 하였을 것이라 추정된다. 주이준은 시화에서 "관반에 충임되어 도의로써 교제하고 예의로써 접하여 여러 사람의 칭찬을 받았다"라고 하면서 정사룡에 대한 총체적인 평을 가하였다. 그리고 唐皐의 시를 인용하여 "정자는 시의 재주 뛰어나거니, 그 어찌 자고 아래 있을 것인가!"란 평어로 정사룡의 시를 아름다운 노래로 널리 알려진 〈자고사〉에 비하여 이보다 못하지 않다고 하면서 정사룡 시문의 아름다움을 찬양하였다. 또 공용경이 "차분하고 담박하여 화려하고 아름다운 말을 구사하지 않아 당나라 시인의 遺意가 있다."라고 한 평어를 인용하여 정사룡의 시문에 당나라 시인의 유음이 있다고 하였으며 그의 시가 情景의 興趣가 있음을 당고와 공용경의 비평으로 평가하고 있다.

그리고 정사룡이 일찍이 대나무, 매화, 소나무, 국화, 시냇물, 돌, 종이, 벼루, 붓, 먹 등 열 가지를 말하는 十玩堂을 지었음을 기술하면서 그의 운치 있는 생활을 소개하고 있다. 그리고 張承憲이 사신으로 조선에 왔을 때 쓴 정사룡의 『황화집』 서문에서 "옛날의 시인들은 대부분이 무엇인가를 하기 위해서 시를 지어 일찍이 무익한 말은 하지 않았다."라고 한 글을 읽고 "이 역시 시인의 뜻을 얻은 것이다", "그의 시구에 '즐기는 곳이라고 말하지 말라, 뒤바뀌어 송별하는 자리 되리라(不謂交歡地 翻成送別亭)."라고 한 시문도 인용하여 정사룡이 시인으로서 뜻을 얻고 또 시문 또한 '운치가 충분'하다고 비평을 가하였다. 조선 사신 당고와 부사 克弘, 史道가 모두 그를 위하여 시를 읊었다고 기록하였는데 중국 사신들과 나눈 문학교류와 개인적 교분에 주목하고 있다. 공용경과 함께 수창을 한 金安老를 소개하면서 당시 한강에서 잔치를 할 때 시문 수창을 한 10명의 관인의 관직과 이름을 모두 기재하고 있다. 주목 받지 못한 인물들이지만 접반관으로 그 이름을 찾아 나열한 정신을 조선 문인들에 대한 그의 남다른 애정이 돋보인다.

  조선의 임금과 신하가 가장 좋은 일이라고 칭하는 것은 사신이 오는 것이다. 사신이 탄 수레가 한번 이르면 즉시 관반으로 하여금 멀리까지 나가 영접하면서 시문을 창화하게 하는데, 잇달아 여러 편을 읊는다. 修撰 鳴治 龔用卿과 給事中 子醇 吳希孟이 嘉靖 16년(1537, 중종32)에 조선에 사신으로 가자, 國王이 陪臣 10인을 파견하여 漢江가에서 잔치하게 하였는데, 楊花渡에 배를 띄우고 龍頭峯에 오르는 등 江山의 경치를 유람하였다. 10인은 議政 金安老, 판서 蘇世讓, 판서 尹仁鏡, 參贊 金麟孫, 판서 沈彦光, 判尹 吳潔, 참찬 許洽, 판서 鄭士龍, 참판 許沆, 승지 朴洪鱗으로, 모두 나라 안의 名士였다. 이외에도 다시 의정 金謹思, 의정 尹殷輔, 黃憲, 승지 朴守良, 승지 黃琦, 참판 鄭百朋, 開城留守 韓胤昌, 京畿道觀察使 金希說, 平安道觀察使 李龜齡, 同知中樞府事 李希輔가 있다. 이들이 모두 시편을 지어 화답하여 "東國의 일대 盛事가 되었는데, 이 『황화집』은 金安老가 서문을 지었다.79)

  김안로는 1537년(嘉靖16, 중종32) 정사 공용경과 부사 오희맹이 조선 사신으로 왔을 때 편찬된 『황화집』의 서문을 지었다. 주이준은 당시 한강의 시문을 통해 한강에서 성대히 치뤄진 잔치를 펼쳐 보여주고 있다. 한중 문인들의 문화교류의 장으로서 한강은 중국 문인들에게 하나의 문화공간으로 인식되었다. 우통은 「조선죽지사」를 지으면서 한강과 楊花渡를 노래하였는데 이는 모두 한강을 소재로 읊은 한시가 널리 전해져 조선의 풍물로 자리매김 하였기 때문인 것으로 보인다. 주이준도 『명시종』에서 한강을

---

79) "朝鮮君臣, 最稱好事, 使者輶軒一至, 卽命舘伴遠迎, 屬和詩章, 連篇累牘. 龔修撰用卿鳴治, 吳給事希孟子醇, 於嘉靖十六年奉使, 國王遣陪臣十人, 陪燕漢江之上, 汎楊花渡, 登龍頭峰, 縱觀江山之勝. 十人者: 金議政安老, 蘇判書世讓, 尹判書仁鏡, 金參贊麟孫, 沈判書彦光, 吳判尹潔, 許參贊洽, 鄭判書士龍, 許參判沆, 朴承旨洪鱗, 皆國中名士. 此外復有金議政謹思, 尹議政殷輔, 黃承旨憲, 朴承旨守良, 黃承旨琦, 鄭參判百朋, 開城韓留守胤昌, 京畿金 觀察希說, 平安道李觀察龜齡, 中樞李同知希輔, 咸有詩篇繼和, 極東國一時之盛, 皇華是集, 安老實序之."(朱彝尊, 『靜志居詩話』).

주제로 한 조선 문인의 시문을 15수를 싣고 있는데, 〈대동강〉 1수, 〈임진
강〉 2수, 〈부벽루〉 1수, 〈총수산〉 2수에 비해 월등히 많은 시문을 수록하
고 있다.

주이준은 양화도에 배를 띄우고 한강의 龍頭峯에 올라 江山의 경치를
유람하면서 함께 교류를 가진 정경을 풍류의 한 공간, 문화교류의 한 공간
이었음을 후세에 전하고자 하였다. 시화에는 당시 관반으로 참여하였던 議
政 김안로, 판서 蘇世讓, 판서 尹仁鏡, 參贊 金麟孫, 판서 沈彦光, 判尹 吳
潔, 참찬 許洽, 판서 鄭士龍, 참판 許沆, 승지 朴洪鱗을 기록하고 이들이 조
선에서 모두 '名士'들이라고 찬양하였다. 이외에도 의정 金謹思, 의정 尹殷
輔, 黃憲, 승지 朴守良, 승지 黃琦, 참판 鄭百朋, 開城留守 韓胤昌, 京畿道
觀察使 金希說, 平安道觀察使 李龜齡, 同知中樞府事 李希輔 등 문인들도
함께 기록으로 남김으로써 많은 조선 문인들을 중국 문단에 널리 알리고
자 하였다.

이밖에 주이준은 자신이 소장하고 있던 중국 사신의 저술에서 주목할
만한 인물을 시화로 다루었다. 대표적으로 주지번의 『奉使朝鮮稿』에 실린
柳根을 예로 들 수 있다. 유근의 한시는 처음 주지번이 『봉사조선고』를 중
국에서 펴내면서 「東方合音」에 실어 소개한바 있다. 이러한 전사는 주이
준으로 하여금 다시 柳根을 조명하게 하였다.

　柳根은 字가 晦夫이고 狀元이며 自號는 隱屛居士이다. 『西坰集』이 있다.
난우(주지번의 자)와 여러 사람들이 만력 병오년(1605)에 조선으로 사신 갔을
때 柳晦夫, 李孝彦, 端甫 許筠이 공의 관반이 되었다. 공이 함께 창화한 詩卷
을 가지고 돌아 왔는데, 墨跡을 지금 우리 집에 소장하고 있다.[80]

---

80) "根字晦夫, 狀元, 自號隱屛居士, 有『西坰集』. 蘭嵎諸公, 以萬歷丙午使東藩, 柳
　　晦夫, 李孝彦, 許端甫爲館伴公, 攜有唱和詩권歸, 墨蹟今存予家."(朱彝尊, 『靜
　　志居詩話』).

유근은 1605년 주지번이 사신으로 조선에 왔을 때 柳根, 李好閔, 許筠
등과 함께 창화하였다. 그 뒤 주지번은 조선 사신으로 다녀온 후『봉사조
선고』를 간행하여 조선 문인들의 작품을 중국에 알렸다.81) 명나라 사신 중
조선을 다녀와서 조선 관련 글을 써서 책을 간행하였지만(예겸의『朝鮮紀
事』, 동월의『朝鮮賦』등) 조선 문인들의 시문을 함께 소개한 적이 없었다.
그러다가 주지번이 1605년 조선 사신을 다녀가서 유근 등 당시 조선에서
문학교류를 한 원접사, 관반과 대신들 30명의 157수 시문들을 엮어 간행한
바 있어 조선 문인들의 시와 조선의 자연 풍광과 여성문학 등이 민간에서
佳話가 되었다. 주이준은 바로 자신의 집에 주지번이 조선으로 사신 다녀
와 엮은 창화 시권과 그 묵적을 소장하고 있었으므로 유근에 대한 시화의
소재를 찾아 소개하게 된 것이다.

이밖에도 주이준은 한중문화교류의 중심에 있었던 인물 중에서 특히 朴
元亨을 최고의 시인으로 꼽고 있다. 먼저 박원형에 대해 주이준은 그의 한
시 3수를 수록하고 있는데 작품으로는 〈登漢江樓次張黃門韻〉 2수,〈渡大
同江次韻〉 1수로 사신의 행로와 교류의 공간들로 그려진 한강과 대동강을
소재로 한 시들이다. 朴元亨의 이름이 朴原亨으로 되어 있는데 이는 오류
이다. 시화에는 다음과 같이 서술하고 있다.

　　天順 원년(1457, 세조3)에 조선에 사신으로 간 자는 翰林修撰 吳人 緝熙
陳鑑, 太常博士 會稽人 高閏 居平이며, 3년(1459, 세조5)에 사신으로 간 사람
은 刑科給事中 餘姚人 世用 陳嘉猷이며, 4년(1460, 세조6)에 사신으로 간 사
람은 禮科給事中 海監人 靖之 張寧이었는데, 朴原亨이 모두 세 차례 館伴에
충임 되었다. 靖之가 준시에 이르기를, "조선의 어진 신하 박 판서께선, 노성
하고 문아하니 비범한 선비이네." 하였으니, 대개 그 나라 안에서 가장 뛰어
난 사람이다.82)

81) 졸고,「朱之蕃의 문학활동과 한중문화교류」, 서울대학교 석사학위논문, 2010 참조.
82) "天順元年, 使朝鮮者, 翰林修撰吳陳鑑, 緝熙太常博士, 會稽, 高閏, 居平. 三年
　　奉使, 則刑科給事中, 餘姚陳嘉猷, 世用四年奉使, 則禮科給事中, 海鹽張寧靖之,

위 시화에서 주이준은 중국 사신이 조선에 갔을 때 세 번이나 관반으로
나섰던 인물이라며 박원형을 소개하고 있다. 실제로 박원형이 원접사로 충
임된 것은 4번이나 된다. 4번째는 위에서 소개가 빠져 있는데 1464년(세조
10) 太撲寺丞 金湜이 조선으로 사신 왔을 때이다.[83] 특히 이중에서 주이준
이 세 번째로 소개한 張寧은 한림원 학사들에게 인지도가 매우 높았던 인
물로 강희 연간 한림원 학사들이 조선관련 저술에서 여러 번 거론한 인물
이기도 하다. 靖之는 바로 張寧(1426~1496)의 자이다. 장녕은 號를 方洲, 芳
洲라고도 사용하였는데 浙江海鹽사람으로 1454년(景泰 五年)에 진사가 되
어 禮科給事中이 되었다. 詩畫에 뛰어나고 書法에도 일가견을 이루었다는
평가를 받고 있다. 저서로는 『方洲集』이 있다. 조선 사행을 다녀와서 『奉使
錄』을 지었는데 『四庫全書』와 『鹽邑志林』에 수록되었다.[84] 주이준은 박원
형의 시화를 엮으면서 장녕이 박원형의 시에 '노성하고 문아하니 비범한
선비'라고 한 비평을 인용하면서 조선에서 가장 뛰어난 사람이라고 높이
평가하고 있다.

그 다음 주이준은 申叔舟를 조선의 역사가이자 문장가로 매우 높이 보
고 있었다. 신숙주에 대해서는 다음과 같이 『명시종』과 『정지거시화』에서
소개하고 있다. 먼저 수록한 申叔舟의 한시 작품은 〈陽德驛〉과 〈次韻登漢
江樓〉으로 이 작품들 또한 사신들이 지나는 역참과 한강에서의 잔치를 떠
올리게 한다. 시화에서 주이준은 신숙주에 대해서 정인지와 함께 사관에서
고려사를 편찬한 인물임을 소개하고, 『海東諸國記』를 편찬한 인물임을 재
차 확인시키고 있다. 그리고 동월이 사신 갔을 때 『황화집』의 서문을 지었

原亨凡三充館伴. 靖之贈詩云: '朝鮮賢臣朴判書, 老成文物非凡儒' 蓋其國中翹
楚也."(朱彝尊, 『靜志居詩話』).

83) 『御製皇華集』 권6.

84) "張寧, 字靖之, 海鹽人, 景泰五年進士, 授禮科給事中."(湯斌, 『擬明史稿』 권16,
康熙二十七年刻後印本) ; "張寧, 浙江海塩人, 幼穎敏絶, 人七歲題畫: '龍有莫
點金, 晴恐飛去'之句."(張岱, 『石匱書』 권112, 稿本補配淸鈔本) 등.

음을 강조하고 있다.

申叔舟는 자가 泛翁으로, 高靈人이다. 右弼善으로부터 예조판서를 역임한 다음, 점차 승진하여 의정부 영의정에 이르렀으며, 공이 있어 高靈君에 봉해 졌다. 景泰 2년(1451, 문종1) 8월에 조선 사람 鄭麟趾가 올린 進高麗史表에 나오는 修史官 32인 중에 신숙주의 이름이 들어 있는데, 직함이 '中訓大夫集 賢殿直提學知制誥世子右輔德兼春秋館記注官知承文院事 臣 신숙주'라고 하 였다. 天順 원년(1457, 세조3)에 관직이 의정부 우찬성이었으며, 4년(1460, 세 조6)에 좌의정으로 승진하였다. 成化 7년(1471, 성종2) 12월에 국가의 명을 받 아 『海東諸國記』를 찬하였다. 책을 완성하고는 서문을 지었는데, 직함을 '輸 忠協策靖難同德佐翼保社炳幾定難翊戴純誠明亮經濟弘化佐理功臣, 大匡輔 國崇祿大夫, 議政府領議政領經筵藝文館春秋館弘文館觀象監事禮曹判書, 高 靈府院君 신 신숙주'라고 썼다. 『海東諸國記』에는 일본의 代序와 8道, 66州 에 대해 기록한 것이 자못 상세하다. 저술로는 詩集 20권이 있는데, 손자인 申從濩가 편찬하였으며, 寧都人 尙書 董越이 조선에 사신으로 갔을 적에 서 문을 지었다.[85]

위 시화에서 주이준은 신숙주의 인적사항과 그의 문집을 소개하고 신숙 주가 정인지 등 사관들과 『고려사』를 편찬한 인물임을 소개하였다. 이로 써 신숙주가 역사가임을 보여주고 있다. 주이준은 『고려사』의 발문을 남 기면서 『고려사』의 문헌적 가치를 매우 높이 평가하였으며, 정인지를 비 롯한 고려 사관들이 사명감을 가지고 역사에 대한 직필을 한데 대해 매우

---

85) "叔舟, 字汎翁, 自右弼善歷禮曹判書積官至議政府領議政, 以功封高靈君, 有『汎 翁集』. 詩話考, 叔舟於景泰二年八月, 國人鄭麟趾進高麗史表, 修史官三十二人叔 舟與焉書銜曰: 中訓大夫集賢殿直提學知制敎世子右輔德兼春秋館記注官知承文 院事, 臣申叔舟. 天順元年官議政府右贊成, 四年進左議政成化, 七年十二月奉國 令撰『海東諸國紀』, 書成作序, 書銜曰: '輸忠協策靖難同德佐翼保社炳幾定難翊 戴純誠明亮經濟弘化佐理功臣, 大匡輔國崇祿大夫, 議政府領議政領經筵藝文館 春秋館弘文館觀象監事禮曹判書, 高靈府院君, 臣申叔舟.' 紀書日本代序及八道 六十六州, 頗詳. 所著詩集二十卷, 孫從濩編寧都董尙書, 越使其國爲作序"(朱彝 尊, 『靜志居詩話』).

큰 존경을 표하였다. 『고려사』의 편찬자임을 시화를 통해 보여주면서 역사가로서의 신숙주를 드러내고 있다. 그의 관직을 모두 나열한 것은 그의 업적을 보여주고자 한데 있었다고 생각된다. 신숙주에 대한 높은 평가는 『海東諸國記』의 발문과 『吾妻鏡』의 발문에서도 보인다. 주이준은 신숙주의 『해동제국기』가 일본 『오처경』을 훨씬 뛰어 넘는 저술이라고 평가하면서 역사서에 대하여 요점을 얻은 신숙주라고 높이 평가하였다.[86]

이와 같이 주이준은 조선조 인물들에서 역대 조선시선집에서 언급되지 않았던 인물들의 정보를 최대한 입수하여 다량 수록하였다. 李荇, 李希輔, 李好閔, 李廷龜, 柳根, 李安訥 등 많은 인물들이 시화의 대상이 되었으며, 龔用卿, 祈順, 董越, 張寧, 朱之蕃 등 중국 사신들과 수창을 나눈 원접사 외에 일반 접반관들의 성명도 거론하여 많은 조선 문인들을 중국 문단에 소개하였다. 이중에서 朴元亨을 최고의 시인으로 꼽았고, 그 다음으로 申叔舟를 역사가이자 문장가로 높이 평가하였다. 주이준은 국제적 문화공간에서 펼쳐진 교류에 큰 비중을 두고 주로 조선본 『황화집』과 중국 사신들의 저술을 참고로 한중문화교류의 일선에 섰던 조선 문인들을 조명하였다. 조선에서 명과 문명의 대결을 위하여 배양된 우수한 문인들이 17세기 말 청 문단의 대가인 주이준에 의해 부각되면서 조선에서 문명을 보여주고자 한 노력이 빛을 드러내었다.[87]

조선의 대명의리는 양경리 비문을 통해서도 강희연간 문인들에게 전해졌다. 이 비문은 李廷龜의 문집에 <皇明都禦史楊公鎬去思碑銘>으로 실려

---

86) 〈書『海東諸國紀』後〉, "予晚得朝鮮人申叔舟『海東諸國紀』, 雖非完書, 而此邦君長授受改元, 由周至于明初, 珠連繩貫, 因取以補廣漢遺書. 至其分壤之廣, 八道六十六州, 若聚米于前, 山川在目. 比于張洪, 薛俊, 侯繼高, 李言恭, 鄭若曾所述, 尤瞭如指掌矣. 叔舟字汎翁, 仕朝鮮, 官至議政, 封高靈君. 書成于成化七年十二月."; 〈跋『吾妻鏡』〉, "臨進侯李言恭撰『日本考』, 紀其國書土俗頗詳, 而國王世傳未明晰.合是編以勘『海東諸國紀』則不若叔舟之得其要矣." (朱彝尊, 「跋」, 『曝書亭集』권44).

87) 이종묵, 앞의 논문, 2000; 김덕수, 앞의 논문, 2001.

있는데[88] 당대 저명한 학자 宋犖가 입수해 전하였다.[89]

비문에는 인물과 조선의 지명, 장소 등이 모두 등장한다. 전쟁영화의 한 장면을 보듯 생동감이 넘친다. 양호의 죽음은 곧 명나라의 멸망과 이어지고, 양호에 대한 조선인들의 추모는 곧 명나라에 대한 '의리'를 보여주고 있다. 양호의 무고함을 호소하고 그의 업적을 노래한 비문과 명 그리고 시문을 문집에 실어 알리고 있음은 대명의리조선을 더 확산시키는 작용을 하였다.[90] 명나라에 대한 애상은 청대 한족 문인들이 가지고 있었던 보편적 감수성이었다. 그들은 이러한 애수를 여러 가지 방식으로 승화시키려 하였는데 그 중 하나가 문학을 통한 방식이었다. 송뢰의 중국에서의 영향력은 양경리의 비문이 중국 문단에 널리 전하여 조선의 대명의리가 그 후대로 전해져 중국인들에게 공명을 불러 일으켰고, 18세기 중국지식인들이 조선에 대한 동문의식이 더 깊이 있는 방향으로 나아갈 수 있는 토대를 마련하여 주었다.

4) 여성에 대한 관심과 照明

강희 연간 청 문단에서 일어난 조선 여성에 대한 관심은 조선 여성문학을 중국에 소개하거나 조선 여성이 궁사 창작의 모티프가 되게 하는 등 현상으로 나타난다. 이는 왕사정, 주이준 등의 노력과 함께 우통, 모기령을

---

88) 李廷龜,『月沙集』卷45,「碑」, <皇明都禦史楊公鎬去思碑銘>(한국문집총간: 70-232면).

89) "明神宗時, 日本僭稱帝, 由朝鮮入犯, 楊滄嶼先生奉命經理戰功甚, 著旋被讒罷歸, 朝鮮人思之爲建祠, 立碑, 賦詩歌詠其事." (宋犖,『筠廊偶筆二筆』偶筆卷下, 清康熙刻本).

90) " 公之治軍, 不寬不煩. 令肅恩敦, 公之制敵. 得人死力, 忠義所激. 公之束下, 躬約以化. 不威而怕, 云胡不思. 公實生之, 攀慕莫追. 漢城之陽, 有祠輝煌. 公像在堂, 白羽綸巾. 立髮嚼齦, 含噫未伸. 英姿颯爽, 鎭我保障. 沒世瞻想, 勒此貞珉. 事與名新, 萬古精神. "(宋犖,『筠廊偶筆二筆』偶筆卷下, 清康熙刻本).

비롯한 한림원 학사들의 적극적인 옹호가 있었기 때문이다.[91] 강희 후반
기에 활동하며 1703년 조선에 사신으로 다녀간 揆敍도 여성문학에 큰 관
심을 가졌다. 『歷朝閨雅』[92]는 동아시아 여성 시인들의 작품을 시체별로
편집한 여성시문집으로 許景樊, 李淑媛, 成氏, 德介氏 등 역대 한국의 여성
작가와 작품들이 소개되어 있다. 이처럼 강희 연간 한림원 학사들이 적극
적으로 여성문학을 확립시킴으로써 건륭 연간에 들어서 강희 문단의 영향
으로 袁枚 등 학자들이 여성 제자를 받아들이는 등 일련의 사회적 분위기
를 조성시켰다.[93]

우통은 모기령의 『西河詩話』에서 조선 여성의 시문의 아름다움에 대한
관련 내용을 자신의 저술에 인용하여 기록하였다. 모기령의 저술에 기록된
내용은 아래와 같다.

> 康熙 임술년(1682, 숙종8) 정월 초하루에 侍班이 먼저 午門 밖에서 문안하
> 였는데, 조선의 사신이 나를 찾아왔다. 내가 손에 가지고 있던 張銅薰器를 보
> 고는 기이하게 여기더니, 자기 무리에게 이야기하여 와서 보게 하였다. 나는
> 주려고 마음먹었는데, 한 朝士가 저지하며 '안 됩니다. 朝臣이 외국의 사신과
> 通交하고 주는 것이 있어서야 되겠습니까?' 하기에 나는 마침내 그만두었다.
> 이튿날 그 사신을 길에서 만났는데, 결국 나에게 와서 찾아가지고 갔다. 사신
> 이 나에게 왔을 때 朝臣 중에 이름을 알고 있는 자를 두루 물었는데, 同官
> 徐菊莊 詞를 말하였다. 내가 농담 삼아 묻기를, "그 나라의 女士들은 대부분
> 글을 안다고 하던데, 과연 그런가?" 하니, 답하기를, "그렇다. 어찌 여사들만
> 글을 알겠는가. 일찍이 한 기생이[94] 있었는데, 화장한 얼굴을 씻은 볼이 붉은

---

91) 張聆雨, 「淸代閨秀詩人才名的確立和傳播」, 『淸代文學研究集刊』, 5집, 2012,
161~180면 참조.

92) 揆敍, 『歷朝閨雅』(淸康熙刻本).

93) 〈寄懷前杭州太守明希哲先生有序〉, "先生守杭時余以民禮修謁先生一見如舊,
相識卽命悟桐, 袖香二姬受業門下, 皆國色也. 次年女弟子會詩湖樓, 先生代爲
治具旋來,請覯溫語移時, 乃騎馬歸以所坐."(袁枚, 『小倉山房集』 권35)(乾隆刻
增修本).

94) 成海應의 『研經齋全集』, 外集 권55, 「詩話」에는 "踈雨秋蒹漏月飛, 回潮晚帶斜

빛을 띠고 있는 것을 보고는 그로 하여금 시로 읊게 하니, 그 자리에서 소리
내어 읊기를, '성긴 비는 가을이라 햇살과 함께 날고, 드는 밀물 저녁이라 석
양빛을 띠고 있네(疎雨秋兼漏日飛 回潮晚帶斜陽色)'"하였다. <u>그러니 어찌 아
름다운 시가 아니겠는가.[95]</u>

　위 글은 1682년 음력설인 정월 초하루의 이야기이다. 모기령은 한국 역
대 여성의 문학과 조선궁녀에 대하여 많은 관심을 보였던 인물이기도 하
며, 〈傳曹洞正宗壽昌下第六代慧通浚禪師塔誌銘〉을 지어 '慧通浚禪師'와
'高麗寺'에 대한 시말을 상세히 기록으로 남기기도 하였다.[96] 모기령이 한
림원으로 들어간 지 2년 정도 되었을 때의 일이다. 모기령을 찾아온 조선
의 사신은 조선의 왕자 東原君 李溁이다. 한치윤은 당시에 모기령에게 읊
어 주었던 기녀의 시가 이집이 아끼던 평양 기생 雲慧의 시라고 하였다.
조선과 청나라의 관계가 매우 복잡하였던 당시 서로 통교하는 일은 매우
엄격히 제한되었다. 이러한 분위기에서 동원군이 모기령을 찾아 함께 교류
한 일은 매우 소중한 사료이다.

　모기령이 이집에게 조정의 아는 신하들의 이름을 물었더니 徐揆를 알고
있었다. 서규는 모기령과 함께 한림원 학사가 된 인물이다. 모기령은 서규
가 펴낸 詞集인『菊莊詞』에 대해서도 동원군 이집과 함께 이야기를 나누
었다.『국장사』는 회령의 서기관 仇元吉이 金餠을 주고 사갔다는 이야기
가 있을 정도로 조선으로 수출된 사집이었는데[97] 이로 인해 강희 연간 한

　陽色. 豈非佳詩. 壬戌燕使, 卽東原君溁也. 所謂一妓, 乃平壤女娼雲慧. 以詩名
　於東國, 爲溁所愛."라 하였다.

95) "康熙壬戌元旦, 侍班先候午門外高麗使見, 予手所溫張銅薰器, 以爲奇, 唉其輩來
　觀. 予意欲與之, 一士沮之曰, 不可, 朝臣豈宜與外國使通贈遺者, 予遂止. 次日
　其使遇於途, 終就予索之去. 當使就予時, 歷詢朝臣知名者, 兼能道同官'徐菊莊
　詞.' 予戱問其國女士多知果否? 曰: 然豈惟女士, 曾就一妓, 見其洗妝漱頰脂於
　水, 水帶紅色, 令賦之, 應聲曰: '疎雨秋兼漏日飛, 回潮晚帶斜陽落.' 豈非佳詩!"
　(毛奇齡,「詩話」2,『西河文集』册10)(臺灣商務印書館, 民國26(1937), 2159면).
96) 毛奇齡,「塔誌銘」,『西河集』권110(文淵閣『四庫全書』).

림원 학사들이 매우 자랑으로 여기던 사집이다. 모기령은 조선의 사신이
자국의 '사'에 대해서도 깊은 견문이 있는 데 대해서 호감을 가지고, 조선
여성이 시를 아는지에 대해서도 알고자 하여 물어왔다. 이에 동원군이 그
가 평소에 아끼던 평양기생 운혜의 시를 읊어 주었다. 모기령은 이집을 만
나 교류를 가졌던 이 일을 자신의 저술에 세세히 기록하였는데 이글은 우
통의 문집으로, 다시 기타 문인들의 저술에 옮겨지면서 강희 연간 문단에
서 회자되었다.

　우통 또한 모기령이 조선 사신을 만났을 때 받은 조선 여성의 한시를
『西河詩話』에서 채록하여 운혜의 시 구절을 자신의 저술에 수록하고 있
다.98) 강희 연간에 문단에서 명성이 있었던 褚人穫도 우통과 가깝게 지내
면서 우통의 저술을 읽고 그 내용을 재차 자신의 문집『堅瓠集』에 수록하
고 있는데99) 이는 우통을 비롯한 한림원 학사들이 여성문학을 옹호하는
등 사회적 풍토를 마련하였기에 가능하였다.100) 〈조선죽지사〉를 통하여

---

97) "禮部定例, 每年, 寧古塔人應往朝鮮國會寧地方交易一次. 本朝照例差六品通事
一員, 七品通事一員, 帶領寧丁防御一員, 驍騎校一員, 筆帖式一員, 赴會寧地方
監看交易. 康熙十七年, 吳江吳孝廉兆騫, 因丁酉科場事, 久戍寧古塔, 將菊莊詞
及成容若側帽詞, 顧梁汾彈指詞三本, 與驍騎校帶至會寧地方. 有東國會寧都護
府記官仇元吉, 前觀察判官徐良崎見之, 用金一餠購去, 仍各題一絶於左. 其仇
元吉題菊莊詞云: '中朝寄得菊莊詞, 讀罷煙霞照海湄. 北宋風流何處是, 一聲鐵
向起相思.' 徐良崎題彈指·側帽二詞云: '使車昨渡海東偏, 攜得新詞二妙傳. 誰
料曉風殘月後, 而今重見柳屯田.' 以高麗紙書之, 仍令驍騎帶回中國, 遂盛傳之.
新城王侍郎阮亭有'新傳春雪詠, 蠻檄織弓衣'之句.　今載漁洋山人續集中.(葉舒
璐記)"(馮金伯,『詞苑萃編』권18(淸嘉慶刻本);(王士禎,「漁洋續詩」15,『帶經堂
集』권37)(康熙五十年程哲七略書堂刻本).

98) "同官毛大可, 遇高麗使, 問: '國中女子能詩果否?答曰: '豈惟女子! 曾見一妓洗
妝漱頰脂于水, 水帶紅色, 令詠之, 應聲曰: '疎雨秋兼漏日飛, 回潮晚帶斜陽落.'
豈非佳詩!"(尤侗,『艮齋雜說』)(淸康熙刻西堂全集本).

99) 〈高麗妓能詩〉, "毛大可太史遇高麗使問: '其國中女子能詩果否?' 苔曰: '豈惟女
子, 曾見一妓洗漱頰脂於水, 水紅色令咏之, 應聲曰: '疎雨秋兼漏日飛, 回潮晚
帶斜陽落.' 豈非佳句!"(褚人穫,『堅瓠集』,「補集」권6)(淸康熙刻本).

100) 雍正 연간의 문인 王初桐(1729~1821)은『奩史』권74,「脂粉門」에『雞林詩話』

허난설헌을 노래한 우통의 작품을 보기로 한다.

　　양화 나루터에 살구꽃 붉고
　　팔도의 가요는 조선의 국풍이라 하네.
　　제일 생각나는 건 비경 같은 여도사
　　상량문 지어서 일찍이 광한궁에 갔었지.
　　楊花渡口杏花紅, 八道歌謠東國風.
　　最憶飛瓊女道士, 上梁曾到廣寒宮
　　尤侗, 「朝鮮竹枝詞」(『外國竹枝詞』)

　　한강의 나루터인 楊花渡에 핀 살구꽃으로 기구를 열었다. 『명일통지』에
는 "양화도는 도성의 서남쪽 한강 가에 있으며 각 도의 양식이 여기에 모
인다."[101]라고 하였고, 『대청일통지』에는 양화도를 臨津渡라고도 하며 임
진왜란 당시 李如松이 査大受를 이곳에 주둔하게 하여 동서를 잇는 요충
지로 삼았다고 하였다.[102] 한강에는 漢江, 露梁, 楊花渡, 三田渡, 臨津渡의
5津을 두었으므로, 엄밀히 말하면 양화도와 임진도는 서로 다른 나루터이
다. 이 때문에 이덕무는 이 시를 읽은 뒤 "양화도는 한강의 중간에 위치하
여 몇 굽이가 되므로 그냥 강가라 할 수 없다."[103]라고 한 것이다. 강희문
단의 문인들에게 있어 양화도는 그 크기와 상관없이 이국의 풍광으로 그

　　에서 보았다면서 "高麗女子多能詩"두 구절을 전사해 놓고 있다. (청나라에서 『雞
　　林詩話』라고 하는 조선시화집이 유통 되었었던 것으로 보이는데 조선 여성의 시
　　문이 중국에서 널리 가화되었음을 보여준다.) "臨漳臺逈橫經日眞率人來入會時一
　　卷 『雞林詩話』, 在却如爬癢得淸怡. -危積巽齋小集"(錢陳群, 『香樹齋詩文集』,
　　「詩續集」 권2)(乾隆刊本).
101) "楊花渡在王城西南, 漢江之濱, 各道餫餉聚此."(『明一統志』 권89).
102) "楊花渡在國城西南, 漢江之濱, 朝鮮各道餽餉皆聚於此, 或曰, 卽臨津渡也. 明
　　萬曆中, 倭渡臨津掠開城, 旣如松駐開城遣別將查大受, 據臨津爲東西策應卽
　　此."(『大淸一統志』 권421).
103) "楊花渡之於漢江中間, 有幾曲折, 不可以爲其濱也."(李德懋, 「耳目口心書」 6,
　　『靑莊館全書』 권53).

려져 낭만과 풍류가 있는 문화의 공간으로 형상화되었다.

우통이 한강을 배경으로 '가요'를 언급한 까닭도 『황화집』에서 보이는 문화교류와 조선 사신들로부터 온 정보가 있었기 때문이다. 중국의 사신들이 조선의 관원들과 함께 뱃놀이를 즐기며 시를 수창하던 한강은 당시 하나의 국제적 문화공간이었던 셈이다.[104]

전구와 결구에서는 많은 아름다운 것이 있는 가운데에서도 가장 생각나게 하는 건 비경같은 여도사라고 노래하고 있다. 중국에 허난설헌이 널리 알려진 것은 임란 때 조선에 주둔한 명나라 장수들이 조선의 문인들과 교류한 결과이다.[105] 명군 吳明濟의 『조선시선』과 藍芳威의 『조선시선』에 허난설헌의 시가 다수 수록되고, 주지번(1558~1624) 역시 허난설헌을 중국에 알리는 데 큰 역할을 하였다.[106] 위 시문에서 우통이 허난설헌을 비경과 같은 女仙에 비유한 까닭은 그녀가 중국에서 여도사로 널리 알려져 있었기 때문이다. 허난설헌이 여도사로 알려진 것은 田汝成의 『廣興記』[107]에 "허씨의 남편 金誠立이 임진왜란에 殉節하자 허씨가 여도사가 되었다."라는 기록에서 비롯된 것으로 보인다.[108] 이러한 설이 강희 연간 문단을 거쳐 18세기 청대 문단에서도 계속 이어지고 있었다.[109] 우통은 허난설헌

---

104) 이종묵, 「16세기 한강에서의 연회와 시회」, 『한국시가연구』 9집, 한국시가학회, 2001 참조.

105) 정민, 위의 논문, 1996.

106) 졸고, 앞의 논문, 2007에서 주지번이 허균을 통해 허난설헌 문집을 얻은 경로를 다룬 바 있다. "大明萬曆丙午, 朱之蕃使朝鮮, 得許夫人蘭雪集歸, 華人錢鏤盛行, 景蘭讀而慕之續和全什."(『許夫人蘭雪軒集, 附景蘭集』, 〈小雪軒傳畧〉, 1913년 간행, 서울대학교 고문헌 자료실 소장본) ; 주지번이 허난설헌 시집을 얻어간 내용은 許筠, 『惺所覆瓿稿』, 「丙午紀行」, 3월 27일자에 "上使先到控江亭, 余跟往, 上使招余入, 間家姊詩, 卽以詩卷進, 上使諷而嗟賞."이라고 적었다.

107) 『廣興記』는 명나라 陸應陽(1542~1627)이 엮은 책이다.

108) 『元明事類鈔』에도 비슷한 내용이 보인다.

109) 북경 민족대학 조선문화연구소 黃有福 소장은 『朝鮮詩選』을 평하여 "잊혀졌던 명나라와 이조 조선시기 문화 교류의 결정체가 다시 광채를 발휘하였다.(該項目的成功實施, 使學界普遍認定已失傳的明朝與朝鮮文化交流之結晶)"고 하였다.

의 「廣寒殿白玉樓上樑文」을 의작하기도 하였는데, 그만큼 허난설헌의 문학에 남다른 관심을 가지고 있었다.

이 노래의 주석에는 "나라에 8개의 道가 있다. 양화도는 한강 가에 있다. 閨秀 허경번은 나중에 여도사가 되었는데 일찍이 「광한궁 백옥루의 상량문」을 지었다."110)라고 소개하고 있다. 허난설헌의 「광한전백옥루상량문」은 중국 송나라에서 홍행하던 상량문 전통이 그대로 조선에서 이어져 가고 있다는 사실을 알려 준 정보였다. 허난설헌이 지은 「광한전백옥루상량문」은 전통적인 축원의 의미를 담은 상량문의 문체를 가지고 있다. 한편으로 속세를 벗어난 선계를 아름답게 그려내고 있어 '선적인 사상(仙道思想)'과 '청신함과 낭만(淸新浪漫)'의 예술성을 보여 준다고 평가된다.111)

상량문의 문체는 앞머리와 끝머리는 騈儷體로 쓰고 중간엔 四方과 上下에 배정되는 세 구로 된 여섯 수의 시를 넣는다. 이러한 풍속은 송나라 이후, 청나라로 오면서 이미 사라져 가고 잊혀져가는 풍속이 되어 버렸다. 그러나 조선에서는 이 풍속이 계속 이어져 오고 있었는데, 왕실은 물론 민간에서도 행해지던 풍습이었다.

우통이 허난설헌을 노래한 죽지사에 왕사정과 진유숭이 평을 남겼는데, 왕사정은 "아름다운 이야기가 良常洞112)과 백옥루를 능가한다." 하면서 상량문을 지은 솜씨가 전설 속에 전하는 '양상동'과 '백옥루'를 능가한다며 그의 문장을 높이 평가하였으며, 진유숭은 "산뜻하며 청신하다."라고 하면서(王云, 佳話, 勝良常洞白玉樓矣; 陳其年云, 羅羅淸新) 허난설헌을 위시한 여성문학이 우통의 청신한 시로 아름답게 그려졌음을 말했다.

---

110) "國有八道, 楊花渡在漢江濱. 閨秀許景樊後爲道士, 嘗作廣寒宮玉樓上梁文".
111) 王國彪, 「〈許蘭雪軒廣寒殿白玉樓上梁文〉研究」, 『古代文學』16期, 2008, 20~22면.
112) "張雨, 〈仙山樓觀圖爲馬仲元禮作〉'憶共能書蔡少霞, 良常洞口看桃花, 人間詩酒耽迷了, 三百來年不到家.'"(『御定歷代題畫詩類』권113) 도사들이 수련하던 동굴로 '華陽洞', '良常洞', '方隅洞', '金中洞' 등이 유명하다. "有七十二穴, 應七十二候, 岩洞中有石鶴鳴則仙人出."(陸應陽, 『廣興記』).

우통은 비록 허난설헌의 〈광한전백옥루상량문〉을 직접 보지 못하였지만, 전해들은 선계의 분위기를 살려 〈광한궁백옥루상량문〉을 의작하기도 하였다. 전통적인 상량문은 비록 청대로 내려오면서 전통 한시 장르 외에 '詞' 창작의 흥행과 산문, 소설 창작으로 나아가면서 상량문 장르는 거의 잊히고 있었다. 이러한 문단의 환경에서 우통의 허난설헌 〈광한전백옥루상량문〉의 의작은 조선여성의 높은 문학적 자질과 허난설헌의 선적 이미지를 보여 주었을 뿐만 아니라, 조선에서 보존하여 내려오는 전통적인 상량문 문화를 청나라에 널리 알리는 역할을 하였다고 생각한다.

우통은 허난설헌의 〈廣寒殿白玉樓上樑文〉을 의작하면서 서문을 지었는데 "조선의 女郞 허경번이 8세 때 〈廣寒宮白玉樓上樑文〉을 지었는데, 애석하게도 그 글을 볼 수가 없다. 이에 붓을 놀려 보충해 둔다."[113]라며 서문에서 난설헌의 〈廣寒宮白玉樓上樑文〉을 보지는 못한 데 대해 매우 큰 아쉬움을 표시하면서 의작한다고 하였다. 우통은 허난설헌이 지은 제목에서 '廣寒殿'이라고 한 '殿'자를 우통은 '宮'자로 기억하고 있었다. 허난설헌의 상량문 작품은 『조선시선』을 간행한 명군 藍芳威가 靑川子의 정사본을 소장하고 있었다고 한다.[114] 이 작품에 대해서 王國彪는 「朝鮮女詩人許蘭雪軒的〈廣寒殿白玉樓上梁文〉」에서 '一篇奇文'이라고 평가 한 바 있다.[115]

허난설헌이 지은 상량문은 장수와 축복을 기원하는 일반적인 상량문과 상이한 선계를 지향한 작품이라는 데서 특징적이다. 그는 우주 천체 별들의 공간을 상상의 나래를 펴서 그려내고 있는데, 淸新하고 浪漫적인 필치는 속세를 떠나 선계를 향한 아름답고 찬란하며, 우아한 초탈함의 정신세계를 보여 주고 있다. 그에 비교해 볼 때 우통의 〈廣寒宮白玉樓上樑文〉은

---

113) 〈廣寒宮玉樓上梁文幷序〉, "朝鮮女郞許景樊八歲作此題, 惜未見其文, 戲筆補之"(尤侗, 『雜組』1, 『西堂雜組』권3)(康熙刻本).

114) 靑川子는 누구인지 미상; 金成南, 「朝鮮時代才女許蘭雪軒詩的跨文化闡釋」, 中央民族大學 博士學位論文, 2001, 30면 참조.

115) 王國彪, 앞의 논문, 2008.

허난설헌이 지은 형식, 즉 前文+시문 [東-南-西-北-上-下] 六偉頌+
後文의 전통적인 형식을 따라 지었는데, 허난설헌의 작품을 직접 보지 못
한 관계로 선계를 지향한 묘사적 수법에서 상이함이 보인다. 허난설헌이
지향하는 바는 동남서북상하로 부른 六位頌에서 더욱 두드러진다. 아래에
서 허난설헌과 우통이 각각 부른 六偉頌에서 동쪽과 아래쪽을 향해 부른
노래를 보면서 특징적인 면을 살펴보도록 한다.116)

〈東〉
어기영차, 동쪽을 바라보니
새벽녘에 봉황 타고 신선 주궁 들어가네
아침 해가 부상의 아래에서 떠오르니,
만 갈래의 붉은빛이 바다 붉게 물들이네.
抛樑東 曉騎仙鳳入珠宮, 平明日出扶桑底, 萬縷丹霞射海紅.(허난설헌)
어기영차, 동쪽을 바라보니
야광이 하늘을 아스라이 비추고
만경유리는 싸늘해 골격을 스미는 듯,
옥인이 옥산중에 서있는 듯.
東 夜光照破天河空, 萬頃琉璃寒徹骨, 玉人疑立玉山中.(우통)

〈下〉
어기영차 떡 던져라, 들보 머리 아래 보니
팔해에는 구름 덮여 어두운 밤이구나
계집종이 수정 주렴 차다고 와 말하는데
새벽 서리 원앙의 기와에 맺혔구나
抛樑下 垓雲黑知昏夜, 侍兒報道水晶寒, 曉霜已結鴛鴦瓦.(허난설헌)

어기영차 이 아래로 바라보니

---

116) 許蘭雪軒의 작품은 (허난설헌)으로 앞에 두고 尤侗의 작품을 (우통)으로 표기하
고 이어지는 뒤 순서에 둔다. 허난설헌 시문의 번역은 文曘絃 역 편, 『허난설헌
전집』, 보련각, 1972; 한국고전번역원 번역 등이 있다.

옥궁에 원앙기와로 지붕 이고
다른 해에 합환궁을 다시 지어
상아가 일찍 과부되게 하지 않으리.
下 玉宮盡覆鴛鴦瓦, 他年重造合歡宮, 免教嫦娥歎早寡.(우통)

　동쪽을 노래하면서 허난설헌은 '붉게 타오르는 새벽'을 노래하였다면 우통은 '차가운 밤'의 시공간으로부터 시작하였다. 이렇듯 서로 다른 예술 세계는 기타 방향을 노래할 때도 서로 다르게 표현되었다. 예를 들어 남쪽을 노래할 때 허난설헌은 '낮'으로 시공간이 넘어 왔으나 우통은 '새벽'을 등장시키고 있다. 서쪽을 노래할 때에도 허난설헌은 해가 져가고 있는 '저물녘'을 등장시켰다면 우통은 '달님과 상아'를 등장시켜 밤하늘에서 바라보이는 달나라의 세계를 그려 보여 주고 있다. 북쪽을 노래할 때는 허난설헌은 북두칠성을 노래하면서 시선을 '우주 천체로 돌리고 있는데 우통이 '가을'이라는 계절로 외로운 여성의 마음을 읽고 있다. 위를 향해 노래할 때도 우통은 '밤'과 '달님', '아름다운 여인'을 등장시키고 있다. 그러나 허난설헌은 '새벽'이라는 시공간을 설정하여 잠을 깬 후 침상에서 북두칠성 자루 도는 소리를 청각적으로 들려줌으로써 천상세계에 몸을 두고 있는 선계의 경지에 도달하고자 하였다. 다음으로 아래를 향해 노래한 결말의 시문에서 허난설헌은 '원앙기와'에 맺힌 새벽서리, 어두운 밤의 설정으로 '원앙기와'와 상반되는 '외로움'을 담고 있는데 반해 우통이 노래하는 결말의 시문에서는 '원앙기와'로 '축원'의 메시지를 담아내고 있다.

　허난설헌이 '광한전 백옥루'의 공간을 '천체 우주 공간' 속에 설정했다면 우통은 "달나라"로 설정하였다. 허난설헌 작품이 지향하는 '仙界'는 밝음에서부터 시작하여 어두움으로 마무리하고 있는데 반해, 우통의 '선계'는 어둠으로 시작하여 축원을 담은 밝음으로 종결된다. 우통의 선계는 전설이고, 신화이며, 문학 예술성의 장치로 嫦娥, 음악, 노래, 춤, 유희 등 속세에서 지향하는 여유로움의 갈망을 담아내고, 광한궁 백옥루의 주인공을

여성으로 설정해 여성의 외로움을 달래주고자 하는 염원을 담고 있다고
보이는데, 이 대상이 허난설헌이라고 짐작된다. 이는 허난설헌이 자기 자
신을 선계에 놓고 백옥루의 주인이 되어 노래한 시문에서 보이는 것과는
차이나는 점이다.

  우통이 허난설헌의 상량문을 의작하였다는 이야기는 강희 연간 여러 문
인들에 의해 널리 알려졌다. 예를 들면 劉廷璣의 『在園雜志』에 "조선 여
랑 허경번은 8세에 〈廣寒宮玉樓上梁文〉을 지었다. 이는 또한 다른 세상에
속하는 여인이며 또한 신동이다. 애석하게도 그 문장이 전하지 않아 우통
이 장난삼아 보충하였는데 『西堂雜俎』에 보인다."[117]라고 하며 우통의 문
집을 읽고 이글을 남겼다. 그리고 來集之 또한 그의 문집 『倘湖樵書』에서
"허경번은 7세에 시에 능하였는데 여신동으로 불렸다. 오빠 筬과 筠은 모
두 장원급제자이다(…)진사 金誠立은 壬辰年에 왜구에 의해 죽었는데 난
설헌은 일편단심으로 수절을 지켰다. 자호로 蘭雪主人이라 한다. 遊仙曲
백 수가 있는데 현재 그 4수가 보존되어 있다. 또 〈宮詞〉 2수가 전한
다"[118]라고 기록하고 있다. 이 글에서는 허난설헌의 호가 '여신동'이라고
하고 자호로 '난설주인'이라고 하였다.

  조선 사신을 다녀간 大學士 明珠의 둘째 아들인 明揆敍 또한 여성시문
집 『歷朝閨雅』을 시체별로 나누어 11권[119])으로 편찬하였는데 이 책에서

---

117) "朝鮮女郎許景樊, 八歲賦〈廣寒宮玉樓上梁文〉. 此又外屬之女, 神童也. 惜其文
    不傳, 尤侍講展成侗, 戲爲補之, 見『西堂雜俎』."(劉廷璣, 『在園雜志』 권2)(康
    熙五十四年刻本).

118) "許景樊七歲能詩, 號女神童, 兄筬筠皆狀元, 筬進士之妹故以妹氏稱適. 進士金
    誠立壬辰, 金死于倭. 妹守節不二, 自號蘭雪主人, 遊仙曲百首, 今存其四, '瑞
    風吹破翠霞裙, 手把天花倚五雲. 雲外玉龍鞭白虎, 碧城邀取小茅君. 又 '冰屋
    珠扉鎖一春, 落花烟雨滿綸巾. 東皇近日無遊幸, 閒殺瑤池五色麟.' 又 '青苑紅
    堂聞寂寂, 鶴眠丹竈夜迢迢. 仙翁曉起嗅明月, 微隔海霞聞洞簫.' 又 '六葉羅裙
    色曳烟, 阮郎相喚上芝田. 笙歌暫向花間歇, 便是人間一萬年.' 又 〈宮詞〉二
    首."(來集之, 『倘湖樵書』 권9)(康熙倘湖小築刻本).

119) 揆敍, 『歷朝閨雅』 권11(淸康熙刻本).

규서는 중국 여성과 함께 조선 여성들의 한시도 함께 엮었다. 이 시집은 月山大君 婷을 여성 작가로 기록하는 등 『열조시집』의 오류를 그대로 답습하고 있는 것으로 보아 『열조시집』이 저본인 것으로 보인다. 그리고 조선을 다녀가면서 새로운 여성 한시의 정보를 받아 가지 않았다는 것이 확인된다. 이 여성 한시집은 주이준이 엮은 『명시종』과 달리 고증한 부분이 없이 전해져 내려오던 시들을 하나로 묶어 여성 한시선집을 낸다는 것이 주된 취지였던 것으로 보인다.

규서의 『歷朝閨雅』에는 난설헌의 〈遊仙詞〉, 〈竹枝詞〉, 〈古別離〉, 〈望仙謠〉, 〈皇帝有事天壇〉, 〈次仲兄筠見星菴韻〉, 〈次仲兄筠高原望高臺韻〉, 〈贈見星菴女冠〉, 〈宿慈壽宮贈女冠〉, 〈相逢行〉, 〈效崔國輔〉, 〈湘絃曲〉, 〈效李義山體〉 등 시들을 시체별로 나누어 수록하였을 뿐만 아니라 중국에 알려진 成氏, 李淑媛, 德介氏등 조선 여성 시인의 작품을 수록하였다.

주이준은 『명시종』에서 조선 여성 한시 작품으로 成氏의 〈竹枝辭〉, 兪汝舟妻의 〈別贈〉, 趙瑗姜李氏의 〈采蓮曲〉, 〈自適〉 등을 수록하고 허난설헌의 시는 〈望仙謠〉, 〈次伯兄高原望高台韻〉, 〈次仲兄筠高原望高台韻〉, 〈效崔國輔〉, 〈雜詩〉 5수를 시화와 함께 편집해 넣었다. 『정지거시화』에서 허난설헌의 시화는 전겸익이 기술한 내용을 먼저 인용하여 "8세에 〈광한전옥루상량문〉을 지었고 조선 사신으로 갔던 주지번이 시문집을 가지고 와서 널리 전했다"는 내용과, 문집이 있다고 소개하고 있다. 『천경당서목』에는 허경번의 문집인 『허경번집』이 기록되어 있다. 주이준은 시화에서 陳子龍(1608~1647)의 글에서 쓴 "許氏는 李氏의 시를 배우고서 합작하여 盛唐의 풍격이 있다. 外藩의 여자로서도 이와 같았으니, 本朝의 文敎가 멀리까지 미친 것을 알 수가 있다."를 인용한 후 다음으로 자신의 비평을 더하였다.

명나라 閨秀들의 시는 대부분이 僞作이 많다. (…)내가 허경번의 시에 대해 篇章과 句法을 보건대, 완연히 嘉靖七子의 체재인바, 응당 風敎가 거기까

지 미쳐 가지는 않았을 것인데도 부합되기가 이와 같으니, 가짜라는 의심이 없을 수 없다.[120]

주이준은 명나라 규수들의 시문들이 대부분 후인들이 위작 한 것이 많았다는 근거를 들어 허경번의 시가 篇章과 句法에 있어 명나라 嘉靖七子의 제제와 비슷하다고 하면서 위작의 가능성에 대하여 지적하였다. 주이준은 중국 명 문단의 시풍이 당대 조선의 여성 한시 작가에게로까지 영향을 미쳤으리라고 보지 않은 것으로 분석된다. 허난설헌의 시는 특히 「遊仙詞」 87수가 중국에 전해져 허난설헌이 여도사라는 인식이 널리 퍼지게 하는 데 적지 않은 영향을 미쳤다.[121] 허난설헌의 작품은 주이준의 『정지거시화』에서 위작의 가능성이 있음을 제시하였으나 「광한전백옥루상량문」과 〈유선사〉 등 대표적 작품들이 중국 문단에서 허난설헌의 '선'적 이미지를 심어 주었기 때문에 허난설헌만이 가지고 있는 위치는 확고했다. 강희 연간에는 왕사정과 모기령 등이 여성문학을 확립 시킨 배경과 함께 우통 등 당대 일류 학자들이 허난설헌의 문학에 관심과 옹호를 보이면서 허난설헌은 중국 문단에서 국제 여성 문인으로 자리매김 된 것이다.

17세기 중국 문단에서는 허난설헌을 비롯한 조선 여성 시인에 대해서 많은 관심을 보이고 이들의 국제적 위상을 높여 주었을 뿐만 아니라 중국 황실 역사에서 잊혀져간 조선 여성인물에 대한 관심도 매우 높았다. 이러한 관심은 청 문단에 〈궁사〉 창작의 주 모티브를 제공하였다.

　寧獻王의 시에 '미인들은 오히려 피리 불기 배우는 구나(天外玉簫)' 하였고, 王司綵의 시에는 '퉁소 소리 달 밝은 속에 멀리 퍼지는 구나(玉簫嘹喨月

---

120) "明閨秀詩, 類多僞作, 轉相附會, 久假不歸(…)吾於許景樊之詩, 見其篇章句法, 宛然嘉靖七子之體裁, 未應風敎之訖, 符合如是, 不能無贋鼎之疑也."(朱彛尊, 『靜志居詩話』).
121) 이종묵, 앞의 논문, 2009; 박현규, 앞의 논문, 1998; 김성남, 『허난설헌시연구』, 소명출판, 2002 등을 참조할 수 있음.

明中)' 하였는데, 이는 모두 권비를 위해서 지은 것이다.[122]

모기령 또한 명성조의 모친 궁비에 대해서는 정사에서 다루지 않았지만, 성조의 賢妃였던 조선의 여인 權妃는 성조가 아꼈던 비였으며, 피리를 잘 불었다는 기록이 正使에 있다. 모기령은 자신이 저술한 『勝朝肜史拾遺記』에서 明太祖 朱元璋의 孝慈高皇後馬氏로부터 시작하여("[太祖朝洪武] 孝慈高皇後馬氏, 宿州徐王馬公女也") 마지막에 조선의 궁녀 權妃가 피리를 잘 불어 황제의 총애를 받았다고 기술하고 있다.

成祖朝의 권비는 조선 사람이다. 永樂 7년(1409, 태종9) 5월에 조선에서 여자를 조공하여 掖庭에 채웠는데, 권비가 여러 여인들과 함께 들어왔다. 성조가 권비의 얼굴빛이 희고 자질이 아름다운 것을 보고는 가지고 있는 재주가 무엇인가를 물었다. 권비가 가지고 있던 옥피리(玉琯)를 꺼내어 불었는데, 옥피리 소리가 정미롭고 아름다우며 멀리까지 퍼졌다. 그러자 성조가 크게 기뻐하면서 권비를 발탁하여 여러 여인들의 위에 앉혔다. 한 달이 지나서는 권비를 賢妃로 책봉하고, 권비의 아버지인 權永均을 光祿卿으로 삼았다.[123] 8년(1410, 태종10) 10월에 권비가 北征에 나선 성조를 모시고 갔다가 개선하여 돌아오던 중 병이 들었다. 臨城에 이르러서 성조에게 말하기를, "다시는 황제를 모시지 못하게 되었습니다." 하고는 마침내 薨하였다. 이에 황제가 몹시 애도하면서 직접 제사를 하사하였으며, 諡號를 恭獻이라 하였다. 그러고는 권비의 喪柩를 澤縣에다가 두도록 명하고, 택현의 관원에게 잘 지키도록 칙령을 내렸다. 그 뒤에 권영균이 宣德(어떤 데는 洪熙로 되어 있다.) 연간에 졸하여 부음을 아뢰자, 황제께서 先代때의 은택을 생각하여 中官을 파견해 제사를 하사하

---

122) 朱彝尊, 『靜志居詩話』.

123) "成祖恭獻權賢妃, 朝鮮人, 永樂七年册爲賢妃, 當是時, 順妃任氏, 昭儀李氏, 婕妤呂氏, 美人崔氏及妃皆高麗王李芳遠所進, 而妃穠粹善吹玉簫, 最爲寵幸, 八年侍上北伐還, 至臨城薨葬嶧縣. 妃父永奇芳遠, 驛送至拜光祿寺卿, 尋遣歸國卒於宣德中, 賜白金米布."(萬斯同, 「列傳」1, 『明史』권150)(淸鈔本). 한치윤은『海東繹史』「人物考」에서 권영균은 권비의 오라비이고 아버지가 아님을 바로잡았다(韓致奫, 「人物考」, 『海東繹史』권70).

였으며, 그의 집에 白金 20냥과 文帛表裏를 차등 있게 하사하였다.124)

1410년(영락8; 태종10) 10월에 권비가 北征에 나선 성조를 모시고 갔다
가 개선하여 돌아오던 중 병이 들었다. 臨城에 이르러서 성조에게 말하기
를, "다시는 상을 모시지 못하게 되었습니다." 하고는 마침내 薨하였다. 이
에 상이 몹시 애도하면서 직접 제사를 하사하였으며, 諡號를 恭獻이라 하
였다. 그러고는 권비의 喪柩를 산동성 澤縣에다가 두도록 명하고, 택현의
관원에게 잘 지키도록 칙령을 내렸다.125) 그 뒤에 권영균이 宣德(일부 洪
熙로 되어 있다) 연간에 졸하여 부음을 아뢰자, 황제께서 先代때의 은택을
생각하여 中官을 파견해 제사를 하사하였으며, 그의 집에 白金 20냥과 文
帛表裏를 차등 있게 하사하였다.126)

---

124) "權妃者, 朝鮮人. 永樂七年五月, 朝鮮貢女充掖庭, 妃隨衆女入. 上見妃色白而
質複禮粹, 問其技, 出所攜玉琯吹之, 窈眇多遠音. 上大悅, 驟拔妃出衆女上. 逾
月, 冊賢妃, 授妃父永均爲光祿卿. 八年十月, 妃侍上北征, 凱還而疾, 至臨城曰:
"不能複侍上矣" 遂薨. 上哀悼, 親賜祭, 諡曰恭獻, 命厝其柩於澤縣, 敕縣官守
之. 時朝鮮所貢女, 其見具位號者, 複有任順妃·李昭儀·呂婕妤·崔美人四人, 皆
命其父爲京朝官. 順妃父添年爲鴻臚寺卿, 昭儀父文, 婕妤父貴眞爲光祿少卿, 美
人父得霖爲鴻臚少卿. 其後永均以宣德(一作洪熙)中卒, 訃聞, 上仰推先澤, 遣中
官賜祭. 賜其家白金二百兩, 文帛表裏有差."(朱彝尊, 『明詩綜』 권94).

125) "恭獻賢妃權氏, 朝鮮人, 永樂時朝鮮貢女, 充掖庭妃與焉, 姿質穠粹, 善吹玉簫,
帝愛憐之. 七年封賢妃, 命其父永均爲光祿卿. 明年十月侍帝北征, 凱還薨於臨
城, 葬嶧縣."(張廷玉, 「列傳」 1, 『明史』 권113)(淸乾隆武英殿刻本).

126) "權妃者, 朝鮮人. 永樂七年五月, 朝鮮貢女充掖庭, 妃隨衆女入. 上見妃色白,
而質複禮粹, 問其技, 出所攜玉琯吹之, 窈眇多遠音. 上大悅, 驟拔妃出衆女上.
逾月, 冊賢妃, 授妃父永均爲光祿卿. 八年十月, 妃侍上北征, 凱還而疾, 至臨城
曰: "不能複侍上矣." 遂薨. 上哀悼, 親賜祭, 諡曰恭獻, 命厝其柩於澤縣, 敕縣
官守之. 時朝鮮所貢女, 其見具位號者, 複有任順妃, 李昭儀, 呂婕妤, 崔美人四
人, 皆命其父爲京朝官. 順妃父添年爲鴻臚寺卿, 昭儀父文, 婕妤父貴眞爲光祿
少卿, 美人父得霖爲鴻臚少卿. 其後永均以宣德(一作洪熙)中卒, 訃聞, 上仰推
先澤, 遣中官賜祭. 賜其家白金二百兩, 文帛表裏有差."(張廷玉, 「列傳」 1, 『明
史』 권113)(乾隆武英殿刻本)(毛奇齡, 『勝朝肜史拾遺記』).

　權妃는 談遷,『棗林雜俎』義集「彤管」(淸鈔本)에서도 소개가 되었으며, 그의 예술적 자질과 문학적 소질에 대해서는 주이준이『명시종』에서『列朝詩集』의 글을 인용하여 재부각시키고 있다. 전겸익은 당시 영락 연간에 성조가 조선 여인 현비 權氏의 자질이 아름답고 피리를 잘 부는 것을 총애하자, 궁중에서 앞 다투어 이를 본받았다며 주석을 달았는데 王司綵의 궁사 작품은 조선 권비의 옥피리를 소재로 지은 작품이라고 하였다. 朱權 또한 궁사 창작의 대가로 107수의 궁사 작품을 지었는데 권비를 소재로 하고 있다.

　　구슬 꽃이 옮겨와 대명궁에 들어오니,
　　향기 어린 한 그루가 만향정에 기대 있네.
　　그 모습 군왕님 발길 멈추게 하였나니,
　　옥소 소리 달 밝은 속에 멀리 퍼지누나.(王司綵)127)

　　홀연히 공중에서 퉁소 소리 들리매,
　　꽃을 따라 들려오는데 나 홀로 거니누나.
　　삼십육궁 모든 궁전 가을빛 일색이라,
　　어느 곳에 달이 유독 밝은 줄 모르겠네.(朱權)128)

　　궁궐의 창 싸늘하여 밤은 길고 긴데,
　　산 위에는 구름 날고 달빛은 아득하네.
　　궁중의 물시계는 이미 멎어 가는데,
　　미인들은 오히려 퉁소 불기 배우누나.(朱權)129)

---

127) 〈宮詞〉, "璃花移入大明宮, 一樹凝香倚晚風. 贏得君王留步輦, 玉簫嘹喨月明中."(朱彝尊,「司綵王氏」一首,『明詩綜』권82).
128) 〈宮詞(三首)〉, "(其一)忽聞天外玉簫聲, 花下聽來獨自行. 三十六宮秋一色, 不知何處月偏明; (其二)太液池中翻翠荷, 小娃學唱采蓮歌. 畫船不繫垂楊下, 盡日隨風漾碧波; (其三)庭梧秋薄夜生寒, 誰把箜篌別調彈. 睡覺滿身花影亂, 池塘風定月團團."(朱彝尊,「寧獻王權 三首」,『明詩綜』권2).
129) 〈宮詞(二十四首)〉, "(其十八)魷魚窻冷夜迢迢, 海嶠雲飛月色遙. 宮漏已沈參倒

위에서 王司綵와 朱權이 권비의 옥피리를 소재로 궁사를 노래하였는데, 후에는 위 작품이 점차 가화가 되어 "홀연히 공중에서 퉁소 소리 들리매, 꽃을 따라 들려오는데 나 홀로 거니누나. 三十六宮 모든 궁전 가을빛 일색이라, 어느 곳에 달이 유독 밝은 줄 모르겠네."라고 부른 궁사가 조선 권비의 작품으로 方維儀가 펴낸『古今宮閨詩史』에서130)〈天外玉簫〉란 시제로 전해지기도 하였다.131)

이렇게 청 문단에서 시인으로 허난설헌이 특히 주목받았고, 이외 권비의 아름다운 사랑이야기와 그의 옥피리 소리가 조선여성의 존재를 알리는 데 중요한 역할을 하였다.132) 이렇듯 권비의 존재는 강희 연간 중국황실로 간 조선여성으로서 모티브가 된 사례라고 할 수 있다.

이외 영락제의 생모인 궁비가 주이준에 의해 재 부각 되면서 후궁으로 중국에 간 조선 여성인물이 알려진 계기가 되었다. 주이준은 영락제가 반란을 일으키면서 살육을 자행하였던 사실 외에 측실인 고려 여성이 생모임을 드러내지 않고 嫡子라고 한 일에 대해서 거짓임을 밝히고 고증을 거쳐 궁비의 존재를 드러내었다. 중국에서는 자국의 이익을 위해 조선의 여성을 밝히지 않았고 조선에서도 또한 여성의 사회적 지위가 상대적으로

影, 美人猶自學吹簫."(錢謙益,「寧獻王」,『列朝詩集』乾集 권하)(「寧獻王權三首」, 宗藩詩,『明詩』권2)(『四朝詩』).

130) "方維儀,『古今宮閨詩史』○卷, 淸芬閣"(萬斯同,「志」110,『明史』권137)(淸鈔本).

  * 朱彝尊의『靜志居詩話』에는 方維儀桐城人, 大理卿大鎭之女, 適姚孫棨再期而夭, 遂請大歸守志, 有『淸芬閣集』(…)論古今女士之作編爲『宮閨詩史』, 分正·邪二集."라고 소개하고 있다.(朱彝尊,『靜志居詩話』권23).

131) "寧獻王「宮詞」有云: '忽聞天外玉簫聲, 花下聽來獨自行. 三十六宮秋一色, 不知何處月偏明.' 又有'三十六宮秋月白, 美人月下敎吹簫'之句皆記其實也. 近刻『宮閨詩史』遂載〈天外玉簫〉一首爲權妃之作, 今削而正之.(錢謙益,『列朝詩集』乾集 권하)(順治九年毛氏汲古閣刻本).

132) 중국에서 조선 后妃의 역사는 이종묵,「중국 皇室로 간 여인을 노래한 宮詞」,『고전문학연구』40집, 고전문학회, 2011을 참조할 수 있다.

매우 낮았기 때문에 여성을 드러내려고 하지 않았다. 그러나 주이준은 여성의 존재 중에서 특히 궁녀의 신분으로 부모, 가족과 이별하고 고향을 떠나 이국땅으로 간 여성의 존재를 기록으로 남기고자 하였다. 그리고 조선 여성에 대한 왜곡된 역사를 바로잡았다.

　　海寧사람으로 자가 孺木인 談遷의 『棗林雜俎』가운데 기술하기를, "孝慈 高皇后는 자식이 없다, 高麗 碩妃의 소생은 長陵뿐만 있는 것이 아니다, 그리고 懿文太子 및 秦王과 晉王도 모두 李淑妃에서 낳은 것이다." 하였다. 그러자 이 말을 들은 사람들이 앞 다투어 해괴하게 여겼다. 史局이 처음 설치되었을 적에 나 주이준이 일찍이 이것을 가지고 總裁官이나 선배들에게 물어보았더니, 實錄에 기술되어 있는 대로 따르는 것이 마땅하다고 하였다. 이제 天啓 3년(1623, 인조1)에 만들어진 『南京太常寺志』를 보니, "孝陵(명태조의 묘호)과 高皇后가 主이고, 左配는 자식을 낳은 妃 5인이며, 右配는 碩妃 1인이다."라고 크게 쓰여 있는바, 일이 족히 믿을 만하였다. 그렇다면 실록은 史臣의 曲筆에서 나온 것이니, 따를 것이 못 된다. 漢나라 文帝는 스스로 말하기를, "짐은 高皇帝 側室의 자식이다." 하였으나, 의리에 있어서 무슨 손상이 있겠는가. 그런데도 『奉天靖難記』에서는 매번 長陵(明成祖의 廟號)이 올린 〈闕下書〉와 〈宣諭臣民書〉를 기재하면서 말하기를, "짐은 太祖高皇帝와 孝慈高皇后의 嫡子이다." 하면서 考妣를 반드시 아울러 거론하여 반란을 일으킨 사실을 숨기려고 하였으나, 그 자취가 더욱더 드러나게 되었다. 『南京太常寺志』는 모두 40권이며, 嘉善大夫 沈若霖이 編하였다.133)

――――――――――

133) 〈『南京太常寺志』跋〉, "曩海寧談遷孺木, 館於膠州高閣老弘圖邸舍. 閣老導之借故册府書縱觀, 因成『國権』一部. 掇其遺爲『棗林雜俎』, 中述孝慈高皇後無子, 不獨長陵爲高麗碩妃所出, 而懿文太子及秦, 晉二王, 皆李淑妃産也. 聞者爭以爲駁. 史局初設, 彝尊嘗以是質諸總裁前輩, 總裁謂宜仍『實錄』之舊. 今觀天啓三年『南京太常寺志』, 大書孝陵殿宇, 中設高皇帝後主, 左配生子妃五人, 右祗碩妃一人, 事足徵信. 然則『實錄』出於史臣之曲筆, 不足從也. 漢之文帝, 自言朕高皇帝側室之子. 於義何傷? 而『奉天靖難記』, 每載長陵上闕下書, 及宣諭臣民曰: "朕太祖高皇帝, 孝慈高皇後嫡子." 考妣必並擧. 壺漿欲掩, 而跡反露矣. 『志』凡四十卷, 嘉善沈若霖編."(朱彝尊, 「跋」, 『曝書亭全集』 권44); (『曝書亭全集』, 2009, 490~491면).

주이준은 명말청초 유민이자 역사가인 談遷(1593~1657)이 저술한『棗林雜俎』134)의 글을 읽고 조선 여성 궁비에 대한 왜곡을 바로잡고자 하였다. 많은 사람들이 실록과 달리 담천이 孝慈高皇后가 자식이 없다고 한 글을 읽고 믿지 않았지만 주이준은 오히려 많은 증거물로 왜곡된 사실을 바로잡고자 하였다. 주이준은 묘호에 가서 제사를 맡아 보던 沈若霖135)이 직접 보고 기록한 글로써 고증하기도 하였는데 실록에 기록된 明成祖의 생모가 孝慈高皇后로 되어 있는 것이 잘못된 것임을 피력하고 있다. 이일을 두고 주이준이 한림원에서『명사』를 편찬할 때 總裁官과 선배들에게 물어 본 일이 있었으나 당시 선배들이 실록에 기술되어 있는 대로 따르라고 하였다. 그러나 후에 주이준은 개인적으로 저술을 하면서 여러 자료들을 찾아 고증 작업을 거쳤는데 오늘날까지 주이준의 고증이 신빙성을 가지고 있다.

『명사』,「후비열전」의 편찬을 맡았던 모기령은 기타 문헌들을 부정하고 실록에 기술되어 있는 대로 따랐다. 내용은 "고황후 마씨가 의문태자 標, 秦王樉, 晉王棡, 文皇帝, 周王橚, 寧國, 安慶 두 공주를 낳았다. 마 황후가 막 성조를 낳았을 때 龍이 寢殿에 나타난 꿈을 꾼 적이 있었고 또 도적을 만났을 때 성조가 말을 가지고 와서 마 황후를 부축하여 말에 태우고 굴레를 잡으므로 도적이 성조를 보고 피해 달아나는 꿈을 꾼 적이 있었다. 이런 까닭에 마 황후가 성조를 가장 사랑해 오다가 태조가 태자의 유약함을 싫게 여기자, 마 황후가 비로소 그 꿈 이야기를 해 주었는데, 그 뒤에 마침내 靖難의 功을 이루게 되었다."136)는 내용이다.

당시 이러한 사관들의 편협한 태도를 부정한 주이준은 후일에 이에 대

---

134) 談遷,『棗林雜俎』義集「彤管」,〈孝慈高皇后無子〉(淸鈔本); 談遷,『棗林雜俎』, 上海 : 國學扶輪社(線裝本), 1911; 談遷,『棗林雜俎』, 中華書局, 2006, 268~269면.

135) 沈玄華는 자가 鎣伯이며 浙江 嘉興 사람으로 1562(嘉靖 41) 進士에 합격하여 벼슬이 南京大理寺卿 에 이르렀다.(『秀水志』).

136) 萬斯同,『明史』권150(淸鈔本)에는「列傳」1,〈后妃上〉과「列傳」2,〈后妃下〉로 나누어 明나라 后妃들을 기술하고 있다.

한 고증을 거쳐 문학이라는 방식으로 반론을 편 것이다. 주이준은 담천의 『조림잡조』의 기록과 『南京太常寺志』의 기록이 사실과 부합된다고 생각하였다. 담천는 황실 후궁에 대한 기록 책자를 근거로 삼았던 것으로 보인다. 영락제를 낳았다고 하는 孝慈高皇后가 회임한 적이 없다고 적혀 있는 것이다. 그리고 측실인 조선 여성 碩妃가 명성조 외의 다른 왕자들도 낳았다고 한다. 孝慈高皇后의 적자로 懿文太子와 秦王과 晉王도 차례로 설정해 놓은 것도 거짓이라고 하였는데 이들은 李淑妃가 낳았기 때문이다. 주이준은 『南京太常寺志』에 적은 "孝陵(명태조의 묘호)과 高皇后가 主이고, 左配는 자식을 낳은 妃 5인이며, 右配는 碩妃 1인이다"에서 그 근거를 찾아 오른쪽 1위에 세워진 공비가 成祖文皇帝 모친이라고 고증하였다. 그리고 황권을 찬탈하여 그 정당성을 세우려고 측실에서 낳은 庶子가 아닌 嫡子로 재차 거론하는 등 명 성조에 대해 주이준은 한나라 문제와 비교하면서 이를 숨기려하니 오히려 더 드러난다고 꼬집고 있다.

　『조림잡조』는 그가 만년에 長江 너머에 있는 북쪽 지방의 장서가로부터 빌려 고향에서 전사한 책이다.[137] 이 책을 얻어 전사하는 과정에서 또 다시 한번 영락제의 생모 碩妃에 대한 고증의 글이 나오자 주이준은 그의 만년의 저술에서 북경에서 가졌던 의구심에 더욱 확고한 판단을 내려 영락제의 모친은 고려의 여인 碩妃임을 증명하였다. 『명사』를 편찬하던 당시 중국 사관들은 중국 황실로 온 조선 여성이 황자를 생산하였음에도 자국의 이익에 부합되지 않았기에 이를 실록에서 숨기고 기록하지 않았다. 그러나 주이준은 고증을 거쳐 사실을 밝히고자 하였다.

　위와 같이 모기령, 우통, 주이준, 왕사정과 진유숭 등 당대 한림학사이자 문단의 대가들이 조선 여성 및 그들의 문학에 높은 관심을 보였다. 이들은 적극적으로 조선 여성의 작품을 수록하고 또 이를 형상화하여 노래하였으

---

137) 鄧實編, 「竹垞老人晚年手牘」, 『叢書集成續編本』; 『曝書亭集全集』, 2009, 1005~1006면.

며 문학작품에 비평을 남겼다. 그리고 궁사 창작에 크게 영향을 끼친 조선 후궁 권비와 궁비의 존재 또한 적극적으로 부각시키고 있다. 후궁 인물 중 궁비가 영락제 모친이라는 사실은 중국의 이익에 부합하지 않았으므로 많은 사관들은 실록의 기록을 관행으로 따랐다. 그러나 주이준이 이를 자신의 저술에서 고증함으로써 고려 궁비의 존재가 드러난 것이다.

이렇듯 17세기 강희 문단에서 일어난 일련의 조선 여성에 대한 조망은 문예가로서 조선 여성의 국제적 위상을 확립시켰으며, 한편으로 황실 여인으로서의 존재를 증명하게 해 주었다. 이러한 현상은 강희 연간 서책이 18세기 조선으로 유입되면서 조선 문인으로 하여금 조선후기 후궁으로 간 자국 여성들에도 관심을 불러 일으켰다. 이러한 자극은 조선 문인들에게 "중국 皇室로 간 여인을 노래한 宮詞"를 짓는 등 궁사 창작에 적지 않은 영향을 미쳤다.138) 이는 당시 기피하던 숨기던 역사적 일면이 '궁사' 작품을 통해 다시 부각 되었다는 점에서도 주목할 만한 일이기도 하다.

3. 禮樂과 古歌謠

1) 高麗 禮樂의 尊崇

고려의 음악, 예술은 강희 연간 한림학사들에게 매우 큰 자극을 준 것으로 보인다. 강희 연간은 청의 지배가 안정기에 들어서면서 청의 문화와 풍속도 차츰 중국의 전통문화와 풍속을 바꿔 놓고 있었다. 그 대표적 예가 머리모양과 의복을 들 수 있다. 한족 고유의 전통이 사라져 가고 있던 이 시대, 한족 사대부들은 한국 문헌에서 잃어버린 자신들의 옛것을 찾고자 하였다. 왕사정은 청나라에서 찾아 볼 수 없는 중국의 유풍이 고려 예악에

---

138) 이종묵, 앞의 논문, 2011.

제도로서 남아 있다고 하면서 이를 적극적으로 저술에서 소개하고 있다. 사라져 가는 중국 전통 풍속을 되돌아보면서 자국 상황과 대비하여 관심을 기울이게 되었던 것이다. 먼저 왕사정의 『居易錄』에 기록한 〈王母隊〉의 歌舞에 대한 소개를 보기로 한다.

> 王建의 宮詞에 "매번 舞頭가 양쪽을 향해 나누어질 때면, '태평만세' 글자가 그 가운데에 있다.(每遍舞頭分兩向, 太平萬歲字當中)"라 하였는데, 지금 외국에 그런 제도가 남아 있다. 鄭麟趾가 지은 『高麗史』에 이르기를, "敎坊의 女弟子가 〈왕모대〉를 연주하며 노래하고 춤을 출 때, 〈王母隊〉의 歌舞를 연주할 때 55명이 한 팀을 구성하여 춤을 추면서 네 글자를 만든다. 혹 '君王萬歲'라고도 하고, 혹 '天下太平'이라고도 한다. 이것이 그 遺音이 남아 있다는 뜻이다.139)

왕사정은 『고려사』에 기록된 고려의 명절 풍속 가무를 거론하며 당나라 왕건이 지은 〈궁사〉의 흔적이 고려의 가무에 남아 있다고 하였다. 고려시대 敎坊에서 女弟子들이 〈王母隊〉를 연주하며 노래하고 춤을 출 때 "君王萬歲'나 '天下太平'네 글자 만들어 보이는 것이 〈궁사〉와 닮은 점이 있음을 지적한 것이다.

『고려사』에는 「악지」란 편목을 따로 두어 예악을 기록하고 있는데 일반적으로 樂이란 風化를 수립하고 공덕을 상징하는 데 필요한 것이다. 고려 태조가 국가를 창건하였으며 성종이 교사(郊社 - 하늘과 땅을 대상으로 삼은 제사)를 세웠고 친히 禘祫를 지낸 후로부터 나라의 文物 제도가 비로소 갖추어졌다. 그러나 여기에 관한 문헌들이 보존되어 있지 않으므로 고증할

---

139) 〈王建宮詞跋〉, "王建『宮詞』: '每遍舞頭分兩向, 太平萬歲字當中.' 今外國猶傳其制. 鄭麟趾『高麗史』云: "敎坊女弟子奏〈王母隊歌舞〉, 一隊五十五人, 舞成四字, 或〈君王萬歲〉或〈天下太平〉, 此其遺意也."(王士禎, 『居易錄』권8). 이 문장은 1695년(강희34) 62세 때 『蠶尾集』 10권을 저술하면서도 기록으로 남겼다.(王士禎, 「蠶尾文」7, 『帶經堂集』권71)(康熙五十年程哲七略書堂刻本)(『王士禎全集』三, 1906면).

수 없게 되었다. 예종 때에 송나라에서 新樂을 선물로 보내 왔고 大晟樂도 선물로 보내 왔으며 공민왕 때에는 명 태조가 특별히 雅樂을 선사하였으므로 조정과 태묘에서 사용하였다. 또한 唐樂과 삼국시대의 음악 및 당시의 俗樂도 섞어서 썼다. 그러나 병란으로 인하여 鍾, 磬은 흩어져 없어졌으며 속악은 가사가 비속한 것이 많으므로 그 중에 심한 것은 다만 노래 이름과 가사의 대의만 기록하고 이것들을 아악, 당악, 속악으로 분류하여 악지를 만들었다.140)

『고려사』의 「악지」에는 조정과 태묘에서 사용한 唐樂과 雅樂이 고려로 전해진 유래가 설명되어 있다. 내용에는 樂이란 風化를 수립하고 공덕을 상징하는 데 필요한 것이라고 하면서 예종 때에 송나라에서 新樂을 선물로 보내 왔고 大晟樂도 선물로 보내 왔으며 공민왕 때에는 명 태조가 특별히 雅樂을 선사하였으므로 조정과 태묘에서 사용하였다고 하였다. 또한 唐樂과 삼국 시대의 음악 및 당시의 俗樂도 섞어서 사용하였는데 병란으로 인하여 鍾, 磬은 흩어져 없어졌으며 속악은 가사가 비속한 것이 많으므로 그 중에 심한 것은 다만 노래 이름과 가사의 대의만 기록하고 이것들을 아악, 당악, 속악으로 분류하여 악지를 만들었다고 기록하고 있다. 고려시대 궁중음악에는 당악을 비롯한 중국의 고대 음악과 고려 음악이 섞여 있었다. 이렇듯 고려의 예악은 옛날 중국의 당악, 아악 등이 전해져 유음으로 남아 있었다. 이러한 예악의 유음과 고려의 이채로운 음악에 강희 연간 한림학사들은 尊崇을 표명했다.

주이준 또한 고려에서 연주된 「九張機」에 대해 흥미를 가지고 청나라에

140) "夫'樂'者所以樹風化象功德者也. 高麗太祖草創大業, 而成宗立郊社躬禘祫自後, 文物始備. 而典籍不存, 未有所考也. 睿宗朝, 宋賜新樂, 又賜大晟樂, 恭湣時太祖皇帝, 特賜雅樂, 遂用之於朝廟. 又雜用唐樂及三國與當時俗樂, 然因兵亂鍾磬散失俗樂, 則語多鄙俚其甚者但記其歌名與作歌之意, 類分雅樂唐樂俗樂作樂志止雅樂止."(鄭麟趾, 『高麗史』 권70, 「志」 24 〈樂〉1)(明景泰二年朝鮮活字本)(鄭麟趾,『高麗史』, 한국학문헌연구소 영인본, 아세아문화사, 1972;『高麗史』 내용의 번역은 1998년 북한사회과학원 역주 참조).

서 잃어버린 禮가 고려에 남아 있다고 생각하였다.

　　吳興 陳伯玉『書錄解題』에 曾端 伯愷가 편찬한『樂府雅詞』12권과『拾
遺』2권을 실었다. 나는 장서가를 방문하였으나 얻질 못했다. 이에 上元焦氏
로부터 베꼈는데 겨우 上·中·下 3권과『拾遺』2권뿐이었다. 그 自序에 '調
笑'(詞曲의 이름) 絶句를 첫머리로 삼았는데, 거기에 '궁궐에서 전해 나온 것
이다.(九重轉出)'라고 하였으니, 이는「大晟樂」의 遺音이다. 그러나 轉踏(舞
曲의 일종)의 뜻은『碧溪漫志』에도 상세하지 못하고,「九張機詞」만 조금 나
온다. 그런데『高麗史』「樂志」에 보니 "文宗 27년 11월에 교방의 여 제자 楚
英이 새로 전한「九張機」를 연주하였는데, 제자 10명이 연주하였다."「九張
機」에 대한 節度가 여기에 갖춰져 있으니, 이른바 禮를 잃어버리면 오랑캐에
게서 그 禮를 찾는다는 말이다.[141]

　　주이준은『고려사』「악지」〈用俗樂節度〉조를 읽고는 송나라 때의 궁중
음악이던「大晟樂」[142]의 유음인「九張機」가 고려에 남아 있음을 알게 되
었다. 일찍이 詞에 관심이 많았던 주이준은 吳興 陳伯玉의『書錄解題』를
얻으려 장서가를 방문하였으나 얻질 못했다. 이 책에는 曾端 伯愷가 편찬
한『樂府雅詞』12권과『拾遺』2권이 실려 있어 악부와 아, 사 등에 대한
내용이 풍부히 담겨져 있었기 때문이다. 후에 주이준은 上元焦氏로부터 이

---

141)〈樂府雅詞跋〉, "吳興陳伯玉『書錄解題』, 載曾端伯所編『樂府雅詞』十二卷,
　　『拾遺』二卷. 予從藏書家徧訪之, 未獲也. 旣而抄自上元焦氏, 則僅上中下三卷
　　及『拾遺』二卷而已. 繹其自序, 稱三十有四家, 合三卷. 詞人止有此數, 信爲足
　　本無疑. 卷首冠以〈調笑絶句〉云: "是九重傳出", 此大晟樂之遺音矣. 轉踏之義,
　　『碧雞漫志』, 所未詳.〈九張機〉詞僅見于此, 而『高麗史』「樂志」, "文宗二十七
　　年十一月, 敎坊女弟子楚英奏新傳〈九張機〉, 用弟子十人."則其節度猶具, 所謂
　　禮失而求諸野也."(朱彝尊,『曝書亭集』권43).
142) 勁茵,「北宋徽宗朝大晟樂制作與頒行考議」,『中山大學學報(社會科學版)』2
　　期, 2010, 100~112면; 宮宏宇,「韓國及歐美學者對流傳在韓國的古代中國音樂
　　的研究」,『中國音樂學』3期, 2002, 93~104면; 손태룡,「『朝鮮王朝實錄』의 문헌
　　적 고찰 －『주례도』,『예서』,『대성악서』,『대성악보』를 중심으로」, 민족음악
　　학회,〈음악과 민족〉22집, 2001, 196~216면.

책을 얻었는데 上, 中, 下로 된 『악부아사』3권과 『습유』2권만 있었다고
한다. 이 책을 베껴 쓰면서 주이준은 서문에서 기록한 사곡에 대해 의문점
을 가지고 있었다. 왜냐하면 청대에 이미 이 사곡이 사라지고 없었기 때문
이다.

주이준은 「九張機」에 대해 '궁궐에서 전해 나온 것이다(九重轉出)'고 한
글을 통해 「大晟樂」의 遺音임을 확인했으나 王灼의 『碧溪漫志』에도 「九
張機詞」가 조금 나올 뿐이었기에 의문을 해결하지 못하였다. 그 후 『고려
사』「낙지」에서 楚英이 「구장기」를 새로 전하였는데 제자 10명이 그 곡을
연주하였다는 기술을 보고 「구장기」 사곡이 중국에서는 없어 졌지만 고려
에 남아있었음을 알았다. 이에 주이준은 『漢書·藝文志』에서 "공자는 말하
기를, "예가 없어지면 들에서 구한다(禮失而求諸野)."를 인용하여 조선을
禮를 갖춘 나라라고 칭송하였다.[143]

위에서 살펴본 바와 같이 왕사정이 관심을 가진 '君王萬歲'와 '天下太
平' 춤사위와 대성악, 당악, 그리고 주이준이 관심을 가지고 고증한 〈구장
기〉 등은 송나라에서 전해진 유음이었다. 그러나 중국에서는 서책에서도
그 전체 면모를 찾아 볼 수 없을 정도로 이미 사라져 버린 것이다. 그래서
특히 17세기 악부와 사가 발전하여 오던 중국 문단에서 고려에 남아 있던
유음은 더욱 큰 관심의 대상이었다. 전통시대 禮와 樂은 文과 함께 문명의
상징이었다.[144] 따라서 청 문인들은 조선의 예악을 존숭하고 조선을 예와

---

143) 〈구장기〉와 같이 고려에 남아 있는 예술로 송나라 때 행해지던 〈柘枝舞〉도 있었
    는데 이에 대해서는 청대 문인들이 고찰하지 못한 것으로 보인다. 왕사정은 송나
    라 沈括이 지은 『夢溪筆談』에서 기록한 〈柘枝舞〉에 대한 글을 빌어 자신의 저
    술에 〈柘枝舞〉를 소개하고 있는데 宋 나라 때 寇準이 〈柘枝舞〉를 좋아하여 손
    들을 모아 놓고 매양 진종일 〈柘枝舞〉를 추었으므로 당시 사람들이 이를 〈柘枝
    顚〉이라 하였다고 그 유래를 소개하고 있을 뿐이다. 이것으로 보아 왕사정은
    〈柘枝舞〉에 대해서도 관심이 있었으나 고려에서 행해지던 이 가무에 대해서는
    고증을 하지는 못했던 듯하다.

144) 『漢書』권22, 「礼樂志」.

악을 갖춘 문명의 나라로 인식하게 되었다.

2) 新羅 歌舞와 高麗 歌謠에 대한 관심

17세기 청 문단의 한림학사들은 조선에서 별로 관심을 가지지 않은 고려시대 음악, 예술뿐만 아니라 신라의 풍속과 신라의 독창적인 음악, 예술 세계에 더욱 큰 관심을 가졌다. 신라의 음악, 예술에 대해서는 조선 전기에 활동한 문인이자 학자인 金宗直(1431~1492)이 조선 성종 때 경주를 중심으로 연행되던 가무를 『東都樂府』에 재현해내었기에 현재까지 전하여 내려온다. 이 책에는 〈會蘇曲〉, 〈黃昌郞〉, 〈憂息曲〉, 〈鵄述嶺〉, 〈怛忉歌〉, 〈陽山歌〉, 〈碓樂〉 등이 실려 있다. 〈黃昌郞〉과 〈會蘇曲〉은 신라가요로 가사는 전하지 않고 그 유래만 전하는 것을 김종직이 악부체 한시로 지어 『東都樂府』에 실었다.

신라의 〈黃昌郞〉과 〈會蘇曲〉이 중국에 알려지게 된 것은 명말 남방위의 『조선시선』에서이다. 다음 전겸익이 다시 김종직의 작품을 『열조시집』에 넣었다. 그 후 주이준은 『명시종』을 편찬할 때 『열조시집』을 참조하였지만 김종직의 작품으로 실린 〈黃昌郞〉과 〈會蘇曲〉은 가져 오지 않았다. 이는 주이준이 생각하기에 이들 작품은 신라의 가요였기 때문으로 분석된다.[145] 김종직의 위 악부체 한시는 『명시종』 이후에 나온 『어제명조시』 「악부가행」에 편찬되어 들어갔다.[146]

신라의 〈회소곡〉과 〈황창랑〉은 중국 청 문단의 문인들에게 매우 신선하게 다가간 것으로 보이는데 우통이 지은 「조선죽지사」에서 이를 확인할 수 있다. 당시 강회 문단에서 악부의 대가로 이름 높은 우통은 신라와 고

---

145) 朱彛尊은 『明詩綜』에서 한시 작품 〈佛國寺〉 한 작품만 싣고 있는데 이 작품은 『朝鮮採風錄』에서 전사하였다. 『朝鮮詩選』과 『列朝詩集』에는 〈佛國寺〉가 〈佛圖寺〉로 잘못 되어 있다.

146) 張豫章, 「樂府歌行」 12, 『明詩』 권15(『四朝詩』).

려 시대의 가요를 보고 이를 형상화하여 노래하였다.[147]

> 어린 아이 여덟 살, 호는 황창
> 칼춤으로 능히 백제왕을 베었네.
> 다시 가배의 회소곡을 부르며
> 아침부터 길쌈하여 대바구니 가득하네.
> 小兒八歲號黃昌, 舞劒能誅百濟王.
> 更唱嘉俳會蘇曲, 朝來蠶績已盈筐.
> 尤侗,「朝鮮竹枝詞」(『外國竹枝詞』)

주석: 신라국의 黃昌郎이 8세에 그의 임금을 위하여 百濟로 가서 저자에서 칼춤을 추었다. 백제왕이 그를 불러 궁중에서 춤추게 하였는데, 이를 틈타서 칼로 백제왕을 찔러 죽였다. 7월 보름에 신라왕이 王女로 하여금 六部의 여자들을 거느리고 넓은 뜰에서 길쌈을 시작하여 8월 보름에 그들의 공적을 비교하였다. 진 쪽이 주연을 벌이고 함께 노래하고 춤추었는데, 이를 嘉俳라 한다. 한 여자가 일어나 會蘇의 노래로 춤을 추었다. 그 뒤에 조선이 신라를 무너뜨렸는데 황창랑과 회소 두 곡을 만들었다.[148]

우통은 신라 백제왕을 벤 황창의 이야기를 시로 노래하면서 2구에서 신라 시대로부터 연행된 검무를 언급하고 있다. 3구에서는 펼쳐진 〈황창무〉와 함께 〈회소곡〉을 소개하고 있는데 〈회소곡〉은 『삼국사기』에 그 유래가 전하고 있다고 金宗直이 『東都樂府』에서 소개한 바 있다. 「조선죽지사」의 주석에서 조선이 신라를 무너뜨리고 황창랑과 회소 두 곡을 만들었다고 하였는데 고려를 조선으로 쓰는 등 오류도 발견된다. 이에 박지원이 북경에 가서

---

147) 尤侗이 「朝鮮竹枝詞」를 지은 배경은 졸고,「尤侗의 「朝鮮竹枝詞」에 대하여」, 『韓國漢文學硏究』, 48집, 韓國漢文學會, 2011, 224~230면을 참조 바란다.
148) "新羅國黃昌郎八歲, 爲王往百濟舞劒於市, 王召入宮令舞, 因刺殺之. 七月望日, 王使王女率六部女子績於廣庭. 七月望日, 乃考其工. 負者設酒相與歌舞, 謂之嘉俳. 一女起舞爲會蘇之歌. 後朝鮮破新羅, 擬爲〈黃昌郎〉, 〈會蘇〉二曲."(尤侗,「朝鮮竹枝詞」, 『外國竹枝詞』).

奇麗川, 尹亨山 등과 만나 필담을 할 당시 張潮의 『昭代叢書』에서 우통의 「조선죽지사」를 뽑아 함께 이야기를 나눌 때 이에 대해 변설을 한바 있다.

> 그의 注에 이르기를 조선이 신라를 깨뜨렸다는 것은 더욱 그릇된 말입니다. 우리나라는 고려를 이었고, 고려는 신라를 이었으니 어찌 5백 년 앞의 신라를 깨칠 수 있겠습니까.[149]

박지원은 고려의 역사 시기를 따지지 않고 조선이라고 주를 달아 놓은 잘못된 내용을 지적하자 이러한 오류에 대해 윤형산은 우통의 「조선죽지사」는 가작이라고는 할 수는 없겠지만 조선을 극히 찬미해서 지은 노래라고 대변해 주고 있다.[150] 〈황창랑〉과 〈회소곡〉 두 곡이 지어진 내력이 서로 다른 것에 대해서 박지원은 따로 변증을 하지 않고 있다. 〈회소곡〉은 신라 때부터 불러지던 노래였고, 〈황창랑〉은 고려가 신라를 격파하고 나서 지은 것이라고 하니 고려가요라고 할 수 있는데, 이에 대한 변론은 없다. 두 곡이 모두 신라 사람과 그 풍속에 관한 것을 노래하고 있는 까닭에 우통이 이를 신라 가요로 인식하게 된 것으로 보인다.

> 儒理王 9년에 六部의 이름을 정하고 둘로 갈라 왕녀 두 사람으로 하여금 각기 部內의 여자들을 거느리고 패를 나누어 7월 보름날부터 매일 일찍 大部의 뜰에 모여 績麻를 하여 깊은 밤에 파하게 하고 8월 보름날에 이르러 그 일한 것의 많고 적음을 비교하여 진편에서 술과 음식을 내어 이긴 편에게 사례하기로 하니, 그 때에 노래와 춤과 놀이를 다 하는데, 그것을 ‘嘉俳’라 이른다. 그 때 진편의 한 여자가 일어나 춤추며 탄식하되 “회소, 회소”라 하니 그 소리가 애처롭고 아담했다. 뒷사람이 그 소리를 본떠 노래를 지으니, 그 이름이 ‘회소곡’이다.[151]

---

149) “註云朝鮮破新羅尤謬, 敝邦承高麗, 高麗承新羅, 則安得破五百年前新羅.”(朴趾源, 「避暑錄」, 『熱河日記』).
150) “此錯綜言東方三國時, 非專指貴國, 其曰, 傳家遠者, 槪論國號朝鮮, 肇自箕聖, 所以贊美貴國之極致, 大約此非佳作(…).”(朴趾源, 「避暑錄」, 『熱河日記』).

신라에서는 7월 보름날부터 8월 보름날까지 베 짜기 시합을 벌였다. 이 때 서로 승부를 가리고 술과 음식을 내고 노래와 춤으로 즐긴다. 당시 이 풍속에서 유래되어 '회소곡'이 나왔는데 "가배"놀이와 "줄다리기"놀이도 신라에서 행하던 8월 보름의 풍속이었다. 이 놀이에서 진쪽이 내는 아담한 소리 회소를 본떠 지은 노래가 바로 〈회소곡〉인 것이다. 우통이 함께 형상화 하여 지은 〈황창랑〉곡은 위 〈회소곡〉의 유래와 아무런 연관이 없는 것이다. 다음 〈황창랑〉이 지어진 배경을 보면 다음과 같다.

황창랑은 어느 시대 사람인지 알 수 없다. 세속에 전하는 말에 의하면, 8세 童子가 신라왕을 위하여 백제에 원수를 갚으려고 백제의 시장에 가서 칼춤을 추자, 그것을 구경하는 시장 사람들이 담장처럼 둘러쌌다. 백제왕이 그 말을 듣고는 그를 궁궐로 불러들여 춤을 추게 하였는데, 창랑이 그 자리에서 백제왕을 찔러 죽였다 한다. 그리하여 후세에 假面을 만들어 그를 상징해서 處容舞와 함께 베푸는데, 史傳에 상고해보면 전혀 증거 될 만한 것이 없다. 그런데 雙梅堂은 말하기를 "이는 昌郎이 아니라 곧 官昌이 와전된 것이다." 하며, 辨을 지어 변론하였다. 그러나 그 또한 臆說이므로 믿을 수가 없다. 지금 그 춤을 보면, 주선하며 이리저리 돌아보고 언뜻언뜻 변하는 것이 지금도 늠름하여 마치 생기가 있는 듯하고, 또 그 절주[節]는 있으나 그 詞가 없으므로 아울러 賦하는 바이다.[152]

---

151) 〈會蘇曲〉, "儒理王九年, 定六部號, 中分爲二, 使王女二人, 各率部內女子分朋. 自七月望, 每日, 早集大部之庭績麻, 乙夜而罷, 至八月望, 考其功之多少, 負者置酒食, 以謝勝者. 於是, 歌舞百戲皆作, 謂之〈嘉徘〉. 是時, 負家一女子起舞, 嘆曰: '會蘇會蘇', 其音哀雅, 後人因其聲作歌, 名〈會蘇曲〉. 會蘇曲會蘇曲, 西風吹廣庭, 明月滿華屋, 王姬壓坐理繅車, 六部女兒多如簇, 爾筥旣盈我筐空, 釃酒揶揄笑相謔, 一婦嘆千室勸, 坐令四方勤杼柚, 嘉徘縱失閨中儀, 猶勝跋河爭嘻嘻."(金宗直,「東都樂府」,『佔畢齋集』권3).

152) 〈黃昌郎〉, "黃昌郎, 不知何代人. 諺相傳, 八歲童子, 爲新羅王, 謀釋憾於百濟, 往百濟市, 以釰舞, 市人觀者如堵牆, 百濟王聞之, 召入宮令舞, 昌郎於座, 揕王殺之. 後世, 作假面以像之, 與處容舞並陳, 考之史傳, 絶無左驗. 雙梅堂云: '非清(昌의 잘못인 듯)郎, 乃官昌之訛也.' 作辨以辨(下)之, 然亦臆說, 不可信. 今觀其舞, 周旋顧眄, 變轉倏忽, 至今凜凜猶有生氣, 且有其節, 而無其詞, 故并賦

　　김종직은 사서에 근거하여 황창랑의 연원을 찾으려 하였으나 찾을 수 없다고 하면서 후세에 〈황창랑〉과 〈처용무〉가 함께 가면극으로 베풀어졌다고 하고 있다. 이렇듯 서로 다른 창작 배경을 가지고 있는 가요를 우통은 한 작품에서 죽지사로 형상화하였다. 조선문화의 독자성은 우통뿐만 아니라 그의 동료들인 한림학사들에게도 공동적으로 나타나는 인식이었다.153) 모기령과 왕사정은 우통이 노래한 「조선죽지사」에 다음과 같이 평문을 남기고 있다. 모기령은 "생각지도 못했네. 변방에 있는 신라에 이처럼 아름다운 노래가 있을 줄은."라고 하였고, 왕사정은 "모두 이채롭다!"154)고 하였다. 이와 같이 신라시대 연행되던 독창적인 가요는 그 이채로움으로 강희 연간 한림학사들의 찬탄을 받았다. 이는 조선문화의 독자성을 인식한 청 문단의 문인들이 신라 가요를 통해 가진 보편적 인식이라고 생각된다.

　　이상에서 살펴본 신라의 가요와 가무 외에 청 문인들은 고려의 가요에도 관심이 높았다. 그 대표적 예로 왕사정의 저술 『居易錄』에 기록한 고려 음악에 대한 비평에서 잘 드러난다. 왕사정은 "『高麗史』에 '郊廟朝會' 할 때, 唐樂, 晟樂, 雅樂이 있는데 또 <u>俗樂은 자못 새롭다</u>"155)라고 하면서 중국에서는 찾아볼 수 없는 고려 가요에서 민요의 낯설고 새로운(新異)것을 발견한 것이다. 한편 왕사정은 고려 俗樂으로 분류된 고려가요를 중국 문단에 알리고자 하는 마음으로 『高麗史』에서 그 歌名들을 찾아 일일이 『居易錄』에 소개하고 있는데 〈動動〉, 〈西京〉, 〈大同江〉, 〈鄭瓜亭〉, 〈翰林別曲〉 등 유래가 담긴 고려 가요와 이제현의 악부시 그리고 신라, 백제, 고구려 삼국 등을 포함하여 역대 한국의 음악을 소개하였다.

　　云."(金宗直, 「東都樂府」, 『佔畢齋集』 권3)(한국문집총간: 12, 227면).

153) 졸고, 앞의 논문, 2011, 240~243면 참조.

154) "毛大可云, 不意! 婆羅, 塞上之外, 有此艷詞; 王云, 都成異彩!"(尤侗, 「朝鮮竹枝詞」, 『外國竹枝詞』).

155) "『高麗史』郊廟朝會, 雜用唐樂, 宋大晟樂, 明雅樂, <u>又有俗樂. 俗樂之名頗有新異</u>."(王士禎, 『居易錄』) (奎章閣本, 文淵閣 『四庫全書』본과 『王士禎全集』五, 2007).

〈표 2〉『居易錄』 수록 한국 고가요

순번	제목	소개한 내용
1	舞鼓	侍中李混謫寧海, 得海上浮査, 制爲舞鼓, 其聲宏壯.
2	動動	其詞效仙語而爲之.
3	無류	出自西域, 歌詞多用佛語.
4	西京	西京卽箕子始封地, 其民習於禮讓, 作此歌.
5	大同江	殷太師箕子封於朝鮮, 施八條之教, 以興禮俗, 人民大悅, 以大同江比黃河, 永明嶺比崧山, 頌禱其君也.
6	五冠山	孝子李文忠所作. 李齊賢詩曰: "木頭雕作小唐雞, 筋子拈來壁上棲. 此鳥膠膠報時節, 慈顏始似日平西."
7	楊州	楊州卽高麗漢陽, 府地繁華, 男女方春好遊, 相樂而歌之也.
8	月精花	晉州妓名. 司錄魏齊萬惑之, 裏人刺之而作.
9	長湍	僞太祖王建巡省民風, 補助不給, 民思其德, 久而不忘.
10	伐穀鳥	伐穀鳥, 鳥之善鳴者也. 僞睿宗廣開言路, 作此歌以諭羣下也.
	金剛城	僞顯宗收復開京, 築羅城, 國人喜而歌之.
11	長生浦	侍中柳濯出鎭金羅, 有威惠, 倭寇長生浦, 濯赴援, 倭望見卽引去, 軍士悅而作歌.
12	叢石亭	奇轍所作. 轍, 元後之弟, 東還至江陵, 登此亭臨望大海, 感四仙之跡, 作是歌.
13	處容	新羅憲康王遊鶴城, 還至開云浦, 有一人奇形詭服, 從入京, 自號處容, 每月夜輒歌於, 市以爲神人. 李齊賢詩: "新羅當日處容翁, 見說來從碧海中. 貝齒頳唇歌夜月, 鳶肩紫袖舞春風.
14	沙裏花	賦役繁重, 託言黃鳥啄粟以怨之. 李齊賢詩: "黃雀何妨(이제현의 『益齋亂藁』에는 '妨'이 '方'으로 되어 있음)來去飛, 一年農事不曾知. 鰥翁獨自耕耘(全集: 芸)了, 耗盡田中禾黍爲."
15	長嚴	長嚴老人譏平章事杜英哲而作.
16	安東	紫青婦人一失其身, 人所賤惡, 故作此歌, 以絲之紅綠靑白反覆比之.
17	濟危寶	婦人以罪徒役至濟危寶, 恨其手爲人所執, 作是歌以自怨. 李齊賢詩: "浣沙溪上傍垂楊, 執手論心白馬郞. 縱有連簷三月雨, 指頭何忍洗餘香."
18	冬栢木	蔡洪哲流遠島作此歌, 王聞之卽日召還
19	寒松亭	世傳此歌書於瑟底, 流至江南. 國人張晉公奉使江南, 江南人問之, 張作詩解之曰: "月白寒松夜, 波平鏡浦秋. 哀鳴來又去, 有信一沙鷗."
20	禮成江	唐商賀頭綱善棋, 至禮成江, 見一美婦人, 乃與其夫賭棋, 佯不

순번	제목	소개한 내용
		勝, 輸物倍, 夫利之, 果以妻注, 一擧勝之, 舟載而去. 其夫悔恨, 作是歌也.
21	鄭瓜亭	內侍郎中鄭敍作, 已見前. 李齊賢詩: "憶君無日不霑衣, 政似春山蜀子規. 爲是爲非人莫問, 只應殘月曉星知."
22	風入(전집人)松	有辭
23	夜深詞	有辭
24	翰林別曲	元淳文 (兪), 仁老詩 (李), 公老四六 (李) 李正言陳翰林雙韻走筆, (李)奎報(萍)(陳澕). 沖基對策 (劉), 光鈞經義 (閔), 良鏡詩賦 (金), 琴學士(儀), 玉筍門生.
25	三藏, 蛇龍二歌	忠烈王狎羣小, 選官妓, 女巫有姿色者, 籍置宮中. 時人歌之, 其詞古拙, 有捉搦遺意, 錄之: "三藏寺裏點燈去, 有社主兮執吾手. 倘此言兮出寺外, 謂上座兮是汝語.""有蛇舍龍尾, 聞過太山岑. 岑人各一語, 斟酌在兩心."
26	紫霞洞	侍中蔡洪哲所作. 有辭.
신라, 백제, 고구려		
신라	東京	卽雞林府.
	木州	孝女所作
	佘那山	-
	長漢城	紀(武)功(也)
	利見臺	羅王(久)失其子得之, 築臺(相見)而歌.
백제	禪雲山	(長沙)婦人望征役而作.
	無等山	-
	方等山	長旦縣女子爲賊所掠, 而作(四庫全書本).(康熙年間本; 全集: 作此歌, 怨其夫之, 不來救也.)
	井邑	商婦望夫而作.
	智異山	求禮縣有女(康熙年間本; 全集:求禮縣人之女有資色), 居此山(康熙年間本; 全集: 家貧, 盡婦道)百濟王聞其美, 欲納之. 女不從而作(康熙年間本; 全集:女誓死不從, 作是歌).
고구려	來遠城	-
	延陽	延山府
	溟州	溟州女子與書生約爲婚(姻), 父母不欲, 女以帛書屬魚. 書生烹魚得書, 遂往諧焉.

위 표에서 확인할 수 있듯이 왕사정은 內侍郎中 鄭敍가 지었다는 〈鄭瓜亭〉을 속악으로 소개하면서 李齊賢의 소악부를 그대로 옮겨 놓고 있다. 그는 『高麗史』의 「鄭敍傳」을 바탕으로 정서에 관해 쓰고 있는데,156) 귀양

가서 거문고를 타며 부른 노래의 배경과 지어진 곡조의 이름이 후대에 전
해진 자료들도 중국 독자들에게 상세히 알리고자 하였다.

> 임금을 그리워하며 옷 적시지 않는 날 없으니
> 바로 봄산 뻐꾸기와 같아요.
> 옳고 그름을 사람들이여 묻지 마오
> 오직 새벽달과 별이 알거예요.[157]
> 憶君無日不霑衣, 政似春山蜀子規.
> 爲是爲非人莫問, 只應殘月曉星知.[158]
> 鄭敍, 「鄭瓜亭」(『居易錄』)

〈鄭瓜亭〉은 조선 장악원에서 치르는 시험의 지정 곡목이었다.[159] 〈정과
정〉 총 11구 중 4구의 시로 한글로 전해지는 가사는 다음과 같다.

> 내 님을 그리ᄉᆞ와 우니다니
> 山접동새 난 이슷 ᄒᆞ요이다
> 아니시며 거츠르신 들
> 아으 殘月曉星이 아ᄅᆞ시리이다[160]

---

156) 〈鄭沆;鄭敍〉,「列傳」10,『高麗史』권97.
157) 〈小樂府〉,「詩」,『益齋亂藁』권4.(한국고전번역원 DB 번역자료 참조).
158) 〈鄭瓜亭〉악부체 한시는 御選『四朝詩』「元詩」에 〈鄭瓜亭〉이란 제목으로 수록
   되어 있다. "高麗侍中李齊賢, 〈鄭瓜亭〉 '憶君無日不霑衣, 政似春山蜀子規. 爲
   是爲非人莫問, 只應殘月曉星知.'"(〈鄭瓜亭〉,「雜體」,『元詩』권86(『四朝詩』).
159) 〈取才〉, "鄕樂으로는 三眞勺譜, 與民樂-令, 與民樂-慢, 眞勺-四機, 履霜曲, 洛
   陽春, 五冠山, 紫霞洞, 動動, 保太平-11聲, 定大業-11聲, 음식을 들일 때의 음악
   (進饌樂)으로 豊安曲의 前引子와 後引子, 靖東方, 鳳凰吟-三機, 翰林別曲, 임
   금이 궁중으로 돌아갈 때의 음악(還宮樂)으로 致和平-3機, 維皇曲, 北殿滿殿春,
   醉豊亨, 井邑-2機, 鄭瓜亭-3機, 獻仙桃, 金殿樂, 納氏歌, 儒林歌, 橫殺門, 聖
   壽無疆, 步虛子로 시험을 실시한다."(『經國大典』三,「禮典」)(『經國大典』, 누
   리미디어, 2001).
160) 成俔,『樂學軌範』上-下(서울대 고문헌자료실 소장본).

鄭敍, 「정과정(鄭瓜亭)」, 『樂學軌範』.

〈鄭瓜亭〉은 고려 毅宗때 정서가 유배지인 東萊에서 임금을 사모하는 심
정을 접동새에 비유하여 지은 노래이다. 정서가 스스로 호를 瓜亭이라고
했기 때문에 후세에 이 노래를 〈정과정〉이라고 불렀다. 〈정과정〉은 한글
로 전하는 고려가요 가운데 작가를 알 수 있는 유일한 노래이다. 한국 민
요인 俗歌의 6구체 형식에서 이어 받은 것으로 보고 있는 연구도 있어 역
대 한국 민요풍을 담아낸 것으로 보인다. 이 노래를 담은 악곡은 속악에서
가장 빠른 템포인 三眞勺이며 11개 악절로 나뉘어 불렸는데 가사가 몹시
悽捥하고 이른바 "忠臣戀主之詞"라 하여 고려시대 부터 조선시대에 이르
기 까지 계속 불리어졌다. 『樂學軌範』에 실려 전해졌으며 『大樂後譜』에
곡조와 노래가 아울러 전하고 있다.[161]

〈鄭瓜亭〉의 가곡 내용은 이제현의 악부시로 중국에 전해 졌다. 그 후
『御製元詩』에 수록하기도 하였는데 御製 편찬의 시선집에 수록되었다는
점은 청 문단에서 고려 악부시의 최고 작품으로 평가한 것으로 여길 수
있을 듯하다. '님'을 임금에 비유하는 작법은 동아시아 문화 전통이다. 사
랑의 노래로 임금을 그리워하는 신하의 마음이 고스란히 담겨 있다. 왕사
정은 고려가요에 관심을 가지게 되면서 그 창작 배경에도 관심을 기울이
게 되었다. 왕사정은 관련 창작 배경에도 관심을 가지고 관련 문헌들을
찾은 것으로 보인다.

『高麗史-「鄭敍傳」』에 鄭敍는 벼슬이 내시 낭중에 이르렀다. 才藝가 있었
는데 金存中으로 무고함을 당해 東萊로 귀양 가게 되었다. 장차 떠나려고 할
때 왕이 그에게 말하기를 "이번 일은 조정의 공론으로 부득이한 일이니 가 있

---

161) 鄭炳昱 외, 『高麗歌謠硏究』, 새문사, 1982; 박노준, 『高麗歌謠의 硏究』, 새문사,
1990; 鄭武龍, 『鄭瓜亭 硏究』, 新知書院, 1996; 國立國樂院 編, 『大樂後譜』,
國立國樂院, 1981.

으면 곧 소환하게 될 것이다.'라고 하였다. (그런데) 정서가 귀양 간 후 오랫동
안 지났으나 소환 명령이 오지 않으니 정서가 거문고를 타며 서글픈 노래를 불
렀는데 가사가 지극히 처량하였다. 정서는 스스로 瓜亭이라 호를 지었으므로
후세 사람들이 그가 지은 곡조를 일러 '정과정'이라고 불렀다. 또 『琴儀傳』이
있는데, 儀는 자가 節之 이며 벼슬은 中書門下侍郎, 平章事를 하였다. 퇴직
후 거문고와 술로 스스로 즐겼다. 〈翰林曲〉에 '琴學士'가 있다.162)

　　왕사정은 『高麗史』「鄭敍傳」에서 정서가 귀양 가기 전에 김존중으로부
터 탄핵을 받은 이유에 대해선 생략하고 귀양 가서의 이야기에 중점을 두
고 그의 만년의 음악 세계를 보여주고자 하였다. '정과정' 곡조의 이름은
왕사정이 자신의 저술에서 고려 예악을 소개하면서 기록하였다.163) 왕사
정이 갖춘 예술에 대한 조예는 더 나아가 역대 민요풍 가요에 대한 관심으
로 나타난다. 왕사정은 〈정과정〉을 소개하면서 琴儀도 함께 소개하고 있는
데, 그도 정서를 기록한 것과 같이 많은 내용을 삭제하고 거문고로 만년을
보낸 이야기로 금의를 부각시키고 있다. 왕사정은 고려가요를 수록하면서
〈翰林別曲〉의 가사도 채록해서 남겼으므로 '琴學士'가 바로 가사 중에 나
온다고 소개하고 있다. 그리고 고려사 원문에는 거문고와 바둑으로 스스로
즐긴다고 되어 있는데164) 왕사정은 이를 전사하는 과정에서 '바둑'을 '술'
로 대체하였다.

　　왕사정은 위에서 고려가요와 이를 악부시로 읊은 이제현의 작품을 하나
하나 모두 수록하여 가사와 창작 배경에 이르기까지 상세히 모두 중국에

---

162) "敍仕爲內侍郎中, 有才藝, 爲金存中, 鄭誠誣搆, 流於東萊. 將行, 王謂之曰:
　　 '今日之事, 廹於朝議, 行當召卿.' 敍旣流, 召命久不至, 乃撫琴作歌, 辭極悽惋.
　　 敍自號瓜亭, 後人名其曲曰'鄭瓜亭. 又『琴儀傳』: 儀, 字節之, 仕至中書門下
　　 侍郎, 平章事. 致仕以琴酒自娛, 『翰林曲』有〈琴學士〉'"(王士禎, 『居易錄』 권3;
　　 『王士禎全集』 五, 3721면).

163) 王士禎, 『居易錄』 권8, 『王士禎全集』 五, 2007, 3830면.

164) 『高麗史』, 「琴儀傳」에는 "거문고와 바둑으로 스스로 즐겼다(以琴碁自娛)"라고
　　 되어 있다. (明景泰二年朝鮮活字本).

알리고 고려가요와 고려 악부시를 부각시키고 있다. 그는 한국 삼국시대의 오랜 문화적 전통과 독창성을 보여주는 풍속과 가요에서 "모두 이채롭다!"[165]라는 평가를 내리면서 신라가요가 비할 바 없이 아름답다고 찬사를 아끼지 않았다. 한편 청나라 문인들이 조선을 비롯한 주변 국가의 민요에 큰 관심을 가진 데는 시경에 대한 관심이 높아짐과 함께 조선을 포함한 주변국의 고가요를 국풍으로 인식하고 이를 널리 채집하고자 한 것과 밀접한 관련을 지닌다. 다른 한 면은 청 문단에서 일어나는 樂府와 詞의 발전과도 밀접한 연관이 있는 것으로 보인다.

이렇듯 청초 강희문단 한림학사들은 고구려에서부터 신라, 백제, 고려의 민요풍 고가요에 특별한 관심을 가지고 창작의 원류를 찾아 독창성을 부각시키고 또 그 새롭고 이채로움을 중국에 널리 전파하였다.

---

165) "毛大可云, 不意! 婆羅, 塞上之外, 有此艷詞; 王云, 都成異彩!"(尤侗, 「朝鮮竹枝詞」, 『外國竹枝詞』).

Ⅳ. 朝鮮 漢詩의 選錄과 비평 양상

17세기 강회 문단에서 중요하게 영향력을 행사한 이들로 왕사정, 주이준, 그리고 우통을 언급할 수 있다. 이들의 시론을 놓고 볼 때 왕사정은 '신운설'을 내세웠고 주이준은 '治敎'를 강조하였으며 우통은 참된 '眞'을 중시하였다. 당대 대가들의 詩學觀과 시풍은 곧바로 조선 한시를 선록함에 있어서 직접적인 작용을 하였고 이후 조선의 한시가 수록되고 비평되는 토대를 형성하는 데 큰 영향을 미친 것으로 보인다. 따라서 왕사정, 주이준, 우통의 저술에 수록된 조선 한시의 양상을 구체적으로 분석함으로써 이들의 시관이 조선 한시를 選取하고 비평하는 과정에 작용한 양상이 밝혀 질 것이다. 아래에서는 왕사정, 주이준, 우통의 시학관이 반영된 양상을 각각 밝히고 또한 손치미의 『조선채풍록』을 재구하며 이들의 시학관의 작용을 살펴보겠다.

1. 王士禎: 神韻說과 朝鮮 漢詩의 選詩

왕사정의 '신운설'은 조선 한시를 선별하고 편찬하는 데 있어서 직접적인 영향을 미친 것으로 보인다. 왕사정의 '신운설'은 일찍이 28세 무렵 아들에게 시를 가르치기 위해 5언, 7언 당시의 선집으로 『神韻集』(『唐詩神韻集』 6券 4冊)을 펴낸 것에서 '신운' 용어의 사용이 연원한 것으로 본다.[1]

---

1) 『神韻集』이 책은 소실된 것으로 알려져 있었는데, 한국의 금지아가 2007년 上海 圖書館에서 발견하여 학계에 소개한바 있다.(금지아, 『신운의 전통과 변용』, 태학 사, 2008, 44면).

그 뒤 56세에 지은 『지북우담』에서 '신운'의 용어를 제시했는데 '신운' 용어의 해석에 대하여 『지북우담』의 편집을 살펴보면 '朝鮮詩'를 편집해 넣은 바로 뒤에 그 해설을 적었다.

왕사정 이전 '신운'이란 용어는 최초 南朝 謝赫의 『古畵品錄』에서 顧駿之의 그림을 두고 "神韻氣力, 不逮前賢"이란 평어를 적은 것에서 나왔다.[2] 그 뒤 唐나라의 張彦遠이 『歷代名畵記』에서 神韻과 氣韻을 같은 것으로 보았으며, 사공도는 "韻 밖의 운치, 味밖의 味"로 언급했고, 范溫은 『潛溪詩眼』에서 운에 대해 논하면서 '余意'가 있는 것을 '韻'이라 했었다. 明나라 『胡應麟』의 『詩藪』에서도 신운에 대해 여러 번 언급하였고 王夫之는 "신령스러운 이치는 자연에서 온 것이고, 풍운은 질풍같이 사라진다(神理自然, 風韻飄逸)"라고 보았는데 모두 예술 미학의 최고 경지에 이른 표현을 이르는 용어였다.

왕사정에 이르러 '신운'은 하나의 문학이론으로서 자리매김한다. 청나라 강희 연간에 왕사정은 앞선 선배들의 미학론을 바탕으로 '신운'이라는 이론의 체계를 만들어 낸 것이다. 왕사정은 嚴羽의 시론과 사공도의 『이십사시품』의 풍격에서 얻은 '含蓄', '興趣', '妙悟' 등의 용어를 신운과 연결시켜 '신운'론의 틀을 만들었다. 왕사정의 제자 吳陳炎은 『蚕尾續集序』에서 직접적으로 '味外味'의 審美로 신운을 해석하기도 하였다.[3]

翁方鋼(1733~1818)은 〈神韻論〉上, 中, 下 3편을 지어 왕사정의 신운설의 이론을 설명하고 세 가지로 정리하였는데 첫 번째는 왕사정 신운설의 이론은 '엄우와 사공도의 시설에서 왔다'는 것이고 두 번째가 신운설은 "'空音鏡像'의 경지를 선호하여 "專以冲和淡遠"을 위주로 '雄鷔奧博'으로 그 취함을 가지지 않았다'라고 하였으며 세 번째는 '왕, 맹일파 시가의 전통을

---

2) 張少康, 『中國歷代文論精選』, 北京大學出版社, 2003, 398~409면.

3) "司空圖論詩云 : 梅止於酸, 鹽止於醎, 飮食不可無酸醎, 而其美常在酸醎之外. 余深直其言, 酸醎之外之何? 味外味也. 味外味之何? 神韻也." (「蚕尾續詩集序」, 『王士禎全集』 二, 2007, 1153면).

개괄한 것이다'라고 하였다.4) '신운설'은 옹방강의 '肌理說'에 많은 영향을
준 시론으로서 중국문학사상 큰 의미를 지닌다고 평가된다.5) 현대에 와서
학자들은 옹방강이 개괄한 내용의 기초 위에 다섯 가지로 '신운설'을 귀납
하였는데 이를 보면 다음과 같다. 1) 신운설은 사공도와 엄우의 시학을 계
승한 동시에 南宗畵論과 禪宗思想의 영향을 받았다; 2) 淸遠沖澹을 숭상하
였다; 3) "한 글자를 부치지 않아도 풍류를 다 얻는다(不著一字, 盡得風流)"
를 강조하였다; 4) 興會를 주장하였다; 5) 신운설은 王, 孟일파 시가의 전통
을 개괄한 것이다.6) 이러한 앞선 연구를 기초로 張健은 청대 문학 시학을
전반적으로 연구하였는데 '신운설'에 대한 천착을 통해 그 미학적 양상을
총체적으로 縹緲하고 悠遠한 情調 및 境界라고 하였다. 다시 세분화하여
다음 다섯 가지로 귀납하였는데 정리하면 1) 縹緲悠遠의 生命情調 및 人生
境界; 2) 淸遠, 古澹; 3) 古澹閑遠 및 沈着痛快; 4) 興像超逸; 5) 妙悟의 境
界이다.

 이상에서 살펴본 왕사정이 추구한 '신운설'의 이론을 바탕으로 왕사정
의 선시시관이 조선 한시의 선취에 어떤 영향을 끼쳤는지 살펴보고자 한다.
아래 우선 먼저 왕사정의 『감구집』에 수록한 김상헌의 〈이른봄(早春)〉二
首를 분석한다.

  其一
  성가에 아지랑이 피어나고
  궁궐의 물시계 소리 한낮이라 희미하네.
  날마다 동풍 불어 들풀이 푸르르니
  북녘 사람 강남 사람 다들 고향 생각나리.
  水際城邊野馬飛, 漸聞宮漏晝閑稀.
  東風日日蘼蕪綠, 塞北江南總憶歸.

---

4) 「神韻論上, 神韻論中, 神韻論下」(翁方綱, 『復初齋文集』 권8)(淸李彦章校刻本).
5) 張健, 앞의 책, 422~478면.
6) 張健, 위의 책, 423면.

其二
왕탄에 흐르는 물 강언덕을 도는 곳
강가의 솔숲이 바로 나의 집이 라네.
어젯밤 꿈속에서 돌길을 찾아가니
산 앞과 산 뒤에 이른 매화 피었네.

王灘流水遶江涯, 江上松林是我家.
昨夜夢尋烏石路, 山前山後早梅花.7)
金尙憲, 「이른 봄(早春)」 二首 (『感舊集』)

위 김상헌의 〈이른 봄〉 작품은 생동감이 넘쳐흐르는 봄을 노래한 시로
'신운설'에서 제창하는 審美와 生命感이 있는 '悠遠縹渺'의 情調가 잘 드
러나 있다. 이 작품은 사공도의 『이십사시품』〈纖穠〉의 풍격이 스민 '찰랑
찰랑 물 흐르고, 봄은 멀리까지 가득한데(采采流水, 蓬蓬遠春)'를 읽을 수
있는데 縹渺한 미적 감수로 생명이 살아 움직이는 봄의 정경이 더욱 생명
을 불어 넣어 준다.8) 김상헌의 문집에는 제목이 〈이른봄에 차운하여 짓다
(次早春韻三首)〉으로 되어 있고 其一에서 '間稀'가 '閑稀'로, 其二의 시문
은 생략되고9), 其三의 시어에서 '江沱'가 '江涯'로 되어 있는데 왕사정이
시어를 바꾸어 놓은 것으로 보인다. 첫수의 1구에서 물 맞닿은 성가에 아
지랑이 피어나는 풍경은 '신운'에서 추구한 嚴羽의 '鏡中之花', '水中之月'
의 형상이다. 아지랑이는 보일 듯 말 듯한 사물의 형상이 그려지면서 그

---

7) 王士禎『感舊集』,『池北偶談』,『漁洋詩話』에 모두 실려 전해졌고 朱彝尊『明
詩綜』에 수록된 金尙憲 작품은 王士禎이 보내준『池北偶談』을 참조하여 수록하
였다.

8) 사공도의『二十四詩品』의 24개의 풍격에 대한 연구는 안대회,『궁극의 시학』, 문
학동네, 2013이 있다. 이는 최초로 한국의 이본을 함께 연구한 저서이다.

9) "其一: 水際城邊野馬飛, 漸聞宮漏晝間稀. 東風日日蘼蕪綠, 塞北江南摠憶歸; 其
二: 朝來白雪暗西山, 卯酒三杯壓早寒. 窓外日高猶未起, 睡間啼鳥正關關; 其三:
王灘流水入江沱, 江上松林是我家. 昨夜夢尋烏石路, 山前山後早梅花."(金尙憲,
「朝天錄 詩」,『淸陰先生集』권9)(한국문집총간: 77, 135면).

속에서 물소리를 듣는 청자의 상상력이 동원된다. 2구에서도 저 멀리서 희미하게 궁궐의 누각 소리가 들려온다고 하면서, 이 시를 감상하는 사람에게 음악이 흐르는 배경을 깔아주고 있다. 3구에서는 동풍과 들풀의 푸름으로 자연의 바람, 자연의 색이 펼쳐진다. 그리고 4구에서는 저 멀리로 그리움에 대한 시상을 끌어내고 있다. 두 번째로 읊은 시의 1구와 2구에서는 흐르는 시냇물과 솔숲이 우거진 풍경화가 그려진다. 여기에 물소리까지 들려온다. 3구와 4구에서의 묘사는 어젯밤의 꿈속에서의 정경이다. 산 앞과 산 뒤에 핀 이른 매화는 유원함 속에, 봄이 가져다주는 생명의 율동을 읽을 수 있다. 작품은 전체적으로 '縹緲悠遠의 生命情調'를 읽어냄으로써 신운이 있는 작품으로 해석된다.

이 작품은 『지북우담』과 『어양시화』에서도 소개되어 있다. 『어양시화』에서 시제가 〈蚤春〉이라고 되어 있는데 1705년(강희44) 72세의 나이에 『어양시화』를 엮었기에 기억의 차이였을 수도 있고 간행시의 오류일 수도 있을 것으로 보인다.

왕사정은 『감구집』을 편찬한 뒤 16년 후인 1689년에 『지북우담』을 편찬하면서 김상헌의 시 4수를 더 찾아 수록하였다. 왕사정은 이렇듯 김상헌의 작품을 자신의 저술에서 지속적으로 다루고 있었는데 조선 사신의 눈에 비친 등주가 재차 부각되고, 또 더 많은 우수한 '신운'풍의 작품이 왕사정에 의해 발굴된 것으로 보인다.

다음은 〈水城의 밤경치를 읊은 것이다(水城夜景)〉를 살펴보도록 한다. 이 작품은 김상헌의 문집에서 〈次吳晴川大斌韻〉 三首 中 其三의 작품으로 주석에 '水城의 밤경치를 읊은 것이다(水城夜景)'로 적혀 있다.

> 오경의 조각달 성머리에 걸렸는데
> 역사 읊는 어떤 사람 홀로 배에 있는가.
> 동해 바다 향해 돌아갈 길 찾지 않고
> 되레 북두 의지하여 신주를 바라보네.

五更殘月水城頭, 詠史何人獨艤舟.

不向東溟覓歸路, 還依北門望神州.10)

金尙憲, 「水城의 밤경치를 읊은 것이다(水城夜景)」(『感舊集』)

위 시는 기구와 승구에서 오경에 조각달이 걸린 밤하늘 아래 한 사람이 배에 앉아 역사를 회상하는 장면이 묘사되었다. 독자로 하여금 깊은 밤 잠 못 이루고 홀로 배에 앉아 옛일을 회상하는 김상헌의 모습을 떠올리게 한다. 희미하게 비쳐지는 오경의 조각달은 신운에서 말하는 "水中之月"의 미학이다. 다음으로 전구에서는 동해로 조선을 암시하였다면 결구에서는 神州로 중국을 암시하면서 대조를 이룬다. 중국을 향한 김상헌의 마음을 읽을 수 있다. 작품은 東溟과 神州란 두 시어를 사용함으로써 작품의 전체적 공간 함의가 확대되고 스케일이 확장되어 다가온다. 司空圖가 제시한 '雄渾'과 '豪健'의 풍격을 담아내고 있다. 사람은 생명체이다. 시를 통해 사람을 읽고자 하는 정신 또한 왕사정이 추구한 '신운'이다. 바로 生命의 情調와 人生의 境界를 읽는 것이다. 장건은 왕사정의 '신운설'은 '古澹閑遠'중에 '沈着痛快'의 審美的 특징이 있음을 파악하였는데, 바로 왕사정이 김상헌의 작품에서 자신이 추구한 '침착통쾌'의 작품을 선취한 것으로 보인다. 『지북우담』과 『어양시화』11)에도 〈오수재의 시에 차운하다〉와 〈수성의 밤경치〉란 작품으로 기구와 승구의 두 시구를 소개하고 있는데 왕사정이 이 시를 매우 欽賞하였음을 알 수 있다.

다음의 시문은 〈蓬萊閣〉란 시제의 시문인데 이 작품에서는 '신운설'에서 말한 '興象'을 읽어낼 수 있는 것으로 보인다. 이 시는 『청음집』에 보이는

---

10) 王士禎, 『感舊集』.

11) 이하 『漁洋詩話』는 (文淵閣 『四庫全書』)본을 저본으로 하며 『王士禎全集』, 齋魯書社, 2007를 교감으로 활용한다.(현재 한국 국립중앙도서관에는 中國木板本 1 冊(序: 阮亭; 康熙庚寅(1710) 黃叔琳)이 소장되어 있으며 규장각에는 雍正乙巳 (1725) 俞兆晟 序文이 있는 필사본 3권 3책이 소장되어 있다).

전문에서 두 시구만 뽑아서 소개하고 있다. 청음집의 전문은 다음과 같다.

    등주 고을 누관들은 허공 높이 솟아 있어
    푸른 바다 짓누르며 만 리 멀리 바라보네
    석교 이미 진 시황의 시절부터 끊어졌고
    星槎는 또 한나라의 신하만을 가게 했네
    하늘과 땅 큰 파도의 속에 떠서 일렁이고
    해와 달은 쌓인 기운 가운데서 나눠 뜨네
    반평생의 먼 유랑에 이제 머리 희었거니
    한평생의 기이함이 이와 같긴 어려우리
    登州樓觀跨虛空, 勢壓滄溟萬裏窮.
    <u>橋石已從秦帝斷, 星槎惟許漢臣通.</u>
    乾坤盪漾洪波裡, 日月分開積氣中.
    半世遠遊今白髮, 百年奇絶此難同.
    金尙憲, 「蓬萊閣에 오르다(登蓬萊閣)」(『淸陰集』)[12]

    왕사정은 『감구집』에는 위 김상헌의 시문을 〈蓬萊閣〉이란 시제로 3구와 4구만을 수록하여 소개하였다.[13] 석교는 옛날에 秦始皇이 바다를 건너서 해 돋는 곳을 보고자 하여 돌다리를 놓으려고 하자 海神이 나타나서 다리 기둥을 세워주었다고 한 고사에서 나온 다리이다. 진시황이 이를 고맙게 여겨 만나 보려고 하니, 해신이 말하기를, "내 모습이 추하니 내 모습을 그리지 않기로 약속한다면 만나겠다." 하였다. 진시황이 그러겠다고 하고 해신을 만났는데 좌우 사람들이 몰래 해신의 발을 그렸다. 그러자 해신이 성을 내면서 빨리 나가라고 하였다. 진시황이 말을 타고 곧장 나왔는데 말 뒷다리가 석교에서 미처 떨어지기도 전에 석교가 무너졌다고 한다.[14] 星

---

12) 한국고전번역원 번역 참조(이하 金尙憲, 『淸陰集』에 실린 작품의 번역문은 한국고전번역원의 번역을 참조로 하여 수정한다).
13) 王士禎, 『池北偶談』.
14) "始皇於海中作石橋, 非人功所建, 海神爲之竪柱, 始皇感其惠, 通敬其神, 求與相見. 海神苔曰: "我形醜, 莫圖我形. 當與帝會, 乃從石塘上入海三十餘裏相見,

槎 또한 신화 속의 이야기에서 등장하는 은하수를 오가는 뗏목이다. 옛날에 은하수와 바다가 서로 통해 있어서 해마다 8월이면 시기를 놓치지 않고 뗏목을 타고 올라갔다고 한다. 4구에서 오직 한나라의 신하만이 건너갈 수 있게 하였다는 시구에는 청나라 사대부들이 간직한 고국에 대한 향수가 묻어 있다. '신운'에서 왕사정은 '興象'을 중시하였는데, 景象으로부터 情調를 이끌어 내어야 흥상이 되고 이러한 흥상이 있어야 신운이 있다고 보았다.[15] 독자로 하여금 깨달은 바의 내심적 감정과 정신적 세계의 표출이다. 바로 일반적인 이해의 개념으로서의 이성적인 사상을 담은 내용이 아닌 감성적 미학을 이른다. 왕사정이 이 시에서 다른 시구는 수록하지 않고 오직 3구와 4구만을 소개하고 있는 것은 역사와 신화를 통해 회고의 정한을 읽고자 한 뜻이 있었으므로 '신운'이 있는 시구라고 할 수 있다.

다음 작품은『감구집』에 실린〈새벽에 平島를 출발하다(曉發平島)〉이다.

> 장풍 만 리에 사신 깃발 휘날리며
> 열흘 동안 배 한 척 타고 열 개의 섬을 지나 왔네.
> 물은 용궁까지 닿아 검푸름이 끝이 없고
> 산은 철산취에 빙 둘려 푸르름이 넉넉하네.
> 깊은 가을 해안에는 처음 찾아온 기러기 노는데
> 새벽녘 하늘에는 객성이 하나 떠있네.
> 집이 부상과 가까워 동쪽 한 번 더 바라보니
> 구름과 노을 쓸쓸하고 바닷물 아득하네.
> 長風萬里送行旌, 十日孤帆十島經.
> 水到龍堂無底黑, 山蟠鐵觜了餘靑.
> 三秋海岸初賓雁[16], 五夜天文一客星.

左右莫動手, 巧人潛以脚畫其狀, 神怒曰: '帝負我約, 速去.' 始皇轉馬還, 前脚猶立, 後脚隨崩, 僅得登岸, 畫者溺於海, 衆山之石皆住, 今猶岌岌, 無不東趣."(唐 歐陽詢,「靈異部下」,『藝文類聚』권79)(文淵閣『四庫全書』).
15) 張健, 앞의 책, 449면.
16) 王士禎 晩年에 弟子 黃叔琳의 提議하에『漁洋詩話』를 편찬, 간행하게 되었는데

家近扶桑更東望, 雲霞寥落水冥冥.
金尙憲, 「새벽에 平島를 출발하다(曉發平島)」 (『感舊集』)[17]

평도는 옛날 조선에서 등주를 오가며 거치는 섬들 중에 하나이다.[18] 1구에서 왕사정은 '東風'을 '長風'으로 바꾸었는데, 글자 하나가 바뀜으로써 전체적인 분위기가 달라진다. '東風'이 따스한 바람의 이미지를 떠오르게 하는 시어라면, '長風'은 머나먼 조선 땅으로부터 먼 바닷길을 풍랑을 헤치며 항해를 한 사실을 두드러지게 그린다. 1구에서 장풍 만 리 머나먼 길 위풍당당한 사신의 깃발이 휘날리는 情景은 아주 큰 스케치로 '雄渾'의 미학을 선보였다. 조선에서 중국으로 오는 길에는 열흘 동안 출렁이는 바다 위에서 오랜 시간 동안 많고 많은 섬들을 거쳐 오는 어려운 사행 길이었음을 보여준다. 3구에서 '물은 용당까지 닿아 검푸른 빛 끝이 없고'라는 시구는 바다로의 사행길이 생사고비가 오가는 위험의 길이었음을 대변해주고 있다. 鐵山觜의 섬을 등장시켜 여러 섬을 거쳐 오는 고난의 과정과 그 위험을 묘사하여 무거운 분위기를 자아낸다.

5구와 6구에서는 가을의 바다 풍경을 묘사하였다. 깊어 가는 가을과 새벽 하늘에 떠 있는 객성으로 홀로 길을 떠난 나그네의 마음을 담았다. 7구와 8구는 본디 "동파 옹의 옛날 시는 괜히 허풍 친 것으로, 우리들의 품은 심사 유독 홀로 성성하네(坡老舊詩眞漫詑, 吾人心事獨惺惺)"라고 되어 있는데, 왕사정은 "家近扶桑更東望, 雲霞寥落水冥冥"으로 바꾸어 놓았다. 왕

여기에서도 金尙憲의 시화와 위 시문을 소개하고 있다.(奎章閣 소장 筆寫本 『漁洋詩話』에는 제5구의 '雁'이 '鷹'으로 되어 있다).

17) 金尙憲, 『淸陰集』, 「朝天錄詩」에는 〈曉發平島〉라는 제목 아래, 椵島, 車牛島, 鹿島, 長山島, 廣鹿島, 三山島, 平島, 鐵山觜, 龍王堂으로 모두 열개의 섬(島)이 있다고 주석을 달았다. 전체 시문은 다음과 같다. "東風萬里送行旌, 十日孤帆十島經. 水到龍堂無底黑, 山蟠鐵觜了餘靑. 三秋海岸初賓雁, 五夜天文一客星. 坡老舊詩眞漫詑, 吾人心事獨惺惺."(金尙憲, 「朝天錄詩」, 『淸陰集』).

18) 조선에서 중국으로의 해로사행에서 지나는 섬: 皮島-石城-平島-皇城島-廟島-登州.

사정은 김상헌이 조선 사신임을 한 층 더 강조하면서 동쪽을 바라보며 일
어나는 집에 대한 감회를 담아 '不着一字, 盡得風流'의 함축을 담아내고자
하였다. 특히 5구의 쓸쓸한 가을의 정경과, 8구에서 아름다운 석양 노을의
화사함 속에 황혼이 깃드는 애상감이 묻어나게 하는 정경 배치가 고국을
떠나온 사신의 감개가 녹아 있다. 이 작품은 '雄渾'과 '含蓄'의 미학이 담
긴 古澹閑遠의 신운을 읽게 된다.

다음으로 選錄한 崔慶昌의 〈채련곡(采蓮曲)〉을 보기로 한다.

> 강 언덕 길고 긴데 능수버들 늘어졌고
> 연 따는 노랫가락 조각배에 들려오네.
> 붉던 꽃 다 져서 서녘 바람 차가운데
> 해 저문 물가에는 흰 물결만 이누나.
> 水岸依依楊柳多, 小船遙聽采蓮歌.
> 紅衣落盡秋風起, 日暮芳洲生白波.
> 崔慶昌, 「채련곡(采蓮曲)」(『池北偶談』)

위 최경창의 〈채련곡〉은 『고죽유고』에 제목이 〈대동강의 樓船에서 韻
에 차운하다(浿江樓舡題詠)〉으로 되어 있고 시문은 '水岸悠悠楊柳多 小舡
遙唱采蓮歌 紅衣落盡秋風起 日暮芳洲生白波'로 되어 있다.19) 허균은 『國
朝詩刪』에서 「采蓮曲, 次鄭知常韻」으로 소개하면서 '王龍標(王昌齡)과 李
君虞에 부끄럽지 않다'20)고 평가하였다. 鄭知常의 시는 대동강을 주제로
한 이별의 시로서21) 『惺叟詩話』에서 부벽루 현판에 새겨진 정지상의 시에
차운하게 된 연유를 설명하고 '왕용표와 이군우의 여운이 있으나 이는 採

---

19) 崔慶昌, 〈浿江ㅁ樓舡題詠〉, 「七言絶句」, 『孤竹遺稿』(한국문집총간: 50, 12면).

20) "無愧王龍標, 李君虞"(許筠, 『國朝詩刪』)(『國朝詩刪』: 한국국립중앙도서관 원
    문 DB자료. 이하 한국국립중앙 도서관 소장 한古朝45－가310을 저본으로 한다).

21) 「鄭知常, 〈送人〉」, "雨歇長堤草色多, 送君南浦動悲歌. 大洞江水何時盡, 別淚
    年年添綠波"(『東文選』권19, 「七言絶句」).

蓮曲이라 서경 송별시의 본뜻과는 다르다.'고 하였다. 이렇듯 〈채련곡〉은 이별의 시에서 사랑의 노래로 읊혀 다시 중국에 전해졌는데 한시 전통에서 사랑의 노래를 담아 전해진 것이다. 문집과 대비할 때 왕사정의 『池北偶談』에서 기구의 '悠悠'가 '依依'로 되어 있는데 입을 모아 발음하는 'you you'를 평성의 발음인 'yi yi'로 전환하여 낭독하여 유연성을 가져왔다. 그리고 전구의 '小舡遙唱'이 '小船遙聽'으로 '창'이 '청'으로 바뀌어 4성 성조의 음에서 1성 성조의 음으로 가져와 여기서도 한시를 소리 내어 읽을 때의 유연성을 이끌어 냈다. 또 이러한 변화는 '唱', 즉 노래를 부르는 주체에서 노래를 듣는 '聽', 바로 감상자인 청자가 된다. 이 작품은 전통 사랑의 노래로서 生命의 情調가 있는 신운풍으로 읽힌다. 1구와 2구에서는 푸른 능수버들 드리운 강가의 풍경과 사랑 노래 듣는 聽者를 읊고, 3구와 4구에서는 붉은 꽃 지는 景象과 지는 해 속 흰 물결의 정경을 노래하면서 쓸쓸한 분위기가 다가온다. 시에는 人生의 情調가 묻어난다.

다음은 〈湖堂에서 아침 일찍 일어나다(湖堂早起)〉를 살펴보도록 한다.

> 새벽 강에 해는 아직 뜨지 않고
> 아득하니 십리에 안개 깔렸네.
> 노를 젓는 소리만이 들리어 올 뿐
> 가는 배는 어디에도 보이지 않네.
> 江日曉未生, 蒼茫千里霧.
> 但聞柔櫓聲, 不見舟行處.
> 姜克誠, 「湖堂에서 아침 일찍 일어나다(湖堂早起)」(『池北偶談』)[22]

위 시는 허균의 『國朝詩刪』에 〈湖亭朝起偶吟〉이란 시제로 수록되어 있는 작품이다.[23] 허균의 『국조시산』에 실린 이 작품의 비평을 보면 "제법

---

22) 尤侗, 『艮齋雜說』.
23) 「姜克誠, 〈湖亭朝起偶吟〉」, "江日晚未生, 蒼茫十裏霧. 但聞柔櫓聲, 不見舟行處."(許筠, 『國朝詩刪』).

은미한 경지로 나아갔다(頗造微)"라고 하였다. 이는 왕사정의 선취 기준을 대변해 준다고 보이는데 '味外之味, 空中之音'의 미학적 접근법으로 '文已盡而意有餘'의 '興象', '超逸'의 신운이 담겨져 있다. 시에서는 새벽안개 깔린 강에 노 젓는 소리만 들리고 가는 배 보이지 않는 풍경이 그려지면서 神韻에서 말한 悠遠縹緲의 審美感이 독자에게 다가갔다.[24] 바로 강에 가득 매운 새벽안개가 아득함을 더해주고 들려오는 배 젓는 소리 또한 고요함 속에서 청각적으로 들려온다. 이 시에서는 바로 縹縹緲緲한 즉 보일 듯 말 듯 한 눈앞의 형상과 餘音으로 음악적 미를 함께 선사한다. 왕사정은 이 시의 기구에서 '晩未生'을 '曉未生'으로, 승구의 '土里霧'는 '千里霧'로 변화를 주어 시각적 美를 가져왔다. 『명시종』에서도 이 작품을 선취하여 수록하였는데 '晩未生'이 '曉未生'으로 되어 있는 것으로 보아 시어의 변화는 저본으로 한 『조선채풍록』에서부터 온 것으로 보인다.

왕사정이 조선 한시를 수록한 특징적인 면을 살펴보면 寺刹題詠詩에 대한 관심도 높았던 것으로 보인다.[25] 白光勳의 작품 〈弘景廢寺〉[26], 〈奉恩寺〉[27]가 수록되어 있는데[28] 왕사정이 '신운설'에서 내세운 '詩禪一致'의 내적 경지를 읽을 수 있다. 수록한 〈무너진 홍경사에서(弘景廢寺)〉를 보기로 한다.

가을풀 시든 전조의 절
부서진 비엔 학사의 글.

---

24) 張健, 앞의 책, 434면 神韻의 해석 참조.
25) 王士禎의 『池北偶談』에 수록된 조선의 寺刹題詠詩는 『朝鮮採風錄』을 저본으로 수록되었다.
26) 白光勳의 『玉峯集－玉峯詩集上』, 五言絶句의 시에는 시제가 〈弘慶寺〉로 되어 있다.(한국문집총간: 47, 97면).
27) 활자본에는 '奉熙寺'사로 잘못 인쇄되어 나왔다. 원본에는 '奉恩寺'로 올바르다.
28) 〈縣津晩泊〉의 시제의 작품도 백광훈의 작품이나, 당시 왕사정은 白光勉의 작품으로 알고 따로 수록하였다.

천년세월 물은 절로 흐르는데
지는 해에 외로운 구름을 보노라.
秋草前朝寺, 殘碑學士文.
千年自流水, 落日見孤雲.
白光勳, 「무너진 홍경사에서(弘景廢寺)」(『池北偶談』)

　왕사정은 백광훈의 〈弘景寺〉로 되어 있는 시제를 〈弘景廢寺〉로 바꾸어
놓았는데 이 또한 왕사정이 독자의 감흥에서 온 교감인 것으로 보인다. 弘
景寺는 충청도 稷山縣에 있던 절이다. 고려 顯宗 때 지나는 행인을 보호하
기 위하여 중 迥兢에게 명하여 절을 세우게 하였다고 한다.29) 백광훈의 문
집 『玉峯集』과 허균의 『惺所覆瓿稿』30)에서 시제가 모두 〈弘景寺〉로 되어
있다. 이 시는 조선전기 당풍으로 평가 받은 작품이다.31) 전체적으로 ‘당
풍’의 ‘흥취’가 돋보이는 작품으로 신운의 미학에서 요구하는 ‘悟境’의 중
요한 요소를 갖추었다고 할 수 있다. 먼저 시제에서 왕사정은 그가 주창한
‘詩禪一致’의 내적 경지를 시제에서 읽어 내었다. 기구와 승구에서는 무상
한 지난 세월의 흔적을 한 폭의 그림으로 노래한 시구가 인상적이었던 것
같다. 전구에서 ‘千年有流水’32)의 ‘有’를 ‘自’로 교체하였는데, 천년의 ‘세
월’과 함께 등장한 ‘물’은 정지된 상태의 ‘절’과 ‘학사의 글’에서, 흐르는
세월과 물로 전환을 이끌어 자연의 생명력과 대조를 이룬다. ‘有:있다’보다
‘自:스스로’의 의미를 부각하여 영원한 자연의 표상을 더욱 극대화하고 있
다. 결구에서는 원문의 ‘落日見歸雲’에서 ‘歸’를 ‘孤’로 고쳤는데, 통상적으
로 ‘歸雲’에서 고향으로 향하는 마음이나 隱居의 의지를 투영하는 경우가
많은데 작가의 원문이 개정되면서 지는 해와 외로운 구름으로 시상을 애
상함으로 끌고 간다. 이 시는 1구와 2구의 유한한 인간과 3구와 4구의 영

---

29) 『新增東國輿地勝覽』 권16, 「稷山縣」.
30) 許筠, 「鶴山樵談」, 『惺所覆瓿稿』 권26.
31) 許筠의 『國朝詩刪』 비평에 “玲瓏圓轉, 優入唐域”이라는 평어가 있다.
32) “千年有流水, 落日見歸云”(白光勳, 「五言絶句」, 『玉峯集－玉峯詩集上』).

원한 자연이 대조를 이루고, 1구의 풀(草)이 3, 4구를 이끌고 있으며 4구의
雲이 1, 2구와 조응하고 있다. 허균은『國朝詩刪』에서 '絶唱'이라고 비평하
였으며『鶴山樵談』에서 백광훈을 최경창과 더불어 '功詩軌盛唐'이라고 감
명 깊게 시를 지어 논한바 있다. 洪萬宗의『小華詩評』에서도 백광훈의 위
시에 대하여 '雅絶逼古'라고 평가하였다.

다음 시문 〈봉은사(奉恩寺)〉에서도 시어에서 변화를 가져와 독자이자
작가로서의 자신의 내적 정감을 토로하고 있다.

> 우연히도 말미 받아 절간에 찾아드니
> 술 마시고 시 지을 옛 절이 남아 있네.
> 붉은 연꽃 연못에 바람이 절에 가득하고
> 매미 우는 나무, 비가 마을에 잇닿았네.
> 흰머리로 벼슬에 매인 것이 부끄럽고
> 푸른 산이 옛 고향과 비슷한 게 기쁘구나.
> 듣건대 금호의 안개 경치 기이타니
> 어느 때나 돌아가서 참 근원을 물어보나.
> 偶因休浣到沙門, 把酒題詩古寺存.
> 紅藕一池風滿院, 亂蟬千樹雨連村.
> 深慚皓首從覊宦, 猶喜青山似故園.
> 聞說錦湖煙景異, 何時歸棹問眞源.
> 白光勳, 「봉은사(奉恩寺)」(『池北偶談』)

위시는 백광훈의 문집에 〈奉恩寺蓮亭. 次李校理伯生見示之作〉란 시제로
기록되어 있는 작품이다.[33] 왕사정은 이 작품을『지북우담』에서 〈奉恩寺〉
로 수록하고 있는데, 1구에서 "우연히도 말미 받아 절간으로 찾아드니(偶

---

33) 白光勳,『玉峯集－玉峯詩集中』,「七言律詩」에는 〈奉恩寺蓮亭. 次李校理伯生
見示之作〉의 詩題 아래 "偶因休浣到云門, 把酒題詩勝事存. 紅藕一池風滿院,
晚蟬千樹雨歸村. 深慚皓首從覊宦, 猶喜青山似故園. 聞說錦湖煙景異, 會容孤
棹問眞源."으로 되어 있다(한국문집총간: 47, 133면).

因休浣到雲門)”를 “우연히도 말미 받아 절간에 찾아드니(偶因休浣到沙門)”
로 하여 ‘雲’을 사바세계의 ‘沙’로 고쳐놓고 있다. 그다음 2구에서는 “술 마
시고 시 지을 좋은 일 남아 있네(把酒題詩勝事存)”를 “술 마시고 시 지을
옛 절이 남아 있네(把酒題詩古寺存)”라고 하면서 시제에 중점을 두고 첫
시구와 두 번째 시구를 모두 시제와 연결하여 사바세계와 병치하고 있다.
3구에서의 “紅藕一池風滿院”은 늪에 가득 붉게 핀 연꽃은 내세의 무량함
을 상징한다면 4구에서의 “亂蟬千樹雨連村”은 매미의 울음소리와 시끄러
운 세상이 사바세계와 대조를 이룬다. 5구의 “深慚皓首從羈宦”과 “猶喜靑
山似故園”의 시구는 청나라에 몸을 담고 있는 자신의 어쩔 수 없는 관직생
활의 신세와 북경에서 고향을 그리는 마음이 함께 녹아 있어 왕사정 자신
의 정서로 다가갔을 것으로 보인다. 7구와 8구에서 이 시상이 펼쳐진다. 7
구에서 “聞說錦湖煙景異”로 한 것을 보면 왕사정이 추구한 어렴풋한 정경
에서 상상의 여운을 둔 미학적 기준으로 ‘신운’에 부합되는 작품이라 하겠
다. 8구에서는 원문의 “曾容孤棹問眞源”에서 “何時歸棹問眞源”으로 바꿔
수록함으로써 ‘禪’의 사바세계로 돌아가려는 독자로서의 자신의 내심적 정
서를 토로하고 있는데 이 작품의 선별은 주로 妙悟 境界의 미학을 추구한
선별이었다고 생각된다.

　이상에서 살펴본 김상헌을 비롯하여 백광훈, 최경창, 강극성 등 조선 한
시 작가들의 작품이 청나라에서 인기를 얻을 수 있었던 것은 왕사정이 고
심하여 ‘신운’의 작품을 선별한 결과라고 볼 수 있을 것이다. 한편으로 왕
사정이 내세운 ‘신운설’은 당대 청 문단에서 선호하는 존당풍이라는 점에
서도 많은 조선의 당음이 중국에서 부각되는 데에 적지 않은 영향을 미쳤
다. 건륭 연간으로 이어져 오면서 더욱 문단의 호응을 얻은 ‘신운설’의 영
향이 이를 대변한다. 때문에 왕사정의 선시관은 조선 한시의 우수함을 알
리는 데 있어서 매우 중요한 배경으로 작용한 것으로 보인다.

2. 朱彝尊: 觀風과 朝鮮 漢詩의 集成

주이준은 왕사정과 더불어 '南朱北王'으로 불리며 청 문단에 큰 영향을 끼친 인물이다. 이들의 시론을 놓고 볼 때 왕사정은 강희 문단에서 최고로 영향력을 발휘한 시인이자 시단의 영수로 강희문단에서 당풍의 주류시학을 이끌었다. 주이준 또한 존당시를 주창하였다. 이는 그가 〈王學士西征草序〉에서 "시를 배우는 자는 당인으로 지름길을 찾고, 이 길을 따라 가노라면 같이 걸어가는 자를 얻을 것이다(學詩者以唐人爲徑, 此遵道而得周行者也)."[34]라고 한 글에서 알 수 있다. 또한 주이준의 시학은 당풍을 지향함에 있어서 儒敎詩學의 전통과 政敎의 정신을 매우 중시하였다.[35] 이는 그가 言志를 해석함에 있어서 유가시교에서 말하는 시가의 도덕적 작용을 크게 강조하고 있는 것에서 찾아볼 수 있다.

> 『書經』(舜典)에 "시는 뜻을 언어로 표현한 것이다."라 하였고, 『禮記』에 "뜻이 이르는 곳에 시 또한 이른다." 하였다. 옛날 군자는 즐겁고 비분한 감정이 그 안에 있어 비로소 시로써 토로하였다. 지금 남아 있는 바의 305편에는 찬미도 있고 풍자도 있으니 모두 시로써는 그만두지 못하는 자의 것이다. 대저 오로지 '不可已'에서 나온 것은 고로 색을 좋아하면서도 음란한 지경에는 이르지 않았고, 원망을 하면서도 亂한 지경에는 이르지 않았는바, 말한 자는 무죄이고 듣는 자 족히 경계할 수 있다. 후일에 군자가 읊을 때 세상을 다스림에 있어서 성쇠 함과 정사에 있어서의 득실을 모두 이로써 상고해 볼 수 있을 것이다.[36]

---

34) 朱彝尊, 「序」, 『曝書亭集』 권37.
35) 張建, 앞의 책, 480~484면.
36) 〈與高念祖論詩書〉, "『書』曰: "詩言志". 『記』曰: "志之所至,詩亦至焉". 古之君子, 其歡愉悲憤之思感於中, 發之爲詩. 今所存三百五篇, 有美有刺, 皆詩之不可已者也. 夫惟出於不可已, 故好色而不淫, 怨悱而不亂, 言之者無罪, 聞之者足以戒. 後之君子誦之, 世治之汙隆, 政事之得失, 皆可考見."(朱彝尊, 『曝書亭集』 권31, 「書」).

주이준은 『書經』(舜典)편에 나오는 "시는 뜻을 언어로 표현한 것이다."
와 『禮記』에서 말한 "뜻이 이르는 곳에 시 또한 이른다."라고 한 고어를
빌어 유교전통시학을 논하고 있다. 그리고 『시경』의 전통이 곧 言志, 美刺
인 바 이로부터 세상 다스림의 성쇠와 정치의 득실을 상고할 수 있다고 하
였다. 이는 그의 시학이 전통 유교의 치교에 있었음을 잘 말해준다. 이와
같이 주이준은 시교를 주창하였고 다른 한편 시인의 性情을 표현 형식의
주요한 부분으로 강조하였다.

　　예부터 시를 짓는 자는 필시 먼저 슬픈(측은한) 소리가 그 중에서 떠나지
　않은 후라야 기탁하여 읊으니 이로써 마음에서 뜻이 일어난다. 말의 공교함
　은 가히 뜻이 한결 같음을 보여주어 후세에 비록 공교함이 다다르지 못하다
　고 할지라도 또한 성정을 도움에 있어 족히 즐겁게 할 것이다.37)

주이준은 예로부터 시를 지음에 있어서 내용과 형식을 통일시키고자 하
였다. 여기서 먼저 뜻이 우선이고 예술적 표현이 그 다음이다. 바로 사상적
가치가 예술적 가치보다 더 중요한 위치에 놓인 것이었다. 뜻이 있는 시라
면 예술적 표현이 빼어나지 않더라도 후대에 도덕적 영향을 미칠 것이라
는 주장이다. 치교에 있어서 성정을 중시한 주이준의 시학관은 조선의 문
인 權擘의 서문을 인용한 데에서도 잘 드러난다.

　　陳緝熙가 조선에 사신으로 갔을 적에 창화한 시의 서문을 權擘이 지었는
　데, 그가 지은 서문에 대략 이르기를, "詩란 것은 사람의 마음이 대상을 보고
　느껴서 말에 형용되는 것이다. 마음이 느껴지는 바에는 이미 邪와 正이 없을
　수 없다. 그러므로 말에 형용되는 바에도 역시 옳고 그름이 없을 수 없다. 오
　직 성인께서 위에 있을 경우만 사람들이 모두 성인의 교화를 직접 입어 그

---

37)〈陳叟詩集序〉, "故夫作詩者, 必先纏緜悱惻于中, 然後寄之吟咏, 以宣其心志. 言
　之工, 可以示同好, 垂來世, 即有未工, 亦足爲怡悅性情之助."(朱彝尊,「序」, 『曝
　書亭集』 권38).

덕을 이룸으로써 性情의 바름을 얻을 수 있다. 그러므로 느낀 바가 있어서 말
로 발하는 것이 모두 바른 데에서 나와 깨끗하게 된다."하였는바, 그 持論이
법도에 딱 들어맞았다.[38]

　權擥이 창화집의 서문에서 "詩란 것은 사람의 마음이 대상을 보고 느껴
서 말에 형용되는 것이다. 마음이 느껴지는 바에는 이미 邪와 正이 없을
수 없다. 그러므로 말에 형용되는 바에도 역시 옳고 그름이 없을 수 없다.
오직 성인께서 위에 있을 경우만 사람들이 모두 성인의 교화를 직접 입어
그 덕을 이룸으로써 性情의 바름을 얻을 수 있다. 그러므로 느낀 바가 있
어서 말로 발하는 것이 모두 바른 데에서 나와 깨끗하게 된다."라고 쓴 글
에 대해 주이준은 "그 持論이 법도에 딱 들어맞았다"고 하며 권람이 기술
한 治敎의 이론을 매우 높이 평가하고 있다.

　주이준은 일관되게 존당시를 내세웠는데[39] 그의 시론은 조선 한시의 집
성에도 직접적인 영향을 준 것으로 보인다. 주이준은 1692년(강희31) 64세
에 관직에서 물러나 고향에서 만년을 보내면서 저술에 힘썼다. 그 노고의
결과로 1705년(강희44, 숙종31) 총100권으로 된 『명시종』을 편찬 간행하였
다. 그는 근 3세기에 달하는 동안의 명나라와 주변의 동아시아 시인들을
기리고, 그들의 작품을 전하기 위하여 명나라 시선집(總集)을 편찬하였는
데 이것이 『명시종』이다. 『명시종』은 전겸익의 『열조시집』이 나온 53년
뒤에 『열조시집』의 체제를 가져와 재편찬한 것이라고 할 수 있다. 『열조시

---

38) 〈權擥〉, "陳緝熙使朝鮮, 權擥爲之作序. 其序略云: '詩者, 人心之感物而形於言
也. 心之所感, 旣不能無邪正, 故言之所形, 亦不能無是非. 惟聖人在, 上則人皆
親被其化以成其德, 有以得夫性情之正. 故其所感而發於言者, 粹然無不出於正
矣.'其持論頗中繩尺. 登漢江樓云:'南樓初縱目, 檻外俯長流. 雪盡落梅塢, 春深
芳草洲. 湖光晴瀲瀲, 山氣暖浮浮. 使節陪登眺, 斜陽更挽㽞.' '城南一樽酒, 相對
暮山靑. 小艇橫前渡, 孤帆落遠江. 江雲連復斷, 主客醉還醒. 落筆龍蛇動, 高懷
入窈冥."(朱彝尊, 『靜志居詩話』).
39) 張建, 앞의 책, 480~486면.

집』은 청나라에서 금서로 지정되어 필사본으로 유통되거나 소장할 수도
없던 책이다. 현재 한국국립중앙도서관에 소장되어 있는『열조시집』에서
확인할 수 있듯이 당시 조선에도 들어와 읽혔으나 민감한 비판의 글들은
먹으로 지웠거나 종이로 가려 있음을 확인할 수 있다. 그렇다보니 지식인
들에게 생명수와 같은 읽을거리의 수요가 공급을 따라가질 못하는 상황이
된 것이다. 이러한 시대적 환경에서 명나라에 대한 애환이 깃든 문인들에
게 더 없이 새로운 시집이 필요했다. 이때 국가적 편찬사업이 이루어 졌고
주이준은『명시종』을 편찬하게 되었다. 난세에 시선집을 내면서 청나라에
대한 비판과 시인들에 대한 공격성이 드러나는 전겸익의『열조시집』에 비
해 안정기에 들어 편찬한 주이준의『명시종』은 당풍의 성격을 지닌 선시
방식을 취함으로서 시들이 세간에 널리 전해져 읽히도록 하였다. 이러한
자신의 시론에 입각하여 주이준은 작품들을 선별하고, 고증을 통한 작업에
힘을 실었다. 이러한 노력을 통해 "시로써 사람을 기리고 사람으로서 시를
기억한다(因詩而存其人, 或因人而存其詩)"는 취지에서 작가의 한시 작품을
싣고 또 작가에 대한 시화와 작품에 대한 비평 등을『靜居志詩話』로 함께
엮어 내었다.40) 주이준의 조선 한시 집성은 여러 문헌을 통해 얻은 채시의
결과물로 '국풍'을 보여주고자 한 일면을 읽을 수 있다. 다음 글은 주이준
이『명시종』과『靜居志詩話』를 편찬한 취지에 대해 적은 글이다.

---

40)『明詩綜』에는 明나라의 3400여명에 달하는 詩人의 시문이 수록하였는데, 明 洪
武 연간(1368~1398)부터 崇禎 연간(1628~1644)에 걸쳐, 明 왕조 270년간의 시들을
다루었다. 이 시집의 초간본은 1705년 간행된 白蓮涇刊本이며, 이를 저본으로 한
乾隆 연간(1736~1795)의 六峰閣刊本이 현재 통행된다. 권1에는 明代 왕실의 帝
王들의 시가 明太祖高皇帝(三首)에서부터 수록되어 있다. 권2에서 권82까지는
명나라 시인들을 연대순으로 정하였다. 권83에서 권99까지는 樂章, 宮掖, 宗潢,
閨門, 中涓, 外臣, 羽士, 釋子, 女冠, 土司, 屬國, 無名氏, 神鬼 등의 한시가 수록
되었고, 末권에는 민요와 속요 155수를 넣었다.『明詩綜』에는 작가들의 詩話도
함께 엮었는데『靜居志詩話』라 칭한다.

인하여 시로써 사람을 기리고, 사람으로서 시를 기억함이요, 이에 시화를
넣어 관련 일들을 기록한다. 모두 백 권으로 한 朝代를 기념할 수 있는 책을
이루어 國史의 올바른 도리를 절취함으로써 보는 자로 하여금 得失의 연유
를 밝게 알도록 하기 위해서이다[41]

주이준은 왕사정과의 편지에서 전대 전겸익이 『열조시집』에서 편견과
문호에 얽매이고 나라를 위해 목숨을 바친 많은 시인들이 기록되지 못한
점을 지적하고, 보다 공정하게 명나라 300년간의 세월 속에 묻힌 풍광을
기록하고자 하는 뜻을 밝혔다.[42] 조선 한시의 수록과 조선 문인에 대한 시
화의 편찬도 그의 이러한 뜻이 내포되어 있다고 볼 수 있다. 또한 고려와
조선의 한시가 명나라 한 시대를 대표하는 시선집 『명시종』에서 많은 오
류가 시정되어 세상에 나왔는데 이는 주이준이 가지고 있었던 저술의 정
신에 힘입었다.

---

41) 〈明詩綜序〉, "或因詩而存其人, 或因人而存其詩, 間綴以詩話, 述其本事, 期不
失作者之旨. 明命旣訖, 死封疆之臣, 亡國之大夫, 黨錮之士, 暨遺民之在野者,
槪著于錄焉. 析爲百卷, 庶幾成一代之書, 竊取國史之義, 俾覽者可以明夫得失
之故矣"(朱彝尊, 『明詩綜』)(康熙 44년, 秀水朱氏六峰閣刻本).

42) 〈苔刑部王尙書論明詩書〉, "兩誦來書, 論及明詩之流派, 發蒙振滯, 綜時運之盛
衰, 備風雅之正變, 語語解頣. 至云選家通病, 往往嚴於古人而寬於近世, 詳於東
南而略於西北, 輒當紳書韋佩, 力矯其弊. 惟是自淮以北, 私集之流傳江左者, 久
而日希, 賴中立王孫之『海岳靈秀集』, 李伯承少卿之『明雋』, 趙微生副使之『梁
園風雅』專錄北音. 然統計之, 北祇十三, 而南有十七, 終莫得而均也. 明自萬曆
後, 作者散而無紀. 嘗熟錢氏不加審擇, 甄綜寥寥, 當嘉靖七子後, 朝野附和, 萬
古同聲. 隆慶鉅公, 稍變而歸於和雅. 定陵初禩, 北有于無垢, 馮用韞, 于念東, 公
孝與, 暨季木先生, 南有歐楨伯, 黎惟敬, 李伯遠, 區用孺, 徐惟和, 鄭允升, 歸季
思, 謝在杭, 曹能始, 是皆大雅不羣. 卽先文恪公, 不以詩名, 而諸體悉合. 竊謂正
嘉而後, 於斯爲盛. 又若高景逸之恬雅, 大類柴桑, 且人倫規矩. 乃錢氏槩爲抹殺,
止推松圓一老, 似非公論矣. 故彝尊於公安, 竟陵之前, 詮次稍詳, 意在補『列朝』
選本之闕漏. 若啓禎死事諸臣, 復社文章之士, 亦當力爲表揚之, 非寬於近代也. 郵
便奉報, 『摭言』, 『吳越備史』, 『玉壺淸話』三書附上. 諸嗣宣, 不備."(朱彝尊, 「書」,
『曝書亭集』 권33).

竹垞선생은 모든 책을 판각할 때 版下本을 직접 두 번에 걸쳐 교감하였고, 판각이 끝난 뒤에는 세 번에 걸쳐 교정을 보았다. 그의 『明詩綜』은 만년에 판각되었다. 판각 후에 손수 두 번에 걸쳐 교정을 하였지만, 장시간 정신을 집중할 수 없게 되자 여러 사람의 書房에 나누어 주고는 스승과 제자 중에 잘못된 글자 하나를 교정하면 백 냥을 상으로 보내주었다. (후략)43)

죽타 선생은 주이준을 말한다. 세간에는 주이준이 모든 책을 판각하기 전 두 번 교감을 보고, 판각 후에 또 다시 3번의 교정을 본다는 가화가 널리 퍼져 있었다. 주이준이 북경 관직에서 물러나 고향에서 『명시종』을 저술할 때는 이미 노년이었다. 그러나 주이준은 다른 여러 서당의 선생과 제자들에게 부탁하여 교정에 철저를 기한 것이다. 이러한 그의 투철한 저술 정신은 후일에 "틀린 글자 하나를 찾아내면 백 냥을 상으로 주었다"라는 가화를 낳았다.

주이준은 『명시종』을 편찬하면서 『열조시집』의 상당 부분의 오류를 고증하여 편집하였다. 한 예로 중국에서 전해지던 역대 조선의 한시선집인 吳明濟의 『朝鮮詩選』과 藍芳威가 간행한 『朝鮮詩選全集』은 〈맥수가〉에서 진덕여왕, 許蘭雪軒, 許筠, 李達 등 16세기 말까지의 조선전기 한시 585수를 수록하고 있다.44) 주이준은 조선 한시 집성에 있어서 여러 문헌을 통해 얻은 채시의 결과물로 '국풍'을 보여주고자 하였는데 이는 觀風의 개념으로 해석할 수 있을 것으로 보인다. 우선 주이준이 수록한 작품 중에 조선의 역사를 노래한 朴瀰의 한시 〈平壤 大同館 벽에 제하다(平壤大同館題

---

43) 〈朱竹垞刻書之逸聞〉(蔡澄 『雞窗叢話』), "竹垞凡刻書, 寫樣本親自校兩遍, 刻後校三遍. 其明詩綜刻於晚年, 刻後自校兩遍, 精神不貫, 乃分於各家書房中, 或師或弟子, 能校出一譌字者送百錢. (후략)"(民國 葉德輝, 『書林淸話』 권10)(民國 郋園先生全書本)(『書林淸話』는 최근 한국에서 번역이 되어 나왔다. 박철상역, 『書林淸話』, 푸른역사, 2011).

44) 이종묵, 위의 논문, 2009에 근거하여 현재 남아 있는 北京大學 소장본인 吳明濟의 『朝鮮詩選』도 버클리대학 소장본인 藍芳威 『朝鮮詩選全集』의 작품 수와 비슷할 것으로 본다.

壁)〉을 살펴보고자 한다.

> 고구려는 한나라 홍가 때 일어났는데
> 궁궐 남은 터엔 풀들이 우거졌네.
> 을지문덕 죽은 것이 슬프니
> 나라 망한 것은 후정화를 불렀기 때문 아니라네.
> 高句麗起漢鴻嘉, 宮殿遺墟草樹遮
> 惆悵乙支文德死, 國亡非爲後庭花
> 朴瀰, 「平壤 大同館 벽에 제하다(平壤大同館題壁)」(『明詩綜』)

　이 작품은 박미가 역사 유적들을 보고 지은 「西京에서의 감회를 술회하다(西京感述)」 30수 중 여섯 번째 작품이다.[45] 이시는 원래 1638년 박미가 청나라에 사신으로 갈 때 평양에서 지은 〈서경에서 감회를 술회하다〉라는 칠언절구 연작시 30수 중의 제6수로, 고구려의 유적을 바라보고 멸망을 슬퍼하며 지은 시이다. 또 『지북우담』의 「조선채풍록」 중에도 〈평양의 객관 벽에 서경의 고적에 관한 시 30수를 쓰고 田儀曹(예조의 관원)에게 남겨주다(題平壤館壁西京古蹟詩三十首遺田儀曹)〉라는 題下에 소개하고 있다. 이 시들은 각각 〈서경에서 느낀 바를 술회하다(西京感述)〉라는 원시의 제1, 2, 3, 4, 6, 13수로서, 평양에 남아있던 단군조선과 기자조선 및 고구려의 고적을 노래하고 있다. 주이준은 박미의 여러 작품을 수록하지 않았지만 충분히 조선의 고구려 역사를 조망할 수 있는 대표적 작품이다.

　수록된 〈평양 대동관벽에 제하다〉의 제목은 조선의 평양과 사신행로에서 잘 알려진 객관인 平壤에 자리한 大同館으로 장식되면서 조선을 대표하는 풍광을 보여주고 있다. 박미의 작품은 외국 독자들에게 조선 역사를 살펴볼 수 있게 하는 작품이다. 그리고 南朝 陳後主가 지은 〈옥정후정화

---

45) 〈西京感述〉, "其六: 高句麗起漢鴻嘉, 宮殿遺墟草樹遮. 惆悵乙支文德死, 國亡非爲後庭花. 高句麗舊闕基, 在城中, 乙支文德, 是高句麗相也, 大破隋百萬兵."(朴瀰, 「西京感述 ─ 幷敍, 奉使瀋陽時」, 『汾西集』 권8)(한국문집총간: 25, 73면).

(玉樹後庭花)〉의 전고를 빌어 망국의 애상함을 표현하고 있다. 이 작품은 자국 역사의 유적을 바라보며 일어난 작가의 감개한 심정을 시로써 토로하고 있어 주이준이 선호한 성정이 잘 표현된 작품이라 하겠다. 외국 독자에게 조선의 역사와 역사 유적 그리고 역사 인물이 시로써 읊어졌기 때문 있다.

다음 주이준은 조선의 자연 경물을 통해 중국 사신과의 이별의 정한을 읊은 조선 문인의 시를 수록하고 있는데 이는 관풍을 통한 한중문인의 교류를 의미 있게 보여주고자 한 것으로 보인다. 박원형의 〈한강루에 올라서 張黃門의 운에 차운하다(登漢江樓次張黃門韻二首)〉이다.

其一
먼 산은 눈썹처럼 가로누웠고
들판은 푸르른 풀 평평하구나.
돌아가는 까마귀는 석양빛에 번득이고
우는 새는 맑은 봄날에 조잘대누나.
잠시 동안 새로운 친지 사귀는 즐거움 얻었건만
도리어 이별의 한 생기게 하네.
관산은 만리 길이 넘으니
어디에서 연경 쪽을 바라보려나.
遠岫橫如黛, 芳郊綠漸平.
歸鴉飜夕照, 啼鳥哶春晴.
暫得新知樂, 還敎別恨生.
關山逾萬里, 何處望燕京.

其二
봄빛은 이제 한창 흐드러진데
푸른 기운 도는 산엔 보슬비 오네.
하얀 물결 부채에 어른거리고
물가 난초 향내음 옷에 스미네.
물고기는 때때로 뛰어오르고

날랜 제비 여기저기 날아다니네.
경치 물색 보면은 이와 같으니
되도록 천천히 돌아가소서.
春光方浩蕩, 嵐翠轉霏微.
雪浪搖歌扇, 汀蘭襲舞衣.
素鱗時潑潑, 輕燕已飛飛.
景物看如此, 從敎緩緩歸.
朴元亨, 「한강루에 올라서 張黃門의 운에 차운하다(登漢江樓次張黃門韻
二首)」(『明詩綜』)

위 작품은 명나라 사신 張寧이 사신으로 조선에 왔을 때 박원형이 접반
관으로 나가 장녕과 함께 화창한 것이다. 제목에서 알 수 있듯이 서울에
자리한 한강루의 자연풍광이 작품을 통해 그려진다. 一首의 1구와 2구에서
는 한강루에서 바라본 서울의 풍경이 그려지고 있다. 작가의 눈에 비친 먼
산과 들판은 봄의 싹들로 움터 나와 눈썹처럼 가로누워 있고, 풀들 또한
평평하다. 평화로운 시대를 이 시의 서두로 보여주고 있다. 그다음 3구와
4구에서 석양빛과 함께 집으로 돌아가는 까마귀를 등장시켜 이별과 함께
짧았던 만남을 아쉬워하며 작가의 슬픔 마음을 우는 봄날의 새에 비유하
고 있다. 마지막 5구와 6구에서는 북경으로 돌아가는 사신의 길을 멀리 멀
리 바라보고 싶다는 작가의 마음을 담아 정을 토로하고 있다.

二首에서는 봄의 완연함을 보슬보슬 내리는 보슬비, 뛰어오르는 물고기,
여기 저기 날렵하게 날아다니는 제비 등으로 動的인 시어들을 등장시켜
생기 넘치는 조선의 봄 경치를 장식하고 있다. 물가 난초의 향내가 독자들
로 하여금 芝蘭之交를 떠올리게 한다. 옷깃에 스미는 향은 맑은 선비를 노
래하고 있으며 중국 사신에게 아름다운 이 봄날의 경치에 오래 있어 달라
고 읊고 있다. 이 시문에서도 조선의 아름다운 자연과 봄의 경치가 어우러
진 화사함 속에 이별이라는 정한을 담아 한중문인의 교우의 정한을 情으
로 토로하고 있다.

주이준은 『명시종』에 주지번의 『봉사조선고』에서 채록한 작품으로 이
호민의 〈郊院別席〉 작품 한 수를 더 싣고 있다. 李好閔의 인적사항에서
"이호민은 자가 孝彦이고 探花郞이었으며, 樞相을 지냈다."라고 소개하고
있다. 작품은 칠언율시를 칠언절구로 改刪하여 수록하였는데 당풍을 지향
한 그 특징을 엿볼 수 있다. 다음은 李好閔의 〈교외 驛院의 이별하는 자리
에서(郊院別席)〉이다.

> 서쪽 교외 연못에 푸른 연 가득하매
> 이별하는 정표로 그 연꽃 꺾어 주네
> 금대로 떠나가도 정만은 안 끊어져
> 이내 마음 진정코 연뿌리 속 실 같으리
> 西郊菡萏綠盈池, 折得芳華贈別離.
> 此去金臺情不斷, 寸心眞似藕中絲.
> 李好閔, 「교외 驛院의 이별하는 자리에서(郊院別席)」(『明詩綜』).

李好閔의 문집과 주지번의 『봉사조선고』, 『황화집』에는 〈교원별석, 正
使 蘭翁大人에게 올리다(郊院別席, 奉呈正使蘭翁大人)〉란 시제로 율시가
수록되어 있다.46) 이를 『명시종』에서는 시어와 시구에서 모두 변화를 주
어 수록했는데 보면 8구의 율시를 절구로 바꾸었다. 수록한 시구는 8구의
시문에서 1구와 2구를 가져와 수록하면서 1구에서는 "서쪽 교외의 버드나
무 천 갈래로 푸른데(楊柳綠千枝)"가 "서쪽 교외 연못에 푸른 연 가득하매
(西郊菡萏綠盈池)"로 2구에서는 "이별하는 정표로 긴 가지 꺾어 주네(折得
長條贈別離)를 "이별하는 정표로 아름다운 꽃 꺾어 주네(折得芳華贈別離)

---

46) 〈郊院別席, 奉呈正使蘭翁大人〉, "西郊楊柳綠千枝, 折得長條贈別離. 豈有浮丘
久下界, 空敎阮籍泣窮岐. 淸歡可忘江干會, 厚意還瞻墓道碑. 約致金臺思不斷,
此心眞似藕中絲."(「七言律」, 『五峯先生集』 권5; 한국문집총간: 59, 389면);『皇
華集』과 朱之蕃의 『奉使朝鮮稿』에는 '約致金臺思不斷'이 '約到金臺思不斷'으
로 되어 있다.

로 고쳤는데 버드나무의 긴가지 '長條'가 푸른 연못에 있는 연꽃을 꺾어
주는 '芳華'의 시어로 바뀌었다. 다음은 원문의 3구에서 6구까지의 시문을
刪去한 후 7구와 8구의 시문을 가져왔는데, 7구에서 "금대로 보내야하니
정만은 안 끊어져(約致金臺思不斷)"를 "금대로 떠나가도 정만은 안 끊어져
(此去金臺情不斷)"로 '約致'를 '此去'로 고치고 8구에서는 "이내 마음 진정
코 연뿌리 속 실 같으리(此心眞似藕中絲)"를 "이 한 마음 진정코 연뿌리
속 실 같으리(寸心眞似藕中絲)"로 '此心'을 '寸心'으로 변화를 주었다. 이
와 같이 유근의 작품은 율시에서 절구로 『명시종』에 수록되었다. 이렇게
7언 절구로 변모된 시는 이별의 장소, 이별의 징표, 이별의 마음을 연못,
연꽃, 연뿌리로 표현하여 중국 독자들에게 다가서도록 하였다.

주이준이 『명시종』에 수록한 조선 접반관의 한시는 전체 작품의 3분의
2의 분량을 차지한다. 이중에는 조선의 역사와 유적 그리고 경물 등이 시
제로 등장하고 있다. 이를 보면 鴨綠江, 大同江, 임진강, 한강을 비롯하여
부벽루, 鳳山樓, 한강루, 陽德驛, 開城太平館과 蔥秀山 등이다. 이러한 조선
역사와 풍광에 대한 관심은 주이준에게는 '국풍'의 개념으로 일어난 것으
로 보인다. 이는 주이준이 내세우는 시교를 통해 보면 덕치의 개념으로 풀
이될 수 있다. 또한 還朝하는 중국 사신을 바래며 지은 조선 문인의 한시
는 이별의 정을 담아 情을 잘 표현한 작품으로 조선과 명나라 사이에 있었
던 찬란한 문화교류의 역사를 길이 전하고자 한 뜻이 담겨 있다.

주이준이 관풍으로 집성한 조선의 한시는 존당시의 집결로 '言志'를 보
여주고자 한 일면과 '性情'의 미학이 잘 구현된 존당시의 작품이었다. 주이
준이 가려 뽑은 허종의 '아름다운 시구들'은 신운의 미학에서 말하는 경물
을 통해 얻어지는 人生境界를 읽을 수 있다. 주이준은 비록 신운설을 거론
하지 않았지만 왕사정이 신운이 있는 작품을 가려 편찬한 『감구집』의 서
문을 쓴 장본인으로 이들은 당대 공동된 존당의 시풍을 지향하고 있었음
을 알 수 있다. 아래 주이준이 수록한 시는 모두 董越이 조선 사신으로 왔

을 때 遠接史로 동행하며 지은 차운의 작품 중에서 '아름다운 시구'라고
하면서 뽑아 소개한 것이다.

나는 새 저 너머로 봄은 져가고
멀어지는 돛배 안에 하늘은 넓네.
春歸飛鳥外, 天闊落帆中.

보슬비에 나무는 온통 젖는데
외론 성에 연기가 반쯤 걸렸네.
細雨全沈樹, 孤城半帶煙.

동풍 불자 과만수 불어오르고
석양 속에 죽지가의 노래 들리네.
東風瓜蔓水, 斜日竹枝歌.

바람 급해 양의 뿔을 후려 때리고
물결 쳐서 기러기 떼 놀라 나누나.
風急搏羊角, 波麤起鴈群.

다리에는 날 맑아서 그물 말리고
나루터엔 날 저물어 배 매여 있네.
官橋晴曬網, 野渡晚維舟.
許琮, 「시구(詩句)」(『明詩綜』)

許琮은(1434~1494) 자가 尙有堂으로 조선 전기의 문신이다. 그는 중국에
서 널리 알려진 허균의 선조이기도 하거니와 董越의 遠接史이며 그가 읊
은 한시의 풍격이 주이준이 선호하는 존당시의 풍격에 매우 가까웠기 때
문에 자세히 다루어진 것 같다. 주이준은 『정지거시화』에서 허종의 위의
시구들을 소개하고 『명시종』에는 5언절구의 시문을 모두 6수 수록하고 있
다. 그 어느 원접사의 시보다 많은 양의 시를 취록한 것이다. 시제는 〈부벽

루에 올라 차운하여 짓다(登浮碧樓次韻)〉,〈安興으로 가는 길에서 王黃門
의 운에 차운하다(安興道中次王黃門韻)〉,〈鳳山樓에 올라 차운하여 짓다
(登鳳山樓次韻)〉,〈松林晚照에 차운하여 짓다(松林晚照次韻)〉,〈所串館으
로 가는 도중에 卽事로 읊다에 차운하여 짓다(所串館道中卽事次韻 二首)
이다. 이 작품들은 제목으로부터도 한중문화교류의 장을 잘 보여준다.

> 물가 풀은 깎은 듯이 평평도 하고
> 강 구름은 축축해서 날지도 않네.
> 저녁 노을 자리 위로 비치어 오고
> 새 물결은 이끼가 낀 바위 부딪네.
> 옛 절에는 담쟁이가 벽에 붙었고
> 어부 집은 사립문이 물가 가깝네.
> 눈앞에 펼쳐지는 몇몇 경치에
> 마음 슬퍼 나그네는 떠나려 하네.
> 渚草平如翦, 江雲濕不飛.
> 餘霞飄綺席, 新浪濺苔磯.
> 古寺蘿垂壁, 漁家水浸扉.
> 眼前多少景, 惆悵客將歸.
> 許琮, 「부벽루에 올라, 차운하여 짓다(登浮碧樓次韻)」(『明詩綜』)

　『明詩綜』에 수록된 허종의 시 〈부벽루에 올라, 차운하여 짓다(登浮碧樓
次韻)〉이다. 이것은 『皇華集』의 시문과 시어의 차이를 보인다.[47] 제3구의
'餘霞飄綺席' 시문은 『황화집』에서 '비치는 저녁 노을이 술 자리를 비치어
오고(綺霞飄酒席)'로 되어 있다. 즉 '餘'가 '綺'로, '綺'의 자리에는 '酒'의
시어가 있었는데 시어의 교체로 '저녁 노을 자리 위로 비치어 오고'로 감
상되면서 술자리가 아닌 일상의 자연풍경으로 독자에게 다가간다. 다음 4
구의 '新浪濺苔磯' 시문에서 '新'자의 시어가 『황화집』에는 '桃'로 되어 있

---

47) "餘霞飄綺席, 新浪濺苔磯. 漁家水浸扉."(『皇華集』 권10).

다. 주이준은 『황화집』의 '도화물결(桃浪)'을 '새물결(新浪)'로 바꾸어 놓았
는데 경물묘사만이 아닌 '長江後浪推前浪'(宋·劉斧, 『青瑣高議』: "我聞古
人之詩曰 : '長江後浪推前浪, 浮事新人換舊人.'")의 의미로 자연경물을 통
한 興의 표현수법으로 수록하고 있다. 다음 6구에서의 '漁家水浸扉'의 '浸'
는 『황화집』에는 '入'으로 되어 있다. 연속적으로 물이 들어온다는 느낌을
주는 '入'을 주이준은 사립문을 적시는 물의 일렁임을 보여주고 있다. 이작
품은 『명시종』의 수록을 저본으로 『어제사조시』에 수록되어 널리 읽혔다.
시구에서는 나그네의 눈에 강구름과 저녁 노을, 이끼 낀 바위, 옛 절에 붙
은 담쟁이, 어부 집의 사립문이 들어오면서 일으킨 슬픈 마음을 情으로 그
려 보였다. 주이준은 허종의 시문을 일러 "차분하여 당나라 시인의 風格이
있었다"라고 평하고 또 동월이 서문에서 "音律이 온화하고 맑아 시원스레
속세를 벗어났다."라는 평어를 인용하면서, "이는 헛되이 추어올린 것이
아니다."라며 허종 시문이 당풍의 아름다움을 가지고 있다고 칭찬하였다.
주이준은 허종의 손자인 許洽의 시화와 그의 시에 대한 시평도 내렸다.

　　許洽과 그의 동생 許沆이 모두 시로써 이름이 났는데, 일찍이 先代의 시를
　　모아서 『陽川世稿』라고 이름하였다. 허항은 이조 참판을 지냈으며, 형제가
　　모두 國政을 잡았다. 허흡의 시에, '어촌 객점 해 기울자 먼 데서 피리 울고,
　　바다 어귀 바람 급해 새벽에 돛 펼쳐졌네.(漁店日斜遙笛起, 海門風急曉帆
　　開)'라고 한 시구가 있는데, 역시 상쾌한 기운이 빼어남을 느낄 수가 있다.48)

　　허균 집안의 문집 『陽川世稿』의 서문은 주지번이 1605년 병오 사행 때
도 써 준 적이 있다. 주지번은 허균과의 동행길에서 허균의 과거 시험성적
과 현재 관직 등을 물어보고서, 실제 인물됨과 비교해 관직이 너무 적다고

---

48) "洽與弟沆, 俱有時名, 嘗集其先世詩, 號陽川世藁. 沆官吏曹參判, 兄弟皆執國
　　政. 詩有'漁店日斜遙笛起, 海門風急曉帆開'之句, 亦覺爽氣殊倫."(朱彝尊, 『明
　　詩綜』).

생각하여, 중국에 태어났다면 당연히 승명지려(承明之廬, 承政院)나 금마지문(金馬之門, 홍문관)에 오래 있을 사람이라고 자질을 높이 칭찬하며 허씨 집안의 문집을 받아온 바 있다.49) 일찍이 공용경도 사신으로 조선에 왔을 때 『陽川世稿』의 서문을 쓴 적이 있는데, 조선 허씨 집안의 문집은 일찍이 중국에 들어가 그 시문을 빛냈다. 주이준은 허흡의 시구 "어촌 객점 해 기울자 먼 데서 피리 울고, 바다 어귀 바람 급해 새벽에 돛 펼쳐졌네(漁店日斜遙笛起, 海門風急曉帆開)"라고 한 시구를 들어 "역시 상쾌한 기운이 빼어남을 느낄 수가 있다"라는 평어를 내렸다. 허씨 집안은 대대로 중국 문인들과 교분을 이어 갔고, 특히 허균을 통해 중국에서의 인지도가 꾸준히 이어졌던 것 같다. 시문 또한 당풍에서 추구하는 음율과 情景의 묘사가 잘 어우러졌는데 이러한 당풍의 시에 대한 주이준의 선호도를 읽을 수 있다.

다음에서 주이준이 수록한 崔澱의 작품을 보기로 한다.

능수버들 일렁이고 강물 넘실대는데,
살구꽃 눈 처럼 소리 없이 떨어지네.
푸른 안개 다 걷히자 누각이 보이는데,
그 안에 미인 있어 옥피리를 부누나.
楊柳依依江水生, 杏花如雪落無聲.
青霞捲盡畫樓出, 中有玉人吹玉笙.
崔澱, 「봄날(春日)」(『明詩綜』)

최전의 〈봄날〉은 이전에 중국에 알려져 있지 않았는데 주이준이 千頃堂 장서루에 소장된 최전의 문집 『楊浦集』을 읽고 뽑아 실은 것으로 보인다. 작품에서는 강위로 능수버들 휘늘어져 있는 정경과 살구꽃이 눈처럼 소리 없이 흩날려 떨어지는 봄의 풍경을 기구와 승구에서 영상처럼 보여주고 있다. 다음으로 전구와 결구에서 푸른 안개가 그치자 그림 같은 누각과 옥

---

49) 朱之蕃, 『奉使朝鮮稿』; 許筠, 「丙午紀行」, 『惺所覆瓿稿』.

피리 부는 여인이 등장한다. 그림과 음악이 어우러진 당풍이다. '楊柳依依'
는『시경』〈채미(采薇)〉에 "예전에 내가 떠날 때 수양버들 휘늘어졌는데,
오늘 내가 올 때 보니 진눈깨비 흩날리네(昔我往矣, 楊柳依依 ; 今我來思,
雨雪霏霏)"에서 노래한 시문이다. 후에 당나라 시인 劉禹錫이 〈죽지사(竹
枝詞)〉에서 "버들은 푸르디 푸르고, 강가에서는 님의 노래 소리 들리네. 동
쪽에서 해 뜨고 서쪽에서 비 내리는데 날이 개이지 않았다고 하지만 날 또
한 개었네(楊柳靑靑江水平, 聞郎江上唱歌聲. 東邊日出西邊雨, 道似無晴卻
有晴.)"라고 한 것을 남녀의 애정시로 노래하였다. 마지막 구에서 晴(qing)
이 諧音인 情(qing)으로 읽히면서 남녀의 사랑을 노래한 것을 볼 수 있다.
　주이준은『정지거시화』에서 李廷龜,[50] 鄭經世, 任叔英의 시평을 인용하
여 최전의 시를 평가하고 있다. 이정구는 "언침의 시는 丹穴 속의 봉새 새
끼 소리와 같으니, 막 단혈에서 나오자마자 이미 사람들을 놀라게 하기에
충분하였다. 그의 시를 읽으면 바람과 이슬이 상쾌하여 아마도 인간 세상
사람의 말이 아닌 것 같은바, 盛唐의 시 속에 가져다 놓아도 부끄러울 것
이 없다." 하였고, 정경세는 "언침은 입에서 나오는 대로 시를 토해 놓았는
데, 모두가 아름다운 시구를 이루었다." 하였고, 임숙영은 "언침은 성당의
시를 배웠는데, 그 시가 맑고도 빼어났다." 하였다. 주이준은 이렇듯 조선
문인의 시평을 그대로 인용하여 최전의 시를 성당의 시로 높이 평가하고
있다.『명시종』에는 위 〈봄날〉 한시 외에 〈누구에게 주다(贈人)〉[51]의 작품
한 수를 더 수록하고 있다. 그리고 시화에서 최전의 〈鏡浦臺〉시 한 수도
따로 소개하고 있는데 이를 합치면 최전의 작품 3수가 주이준의 소개로 청

50) 주이준은『明詩綜』에서 李廷龜의 호를 栗穀으로 기록하고 있다. 이정구(이정구
　는 시화가 없음)의 시를 수록하면서 〈崔彦沉輓詩〉를 편집하여 넣었는데 이 또한
　최전을 위해 편집한 작품이라고 할 수 있다.
51) "시냇물 졸졸대며 단풍 든 숲 울리는데, 산수를 좋아해서 멀리까지 찾아왔네. 신선
　은 아니 오고 가을 이미 깊었기에, 석양 질 때 옛 누각 홀로 올라 바라보네.(〈贈
　人〉, 碧溪哀玉響楓林, 山水孤懷恋遠尋. 仙子不來秋已暮, 古樓斜日獨登臨)"(朱
　彝尊,『明詩綜』).

문단에 알려졌다.

　이와 같이 주이준이 선별한 조선 한시는 전체적으로 言志를 통한 治敎에 중심을 두고 觀風으로 조선 한시를 집성하였음을 알 수 있다. 그리고 그가 내린 비평을 보면 당대 강희문단에서 추구하는 당풍의 미학 관점과 매우 가까웠다. 이러한 존당풍의 시론에 더욱 근접하기 위하여 왕사정 이외에 주이준도 조선시문에 있어 시어의 변화를 꾀하였음을 알 수 있다. 이런 현상은 중국에서 명나라 시선집을 편찬할 때 일반 한시작가들의 작품이 선취되어 수록되는 과정에 일어나는 보편적 현상이었다. 이러한 개산의 과정을 거쳐 보다 당대 중국 청 문단에서 선호하는 격조 높은 작품이 대가들의 시선집에 수록되었다.

3. 尤侗: 眞의 重視와 조선 樂府의 소개

　우통은 "시로써 역사를 기재한다(以詩載史)"와 "한 시대의 문장은 자고로 한시대의 風氣를 가지고 있다(一代之文, 自有一代風氣)"의 창작관과 성정을 드러내어(道性情) '眞'을 추구하였는데 "性情과 文章이 서로 통창하고 소리와 색깔이 함께 아름다워야 한다(情文交暢, 聲色雙美)"는 시학관을 가지고 있었다.[52]

　내가 글로 이르기를 시는 古今이 없으며 오직 그 '眞'일 뿐이다. 참된 性情이 있은 뒤라야 참된 格律이 있고, 참된 格律이 있은 뒤라야 참된 風調가 있게 된다.[53]

---

52) 徐坤, 『尤侗硏究』, 上海文化出版社, 2008, 138~225면.

53) 〈吳虞升詩序〉, "予語之曰: '詩無古今, 惟其眞爾. 有眞性情, 然後有眞格律, 有眞格律, 然後有眞風調.'"(尤侗, 「雜組」二集, 『西堂雜組』권3)(淸康熙刻本).

우통은 시에는 옛날과 지금이 따로 없고 오진 性情에서 우러러 나오는
참되고 진실된 '眞'이 있을 뿐이라고 말하였다. 그는 오직 이 '眞'이 있은
후에야 音律이 있게 된다고 하였고 또 이 음율이 있고 난 뒤에야 風格이
있게 된다고 하였다. 이와 같이 우통은 그 무엇보다 태초에 사람이 가지고
태어난 性情에서 그 참된 '眞'을 찾아 시론을 내세웠다.

왕사정은 우통을 평가하기를 "선생의 古文, 歌行과 시는 만곡의 샘물과
같아 어디서든지 솟아올라 언제든지 세간으로 나아가니 변재가 막힘이 없
고 그 마음으로 말하고자 하는 바에 도달하였다고 할 만하다"[54]라고 하였
고, 沈德潛 또한 우통을 '盛唐의 시인' 중 한사람으로 평가하였다.[55]

우통이 창작한 한시 작품들을 보면 중년기 이전에 주로 현실사회를 반
영하고 국민의 질고에 대해 동정을 표현한 작품이 많이 창작되었는데 〈老
農〉, 〈殺蝗〉, 〈苦雨行〉, 〈出關行〉, 〈民謠〉 등으로 이 작품들의 창작기법은
장편고시였다. 그 뒤 북경에서 『明史』를 편찬하는 과정에서 일어나는 감
회를 담아 『擬明史樂府』 100首를 지었다. 이 『擬明史樂府』 100首는 악부
체로 당시 청초 명나라에 대한 민감한 문제들을 문학적으로 표현해 낸 우
통의 문학적 접근법이었다. 이는 악부의 장르를 빌어 명나라에 대한 정한
을 노래하였다. 이외 우통은 또 역사서에서 모두 담아 낼 수 없었던 부분
들을 정리하여 짬짬이 『外國竹枝詞』 100首와 『土謠』 10首도 지었다. 이렇
듯 우통은 청대 악부풍의 창작기법을 선보이고 또 죽지사를 통해 '국풍'으
로서 외국과 변방 민족의 풍속을 담아내고자 하였다.

우통의 창작관과 문학관은 조선 한시의 수록에 있어서도 직접적으로 작
용한 것으로 보인다. 이는 주로 성정을 담아낸 남녀 사랑의 노래를 악부풍
으로 읊은 한시의 선취와 마음의 애상을 노래한 만당풍 작품의 선취 등을

---

54) "先生古文歌詩, 如萬斛泉, 隨地湧出, 世出世間, 辯才無礙, 要爲稱其心之所欲
言."(王士禎, 『蠶尾文』 1, 『帶經堂集』 권65)(康熙五十年程哲七略書堂刻本).
55) "四十至六十時詩, 開闔動蕩, 軒昂頓挫, 實從盛唐諸公中出也."(沈德潛, 『清詩別
裁集』 권11)(乾隆二十五年敎忠堂刻本).

통하여 드러난다. 그리고 국풍을 노래한 「조선죽지사」에서는 죽지사 장르를 빌어 소박하고 진실된 민풍을 담아내고자 하였던 우통의 창작관을 읽을 수 있다. 이와 같은 우통의 문학관과 창작관은 조선을 죽지사로 노래하고 조선의 악부시를 다른 문인에 비해 비중 있게 소개하는 데로 나아갔다. 우선 우통이 저술에서 수록한 成侃의 〈囉嗊曲〉을 보기로 한다.

> 낭군이여 낭군이여 내 낭군이여
> 금년에는 오시려나 안 오시려나.
> 강가에 봄풀 자라 푸르러갈 때
> 이 소첩의 애간장은 다 녹는다오.
> 爲報郞君道, 今年歸未歸.
> 江頭春草綠, 是妾斷腸時.
> 成侃, 「나홍곡(囉嗊曲)」(『丘齋雜說』)

〈囉嗊曲〉은 〈羅嗊曲〉 또는 〈羅貢曲〉으로 쓰기도 한다. 羅嗊은 陳 後主가 세운 누각 이름으로 당나라의 기생 劉采春이 이 노래를 불렀다고 한다. 장사꾼 아내가 남편을 그리워하는 내용을 담고 있어 〈望夫歌〉라고도 한다. 성간의 문집 『眞逸遺稿』[56]에는 〈羅嗊曲〉12수가 있는데 시제는 간행 할 때 잘못 옮겨진 것으로 보인다. 12수 중에 첫 번째의 시문인 "爲報郞君道, 今年歸不歸. 江汀春草綠, 是妾斷腸時."이 중국으로 전해진 것으로 보인다. 이 작품은 사랑노래의 전통에 따라 화자가 여성으로 등장하여 낭군을 기다리는 소첩의 애타는 심정을 노래하였다. 강가의 봄풀 자라 푸르러 가는 자연을 바라보면서 노래하는 여인의 기다림은 주체가 조선 여성으로 다가간다. 이 작품이 악부풍으로 읽히는 것은 사랑과 기다림이라는 보편적 주제를 담은 민요의 분위기를 읽을 수 있기 때문이다.[57]

---

56) 成侃, 〈羅嗊曲十二首〉, 『眞逸遺稿』 권2(한국문집총간: 12, 184면).
57) 이종묵, 「사랑노래의 전통과 미학」, 『한국 한시의 전통과 문예미』, 태학사, 2002, 60~98면에서 조선 문인들이 창작한 애정시의 전형과 미학을 고찰한 바 있는데 주

우통이 수록한 시문은 성간의 문집으로부터 변화가 일어난 양상을 살필수 있는데 승구의 '歸不歸'가 '歸未歸'로, 전구에서 '江汀'이 '江頭'로 변화를 가져왔다. 승구에서 문집의 '不'자가 '未'자로 변화되면서 시문의 의미가 보다 더 미지의 뜻을 표출하는 효과를 준다. 전구에서의 '汀'은 음이 'ting'으로 앞의 시어 '江 jiang'과 같은 1성이고 또 'ong'의 음이 중첩된다. 그리고 그 다음 자 '春 chun'과도 1성으로 겹쳐 율동의 맛을 살리지 못한다. 여기서 두 번째 시어인 'ting'에서 원 시문의 뜻이 변화하지 않는 원칙하에서 시어만 살짝 변화를 주어 2성인 tou로 바꾸었는데 음율적 효과를 더해 주고 있다. 허균의 『國朝詩刪』에는 〈囉嗊曲〉시제 아래 3편 其一, 其四, 其十이 실려 있는데, "세편의 작품이 극히 당인의 악부와 흡사하다(三篇極似唐人樂府)"라고 평한바 있다. 이 작품은 『명시종』에도 수록되어 있는데, 승구에서 '今年歸未歸'가 '今年歸未遲'로 되어 있다. 이는 '올해는 오시려나 안 오시려나.'라고 한 반문에서 시어 하나의 차이로 '올해는 돌아옴이 늦지 않았네' 란 평서문으로 바뀌었다. 이럴 경우 『명시종』에 수록된 성간의 〈囉嗊曲〉은 기구에서부터 결구까지 낭군님을 만나게 되는 해피앤딩으로 끝난다. 성간과 우통은 보다 애상을 담아 여운을 주면서 음율적 요소에 포인트를 준 것으로 보인다. 작품의 저본은 『조선채풍록』이며 여성의 정서를 담아 노래한 전형적 악부풍 한시로 조선의 악부시가 중국에 소개된 일례이다.

그 다음 수록한 작품으로 姜渾의 〈贈妓〉가 있다.

구름 머리 빗질하고 높은 누각 기대어
쇠젓대 비껴 부는 흰 손 가녀리네.
만리의 관산에 둥그런 달 떠오르자
맑은 눈물 떨구면서 이주곡을 부누나.
雲鬟梳罷倚高樓, 鐵笛橫吹玉指柔.

로 악부형식을 빌어 노래하였음을 밝혔다.

萬里關山一輪月, 數行淸淚落伊州.
姜渾, 「기생에게 주다(贈妓)」(『艮齋雜說』)

위 작품은 姜渾의 문집『木溪逸稿』에서 〈銀臺仙二首(星州妓)〉란 시제로
2수가 읊어지고 있다. 강혼이 은대선에게 준 시로는 이외 〈寄星山妓〉란 시
제로『國朝詩删』에 실려 있는데 모두 3수로 읊었다.[58] 이들의 사랑이야기
는『稗官雜記』,『松溪漫筆』,『遺閑雜錄』등의 시화에서 전하고 있다.[59] 강
혼은 1508년 11월에 嶺南 按察使로 갔다고 한다. 그 이듬해 1509년이 되어
경상도 여러 고을을 순시하다가 星州의 기생 은대선을 만나고 그와 사랑
을 나누었는데 성주를 떠나게 되자 성주로부터 반나절이 걸리는 부상역까
지 뒤따라 온 은대선과 함께 하룻밤을 보내고 다음날 아침 이 시를 지어
주었다고 한다. 모두 3수를 지어 주었는데 우통이 수록한 작품은 이 중에
서 세 번째 시이다.[60] 즉 중국에 전해진 작품은 3수 중 其三의 작품이다.
其一에서는 雲雨之樂을 즐기는 모습을 대담하게 그렸고, 其二에서는 새벽

---

58) 許筠, 『國朝詩删』권2.
59) "姜木溪渾嘗往嶺南, 眷星山妓銀臺仙. 及還, 馱到扶桑驛, 先驅持寢具, 已過去,
公與妓宿於驛舍, 贈詩云: '扶桑館裏一場懽, 宿客無衾燭燼殘. 十二巫山迷曉夢,
驛樓春夜不知寒.' 又云: '姑射仙人玉雪肌, 曉窓金鏡畫峨眉. 卯酒半酣紅入面,
東風吹鬢綠參差.' 又云: '雲鬢梳罷倚高樓, 鐵笛橫吹玉指柔. 萬里關山一輪月,
數行淸淚落伊州.'"(魚叔權, 『稗官雜記』二); "姜晉川渾甫, 鍾情於星州妓銀臺仙,
贈之以三絶. 其第二章曰: '姑射仙姿玉雪肌, 曉窓金鏡畫蛾眉. 卯酒半酣紅入面,
東風吹鬢綠參差.' 僕逮見其妓, 年踰八十, 自言綠參差今變爲白參差矣, 泫然泣
下."(權應仁, 『松溪漫筆』上); "使命之出外也, 有妓各官例定薦枕之妓, 而監司則
爲風憲之官, 雖薦枕於本邑, 不得馱載而行, 亦舊例也. 姜晉川渾按嶺南時, 鍾情
於星州妓銀臺仙. 一日自星巡向列邑, 午憩於扶桑驛, 驛乃州之半程. 故妓亦隨
往, 至暮不忍別去, 仍宿于驛. 翌朝題詩贈之曰: '扶桑館裡一場歡, 宿客無衾燭
燼殘. 十二巫山迷曉夢, 驛樓春夜不知寒.' 蓋寢具已送于開寧, 未及取還, 故無
衾而宿也."(沈守慶, 『遺閑雜錄』).
60) 〈銀臺仙二首, 星州妓〉, "姑射仙姿玉雪肌, 曉牕金鏡畫蛾眉. 卯酒半酣紅入面,
東風吹鬢綠參差"; "雲鬢梳罷倚高樓, 鐵笛橫吹玉指柔. 萬重關山一片月, 數行
淸淚落伊州." (姜渾, 「詩」, 『木溪逸稿』권1)(문집총간: 17, 163면).

이 되어 잠에서 일어난 은대선의 자태를 묘사하였다. 其三에서는 강혼과 이별을 앞두고 조각달 뜬 저녁, 누각에 올라 가녀린 하얀 손으로 눈물 흘리며 피리 불던 은대선을 묘사하였다. 강혼의 문집에 其一 작품이 수록되지 않은 것은 아마 사대부의 체통에 맞지 않다고 생각되어 빼버린 것으로 보인다.

전구에서 문집과 시어의 차이가 보이는데 문집의 '萬重'이 '萬里'로 '一片月'가 '一輪月'로 수록되었다. 시어의 변화를 볼 때 문집에서 '萬重'의 '重'과 '一片月'의 '片'은 성조로 볼 때 모두 4성이어서 zhong자일 경우 앞자 wan과 중첩으로 4성을 이루고, pian도 그 뒤의 자 yue와 중첩으로 4성을 이루면서 발음이 모두 무겁고 음이 억색하다. 이것이 1성인 'li'와 2성인 'run'으로 시어가 바뀌면서 발음이 유연해지고 음율이 맑아진다. 뜻을 볼 때 원 작가는 "첩첩의 관산에 떠 있는 조각달"로 표현하였는데, 시어가 바뀌면서 "길게 뻗은 관산 위에 뜬 둥근달"로 그려짐으로써 전통적으로 동아시아인들의 정서로 다가 갈 수 있는 보름달과 그리움이 매치가 된다. 사랑의 노래는 고악부에서 많이 지어지는 형식이었다. 『명시종』에도 우통이 수록한 작품의 시어와 같다. 이로부터 시어의 변화가 『조선채풍록』에서부터 이미 있었음을 보여 준다.

다음으로 우통이 수록한 林悌의 〈규중의 원망(閨怨)〉을 보기로 한다.

　열다섯 살 시냇가의 저 아가씨는
　남부끄러 말 못하고 헤어지고선.
　돌아와서 겹대문을 닫아건 뒤에
　배꽃 비친 달 보면서 눈물 흘리네.
　十五越溪女, 羞人無語別.
　歸來掩重門, 泣向梨花月.
　林悌, 「규중의 원망(閨怨)」 (『艮齋雜說』)

'閨怨詩'는 사랑의 노래로 여성 화자의 입을 빌어 님에 대한 그리움을 형상화하는 것이 그 전통이다. 이렇게 여성의 입을 빌어 노래하기에 오히려 민요의 진솔한 감정이 묻어나는 소박함과 질박함을 읽을 수 있다. 위 작품은 임제의 문집 『林白湖集』에는 〈無語別〉란 시제로 되어 있다.61) 〈閨怨〉으로 시제가 보이는 조선 문헌은 허균의 『학산초담』이 있는데, 임제의 작품으로 〈閨怨詩〉라고 소개하였고62), 『國朝詩刪』에는 〈규원〉으로 되어 있는데 중국에 전해진 시제가 여기서부터 온 것으로 보인다. 왕사정의 『지북우담』에도 〈규원〉으로 수록된 것으로 보아 이 시 또한 『조선채풍록』으로부터 시제가 〈규원〉으로 채록된 것으로 보인다. 이 작품에 대해 심덕잠은 『명시별재』에 이 시를 수록하고 '마치 崔國輔의 小詩를 읽는 것 같다.'라고 평한 바 있다. 15살 처녀의 가슴에 싹튼 수줍은 사랑을 노래한 임제의 작품은 하얀 배꽃과 하얀 달, 보름이라는 시어를 넣지 않았지만 15살 처녀와 보름달이 매치를 이루는 묘한 정경이 펼쳐진다. 5언 절구는 악부로부터 변화된 근체시이다. 그만큼 5언 절구의 한시에는 음악적 요소가 많다고 할 수 있다.

아래는 『간재잡설』에서 수록한 崔淑生의 〈採芝에게 주다(贈採芝)〉이다. 이 작품은 우통의 저술에만 보이는 조선 한시이다.

> 푸른 산만 보이고 마을은 보이지 않아,
> 어부가 도화원을 찾을 길이 없네.
> 간절하게 동풍에게 말하노니,
> 꽃잎을 날려 동구 밖으로 내보내지 마소.
> 只見靑山不見村, 漁郞無路覓桃源.
> 丁寧爲報東風道, 莫逐飛花出洞門.
> 崔淑生, 「採芝에게 주다(贈採芝)」(『艮齋雜說』)

崔淑生의 「贈採芝」는 『國朝詩刪』에 제목이 「贈擇之」로 되어 있는 작품

---

61) 林悌, 〈無語別〉, 「五言絶句」, 『林白湖集』 권1.(한국문집총간: 58, 253면).
62) 許筠, 〈林悌·閨怨詩〉, 「鶴山樵談」, 『惺所覆瓿藁』 권26(고전번역원 DB자료).

으로 그 중 두 번째 시이다. 이 작품은 최숙생이 봄날을 완상하는 내용을 담아 李荇에게 준 작품이었다. 그러나 우통이 수록한 작품은 여성의 이름을 떠올리게 하는 시제로 바뀌어 여성에게 준 작품으로 읽히게 한다. 또한 採芝는 음이 'cai zhi'로 『詩經』「周南」편의 〈關雎〉에서 부른 '들쭉날쭉 마름풀을, 이리저리 뜯도다(參差荇菜, 左右采之)'를 떠올리게 하며 남녀의 사랑과 연관 짓게 한다. 이는 승구에서 '漁夫'라는 시어 대신 '漁郞'이란 시어를 사용함으로써 시문의 분위기가 참신한 맛을 안겨준다. 전구와 결구에서 무릉도원을 찾아 가려고 마음을 먹은 선비에게 제발 다른 마음이 일지 않도록 꽃잎을 날려 보내지 말아 달라고 간곡히 부탁하고 있다. 이는 여성을 꽃으로 비유하여 도화원을 찾는 선비의 마음을 흔들어 놓지 말아 달라는 당부로도 읽힌다. 이 작품은 남녀 사랑의 노래를 여성 화자를 통해 남성에 대한 그리움을 표현한 것이 아니라 아름다운 여성을 떠나려는 선비의 정신세계로 중국 독자들에게 다가갔다.

이렇듯 우통은 사랑을 노래한 악부풍의 조선 한시에 관심이 많았을 뿐만 아니라 사대부의 정신세계를 노래한 작품에도 관심을 가지고 수록하였다. 成侃의 〈어부(漁父)〉를 보기로 한다.

> 몇 겹의 푸른 산에 몇 골짜기 안개인가
> 흙먼지는 흰 갈매기 나는 물가에 닿지 않네.
> 고기 잡는 늙은이는 무심한 이 아니어서
> 온 배 안에 서강 달을 그득하니 담고 있네.
> 數疊靑山數谷煙, 紅塵不到白鷗邊.
> 漁翁不是無心者, 管領西江月一船.
> 成侃, 「어부(漁父)」(『眞逸遺稿』)

위에 수록된 성간의 〈어부〉는 성간의 문집 『眞逸遺稿』에 실린 6수 중 其五이다. 기구에서는 첩첩 산골짜기에 겹겹의 안개가 펼쳐진 풍경이 등장하였다. 승구에서는 속세의 흙먼지가 물가에 나는 흰 갈매기에게 닿지 않

는다고 하면서 붉은 먼지와 흰 갈매기가 색채의 조화를 이루면서 더러움
과 깨끗함의 대조를 이룬다. 전구에서는 흰 갈매기에 비유된 은자를 등장
시켰다. 어부는 무심하게 고기만 잡는 이가 아님을 깨우치면서 결구에서
온 배 안에 서강 달을 그득하니 담고 있다고 하면서 달빛에 대한 욕심으로
오히려 물욕에 무심함을 강조하고 있는 작품이다. 은거하는 사대부의 포부
를 情으로 표현하고 있기도 한다. 우통은 이 작품을 통해 선비의 정신세계
를 보여주고자 한 것으로 보인다.

　한편 우통은 백성들의 현실생활을 반영한 작품에도 관심을 주었던 것으
로 보이는데 고려 문인 崔瀣의 〈연잎에 내리는 비(雨荷)〉를 보기로 한다.[63]

　　후추 팔백 곡,
　　천 년에 그 어리석음 비웃으리.
　　어찌하여 푸른 옥 장식한 말로,
　　종일토록 명주를 센단 말가.
　　胡椒八百斛, 千古笑其愚.
　　如何綠玉斗, 竟日量明珠.
　　崔瀣, 「연잎에 내리는 비(雨荷)」(『艮齋雜說』)

　崔瀣(1278~1340)는 고려의 학자이며 문신인데 주이준은 최해의 『東人之
文』을 보지 못함을 매우 애석해 하기도 하였다. 최해의 〈연잎에 내리는
비〉는 오명제의 『조선시선』과 남방위의 『조선시선』에 실려 있지만 우통
의 수록은 『조선채풍록』을 저본으로 하였다. 이 시는 당나라 때 元載가 매
우 탐욕스러워 뇌물을 많이 받아 축재하였는데, 그를 처형할 때 그의 재산
을 몰수하니 鐘乳가 오백량, 후추가 팔백 섬이나 나왔다고 하는 『新唐書』
元載[64]의 고사를 들어 청렴하지 못하면서 부자 된 사람을 꾸짖고 있는 작
품이다. 이 작품은 『詩經』 「魏風·碩鼠」을 떠올리게 하는 작품이다. 우통은

---

63) 번역과 해석은 민병수, 『韓國漢詩大綱』 1, 태학사, 2013 참조.
64) 〈元載〉, 「列傳」, 『新唐書』 권145.

백성들의 질고에 많은 관심을 가지고 고시로 많은 작품을 지었었다. 이렇듯 '眞'의 문학관을 가지고 있었던 우통은 사회 현실을 담아 민풍을 노래한 최해의 〈雨荷〉를 그의 시학관에서 출발하여 우선적으로 선취한 것으로 보인다.

다음으로 우통은 만당풍의 분위기를 안겨주는 작품에 관심을 많이 가졌는데 이 또한 그가 중시한 악부풍에서 기인된다. 金淨의 〈江南〉을 보기로 한다.

> 강남의 남은 꿈에 한낮에도 시름하니
> 수심은 세월 따라 나날이 더해지네.
> 제비들이 오지 않아도 봄은 또 가고
> 가랑비에 살구꽃은 아래로 무겁게 드리우네.
> 江南殘夢晝懸懸, 愁逐年華日日添.
> 鶯燕不來春又去, 杏花微雨下重簾.
> 金淨, 「강남(江南)」(『艮齋雜說』)

金淨의 『冲庵集』에는 시제가 〈나그네의 회포(旅懷)〉로 되어 있고 시문은 "江南殘夢晝厭厭, 愁逐年芳日日添. 雙燕來時春欲暮, 杏花微雨下重簾."〉로 되어 있다. 우통은 이 시의 시제를 〈江南〉으로 수록하고 있는데 승구에서 원문의 '年芳'이 '年華'로 되어 있으며 '雙燕來時春欲暮'가 '鶯燕不來春又去'로 수록되어 있다. 왕사정은 〈江南春思〉라는 시제를 달았는데, 당나라 시인 杜牧의 〈爲人題贈〉에서는 "綠樹鶯鶯語, 平江燕燕飛"로 밝은 빛을 띠는 것과 대조적으로 김정의 시는 강남 정경의 시름겨운 분위기로 다가간 것 같다. 주이준의 『명시종』과 『사조시』에도 김정의 이 작품이 수록되었는데 시제가 김정 문집의 시제 〈旅懷〉와 같고, 결구에서 문집의 '杏花'가 '落花'로 바뀌었다. 우통의 저술을 저본으로 한 『堅瓠集』에도 시제가 〈강남〉으로 되어 있다. 우통은 김정의 시를 다른 시를 전사 할 때와 달리 시제와 시어를 바꾼 것으로 추정되는데 이로 우통 또한 독자가 되어 작품을 읽고 제2의 작가가 되어 시 속에 자신을 투영하였음을 짐작할 수 있다.

다음은 鄭之升의 〈이별하면서 남기다(留別)〉작품을 보기로 한다.

> 여린 풀 한적한 꽃, 물가의 정자
> 푸른 버들은 그림처럼 봄 성을 가리고 있네.
> 양관의 노래가락 불러주는 이 없어
> 푸른 산만 내 갈 길을 전송해 주네.
> 細草閑花水上亭, 綠楊如畫掩春城.
> 無人爲唱陽關曲, 惟有靑山送我行.
> 鄭之升,「이별하면서 남기다(留別)」(『艮齋雜說』)

심덕잠은 이 시문에 대하여 "情致가 긴밀히 얽혀 있어 唐人의 작품에 비해 더욱 이별의 정을 잘 표현했다"고 평했다.[65] 중국의 독자들에게 鄭之升의 『留別』은 유장한 가락으로 당시의 흥취를 자아낸 작품으로 독창성을 부여하였다. 위 작품 결구에서의 시어 '惟有'가 『국조시산』에서는 '只有'로 되어 있는데 『명시종』에도 시어가 같은 것으로 보아 『조선채풍록』에서부터 변화가 있었을 것으로 보인다. 『지북우담』에서는 결구의 '惟有'가 '獨有'로 시어의 변화를 가져왔다. 17세기 중반에 활동한 강희 연간 문인들은 최대한 원문의 의미를 손상하지 않는 선에서 시어의 변화로 윤색을 하였지만 18세기 건륭 연간에 활동한 심덕잠과 같은 경우는 시구의 수정을 시도하였다. 심덕잠은 『명시별재집』에서 기구의 "풀 가늘고 꽃 한가한 물가의 정자인데(細草閑花水上亭)를 "수심 겨워 바라보니 못 정자에 석양이 비추는데(悵望溪亭夕照明)"로 시구에서 전체적인 변화를 주었다.

다음으로 수록한 申從濩의 〈봄날을 상심하다(傷春)〉을 보기로 한다.

> 차 한 잔 다 마셔 졸음이 막 가실 제

---

65) "情致纏綿, 比唐人作更翻得別"(沈德潛, 『明詩別載』권12)(淸乾隆刻本). 沈德潛의 『明詩別載集』수록 조선 한시는 강희 연간 수록 조선 한시를 주 저본으로 취사하여 편찬 되었다.

담 너머에서 고운 피리 소리 들려오네.
제비는 오지 않고 꾀꼬리마저 가버렸는데
온 뜰 가득 붉은 꽃이 소리 없이 지네.
茶甌飮罷睡初輕, 隔屋聞吹紫玉笙.
燕子不來鶯又去, 滿庭紅雨落無聲.
申從濩, 「봄날을 상심하다(傷春)」(『艮齋雜說』)

위 신종호의 작품은 『속동문선』 제10권에 〈傷春二首〉로 수록 되어 있는
데 그 중 제1수의 작품이다.66) 『기아』와 『대동시선』에는 제1수만 실려 있
다. 「봄날을 상심하다(傷春)」은 봄이 찾아 왔을 때 계절에 일어나는 憂愁,
苦悶 등 마음의 動搖를 뜻한다. 봄날의 경물을 통해 시인의 정감을 표현하
는 情景의 융합으로 당풍으로 읽힌다. 기구에서는 차 한 잔 마시자 봄의
노근함 속에서 졸음이 가신다고 하였다. 이는 차의 의미를 담아 情을 드러
내 보임으로써 선비의 맑은 정신세계를 업그레이드 하고 있다. 승구에서는
귀가에 피리 소리가 들려온다. 가까운 곳이 아니라 담 너머에서 여운을 타
고 들려오는데 시에 음악적 효과를 가져 오고 있다. 전구에는 봄이 아직 일
러 제비는 오지 않았는데 꾀꼬리는 벌써 떠나려 한다. 제비와 꾀꼬리를 통
해 시인의 정감을 표현하고 있다. 시각적으로는 꾀꼬리의 날개 짓하며 날아
가는 모습이 스크랩된다. 결구에서는 애상하여 흘리는 눈물을 떨어지는 꽃
으로 비유하여 시인의 상심을 노래하고 있다. 붉은 꽃이 흩날려 떨어지는
풍경 또한 색채가 화려하여 아름답다. 이러한 화려함으로 인해 비애가 더욱
강하게 투영되는데 이 때문에 만당풍의 분위기가 이 작품을 압도하고 있다.

우통은 저술 『艮齋雜說』을 내면서 孫致彌가 조선 사신으로 가서 엮어온
『조선채풍록』에서 선정하여 '후세에 전하고자 한다'며 李仁老, 林悌, 金淨
등 12인의 한시 13수를 수록하여 청 문단에 소개하였다.67) 이상에서 살펴

---

66) 「申從濩, 〈傷春〉」, "(其一)茶甌飮罷睡初輕, 隔屋聞吹紫玉笙. 燕子不來鶯又去,
    滿庭紅雨落無聲."; "(其二)粉墻西面夕陽紅, 飛絮紛紛撲馬鬃. 夢裏韶華愁裏過,
    一年春事棟花風"(「七言絶句」, 『續東文選』 권10).

보았듯이 우통이 수록한 작품은 절구 중 악부풍으로 제작된 것에서 당풍이 지적되거나 당대 시인의 기풍이 있다는 것으로 평가 받은 작품이 많다. 사람의 본성에서 나오는 성정의 참 뜻 즉 性情을 드러내기 위한 '求眞'을 내세우며 성정과 문이 서로 통창하고 소리와 색이 함께 아름다워야 한다는 우통의 선시관이 조선 한시의 선록에 영향을 주었음을 알 수 있다.

우통이 전사한 작품은 淸康熙刻本 褚人獲68)의 『堅瓠集·補集』권6,「高麗人詩」69)의 저본이 된 것으로 추정된다. 褚人穫는 손치미의 조선사행에서 조선 한시 채집의 일화를 적고 조선 한시 6수를 기록하고 있다. 褚人穫는 「高麗人詩」를 수록한 다음 문장으로 〈高麗妓能詩〉를 수록하였는데 우통의 저술에 보이는 모기령 시화의 내용과도 일치한다. 褚人穫는 出仕한 적이 없고 북경 한림원 학사들과의 교분은 우통을 통해 확인 되는데, 그의 문집에 서문을 써준 것으로 보아 두 사람은 가깝게 교분을 나누었던 것으로 보인다. 褚人穫가 수록한 작품이 우통이 수록한 범위 안에 있고 그 범주를 넘어서지 않는 것으로 보아 우통의 문집을 저본으로 한 것으로 추정된다. 당시 褚人獲은 관직에 나가지 않은 몸으로 저술에 힘쓰고 있었는데 우통과 가깝게 지낸 문인이다. 그는 자신의 문집 『堅瓠集』에 「高麗人詩」를 편찬하여 넣었을 뿐만 아니라 조선에 매우 큰 관심을 가졌다. 이는 우통을 비롯한 한림학사들의 영향이 적지 않았던 것을 보여준다.

---

67) "康熙己未(1679), 上遣使往高麗採風, 畷城孫愷似以太學生往歸而携詩一冊, 多絶句, 有可詠者, 予偶錄之, 傳于后知."(尤侗, 『艮齋雜錄』 권3)(奎章閣소장본).

68) 褚人獲(1635:崇禎8~約1695:康熙34)는 생몰년이 정확하지는 않지만 우통과 비슷한 연배인 것으로 추정된다. 褚人獲는 출사를 하지 않고 소설과 저술에 힘쓴 인물이다. 『堅瓠集』외에 『讀史隨筆』, 『退佳瑣錄』, 聖賢群輔錄』등이 있으며 대표작으로 『隋唐演義』가 유명하다. 尤侗은 「堅瓠集序」에서 "少而好學, 至老彌篤, 搜群書窮秘籍, 取經史所未及載者, 條列枚擧, 其事小可悟乎大, 其文奇而不離乎正."이라고 하였다.(褚人獲, 『堅瓠集』, 서울대중앙도서관 古籍庫 DB자료); (何齡修, 『五庫齋淸史叢稿·褚人獲的生平和著作』; 嚴文儒, 『隋唐演義考證』 등에서 褚人獲에 대한 연구가 이루어 졌다).

69) 褚人獲, 「高麗人詩」, 『堅瓠集』 권6.

다음 표는 『堅瓠集』에 수록된 한국 한시이다.

〈표 3〉『堅瓠集』에 실린 한국 한시

번호	작가명(연대순)	시제	수록작품(총8수)
1	鄭知常	醉後	1
2	成侃	囉嗊曲, 漁父	2
3	申從濩	傷春	1
4	崔淑生	贈採芝	1
5	姜渾	贈妓	1
6	金淨	江南	1
7	鄭之升	留別	1

『堅瓠集』에 수록된 조선 한시는 우통의 저술을 저본으로 하였기에 우통이 저술한 한시 안에 있었다. 수록 작품은 鄭知常의 〈醉後〉 成侃의 〈囉嗊曲〉, 〈漁父〉, 申從濩의 〈傷春〉, 崔淑生의 〈贈採芝〉, 金淨의 〈江南〉, 鄭之升의 〈留別〉 작품이다. 褚人穫는 외국 문사가 중국에서 과거에 합격한 이야기도 기술하고 있는데, 여기서 최치원이 중국에서 과거급제한 일을 적으면서 최치원이 신라로 돌아간 원인을 중국말을 배우지 않아서라고 적고 있다.[70] 그리고 허균에 대해서는 '중국 천자의 과거에 참석하지 못한 것을 수치스러워 했다'[71]는 등 역대 한국 문인들의 자취에 대해서도 관심을 가지고 기술하고 있다. 우통은 褚人穫의 문집에 서문을 써준 가까운 사이로 褚人穫의 「高麗人詩」 편찬에 직접적으로 영향을 준 것으로 추정된다.

---

70) 〈外國人進士〉, "致遠以不習華語, 歸還其國爲官."(褚人穫, 『堅瓠集』四, 上海古籍出版社, 2013, 1314면).

71) 〈外國人進士〉, "萬曆中, 高麗許筠, 許筠皆擧本國壯元, 而筠慨慕中華, 以不得試天子之廷爲恥, 久道化成, 于斯可見."(褚人穫, 『堅瓠集』四, 上海古籍出版社, 2013, 1314면).

4. 孫致彌: 朝鮮 漢詩의 採錄과 『朝鮮採風錄』

손치미는 1678년(康熙17)에 朝鮮에 副使로 사행하여 『采風集』를 지었다. 그는 서법이 뛰어나 董其昌에 근접하였다고 하며, 詞와 시도 모두 질탕하면서도 유려하였다는 평가를 받았다.72) 그는 시를 지음에 당나라 시인의 경지에 힘써 도달하고자 하였는데 그 명성은 건륭 연간으로 이어지며 청 문단에서 시를 논할 때 그의 시 또한 빠지지 않았다73)

조선 중기의 한시는 17세기 중반까지만 해도 중국에 전해지지 않다가 1678년 손치미가 조선 사행을 다녀오면서 중국에 들어가게 되었다. 그러나 『조선채풍록』이 필사본으로 전사되다가 간행이 이루어지지 않고 실전되었으므로 이로 인해 『조선채풍록』의 진면모를 찾아 볼 길이 없게 되었다. 본고에서는 『조선채풍록』의 재구를 통하여 당시 채시 양상을 전반적으로 살펴보고자 한다.

우선 왕사정의 기록을 참조하면 『조선채풍록』에는 서문으로 李元禎의 〈送詔使還京師詩(幷序)〉가 편집되어 있었다. 그리고 왕사정은 당시 채록해 온 시가 대부분 근체시였다고 소개하고 있다(吳人孫致彌副行, 撰朝鮮採風錄, 皆近體詩也).74) 전통시대에서 근체시라 함은 5언과 7언으로 된 절구와 율시를 말한다.

---

72) 永瑢, 『四庫全書總目』권183, 集部36(乾隆武英殿刻本); 王昶, 『國朝詞綜』권16(嘉慶七年王氏三泖漁莊刻增修本); 王士禎, 『池北偶談』.

73) "阮葵生『茶餘客話』記馮班愛讀孫致彌的詩. 一日, 在孫致彌的詩集上題詩: '鼉吐五采, 雙雙玉童, 樹覆寶蓋, 淸談梵宮.'"; "著有『杕左棠集』6卷, 『杕左棠續集』3卷, 『杕左棠詞』4卷"(『四庫全書總目』; 『江東志』); "詩筋力於唐人, 無綺靡習. 當時推爲作家, 戊辰諸公並推重之."(沈德潛, 『淸詩別裁集』권17)(乾隆二十五年敎忠堂刻本).

74) "康熙十七年, 命一等侍衛狼嘽, 頒孝昭後尊諡於朝鮮, 因令採東國詩歸奏, 吳人孫致彌副行, 撰『朝鮮採風錄』, 皆近體詩也. 今擇其可誦者粗載於此."(王士禎, 『池北偶談』).

이밖에 손치미는 당시 사찰을 제목으로 읊은 시를 적지 않게 채록한 것으로 나타난다. 예를 들면 白光勳의 〈홍경폐사(弘景廢寺)〉, 〈봉은사(奉恩寺)〉, 金宗直의 〈불국사(佛國寺)〉, 〈선사사(仙槎寺)〉, 그리고 柳永吉의 〈복천사(福泉寺)〉와 權遇의 〈죽장사(竹長寺)〉 등의 작품이다. 이러한 작품들은 당시 청나라 문인들이 禪을 통한 마음의 수련을 해왔음을 읽을 수 있었던 작품들이라는 점이 선별에 작용한 것으로 생각된다. 한 예로 수록된 김종직의 〈불국사〉 작품을 살펴보도록 한다.

> 절집의 경내로 찾아와 보니
> 솔숲 사이 산빛이 무거웁구나.
> 푸르른 산 한쪽에는 비 내리는데
> 저물녘에 산사에선 종이 울리네.
> 산승과의 이야기는 부드러웁고
> 나그네의 정취는 잔에 진하게 배었네.
> 비스듬히 대마루 위에서
> 마주 보노라니 머리털이 듬성하구려.
> 爲訪招提境, 松間紫翠重.
> 靑山半邊雨, 落日上方鍾.
> 語共僧居軟, 杯隨客意濃.
> 頹然一榻上, 相對鬢鬟鬆.
> 金宗直, 「불국사(佛國寺)」(『池北偶談』).

金宗直의 〈佛國寺〉는 오명제, 남방위의 『조선시선』 등에서 〈佛圖寺〉로 줄곧 잘못 전해지고 있던 시제가 왕사정과 주이준이 『조선채풍록』을 저본으로 전사를 하면서 강희 연간 문단에 와서 제목이 비로소 바로 잡히게 된 작품이다. 이는 『조선채풍록』의 공로라고 할 수 있다. 왕사정의 『지북우담』에는 『점필재집』 권3의 5구와 6구에는 '語與居僧軟, 杯隨古意濃'으로 되어 있는 시문을 '語共僧居軟, 杯隨客意濃'으로 5구의 '與'의 시어를 '共'으로 '居僧'에서 '僧居'로 바꾼 것에서 찾아 볼 수 있다. 왕사정은 외국 독자로

서 한시의 보편적 문학성과 인간 내적 정감에 입각하여 자신이 추구하고
내세운 '신운'의 미학적 기준으로 시문을 교정하고 수록한 것으로 보인다.
5구 '語與居僧軟'에서 '語'와 바로 이어지는 '與yu'는 발음을 낼 때 두 시어
가 같은 'yu' 'yu'의 발음이 나서 읊을 때 입모양을 모두 한국어의 발음
'위' 발음을 두 번 내야 하는 경우가 된다. 여기서 gong으로 바꿀 경우 의
미의 변화가 없이 시어만 바뀌면서 같은 발음을 피할 수 있다. 그러나 '共
gong'은 다시 바로 뒤에 오는 '居ju'와 이어 발음 할 때 또 억세진다. 이러
한 관계로 '與'을 '共'으로 고치고 다시 '居僧'의 순서를 바꾸어 僧居'로 하
지 않았나 생각된다. '시선일치'의 미학을 지향한 작품의 선별이다. 『명시
종』에서는 〈불국사〉 작품이 김종직의 문집과 시문이 일치한다. 이로 보아
왕사정이 개산하여 수록한 〈불국사〉는 왕사정이 수록 과정에서 자신이 시
어를 교체했음을 알 수 있다. 이로부터 『명시종』에 수록된 작품이 『조선채
풍록』의 원문임을 알 수 있다.

　다음으로 林億齡의 절구 〈벗이 산으로 돌아가는 것을 전송하다(送友還
山)〉의 전사 내용을 보기로 한다.

> 적막하고 황폐한 마을에 처사가 숨어 있는데
> 쓸쓸하고 한적한 돌길은 사립문과 붙어 있네.
> 몸은 흐르는 물과 같이 세간에서 빠져나와
> 꿈속에서 흰 갈매기 되어 물결 위를 나네.
> 산이 객창을 둘러싸니 구름은 앉은 자리에 들고
> 비가 책상을 침범하니 잎은 휘장 안으로 던져지네.
> 표연히 또 관직 버릴 생각나나니
> 흙먼지가 어찌 흰 옷을 더럽힐 수 있으랴.
> 寂寞荒村隱少微, 蕭條石逕接柴扉.
> 身同流水世間出, 夢作白鷗江上飛.
> 山擁客牕雲入座, 雨侵書榻葉投幃.
> 飄然又作抽簪計, 塵土何由化素衣.
> 林億齡, 「벗이 산으로 돌아가는 것을 전송하다(送友還山)」(『池北偶談』)

흙먼지 흰 옷 더럽힐 걱정 없고,
한적한 돌길은 사립문과 붙어 있네.
표연히 또 관직 버릴 생각나나니.
꿈속에서 흰 갈매기 쫓아 물결 위를 나네,
塵土無憂染素衣, 蕭條石徑接柴扉.
飄然又作抽簪計, 夢逐白鷗江上飛.
林億齡, 「벗이 산으로 돌아가는 것을 전송하다(送友還山)」(『明詩綜』)

　이 시는 임억령의 문집에는 칠언율시로 되어 있으며 시제가 〈산으로 돌아가는 청송을 보내며 기재의 운자로 쓰다(用企村韻 : 送聽松還山)〉[75]로 되어 있는 작품이다. 왕사정은 위 시를 『지북우담』에 수록하면서 〈산으로 돌아가는 친구를 전송하다〉라는 시제로 전문을 수록하고 있다. 주이준의 『명시종』에도 시제는 『지북우담』과 같다. 이로 보아 『조선채풍록』에 수록된 임억령의 〈用企村韻: 送聽松還山〉 작품은 조선에서 채록하여 올 때 〈送友還山〉이었을 것으로 보인다. 이는 청 문인들에게 익숙하지 않은 조선 문인의 호나 이름보다 '친구'라는 공동분모가 이 작품을 더욱 가깝게 다가가도록 하기 때문인 것으로 보인다. 그리고 『명시종』에는 칠언율시를 개산하여 칠언절구로 만들었다. "진토가 흰옷으로 물들어 걱정 안하고, 쓸쓸한 돌길이 사립문에 닿아 있네. 표연히 또 관직에서 물러날 계획하나, 꿈속에서 백구 쫓아 강가를 나네(塵土無憂染素衣, 蕭條石徑接柴扉. 飄然又作抽簪計, 夢逐白鷗江上飛)" 라고 하여 임억령 문집에서 원문의 8구를 기구로 가져왔고, 2구는 그대로 승구, 전구는 7구로, 결구에서는 원문의 4구를 그대로 가져왔다. 율시가 절구로 변형하면서 시문이 음악적 리듬의 효과를 더욱 강하게 나타낸다. 율시를 절구로 수정한 예는 『국조시선』에도 많이 보인다. 이는 음악의 효과를 추구하는 '당풍'의 미학에도 더욱 가깝게 다가간

---

75) 〈用企村韻 : 送聽松還山〉, "寂寞荒村隱少微, 蕭條石逕接柴扉. 身同流水世間出, 夢作白鷗江上飛. 山擁客窓雲入座, 雨侵書榻葉投幃. 飄然又作投簪計, 塵土無由染素衣."(林億齡, 「七言四韻」, 『石川先生詩集』 권6)(한국문집총간: 27, 422면).

것이다. 시어에 있어서는 임억령의 『石川詩集』에서 7구의 '投簪計'가 『지북우담』과 『명시종』에서와 똑같이 '抽簪計'로 되어 있는데 『조선채풍록』에서부터 시어가 변화되어 중국으로 들어왔을 가능성을 배제할 수 없다. 그리고 임억령의 시집에는 8구가 '塵土無由染素衣'로 되어 있는데, 왕사정은 이 시문을 "塵土何由化素衣"로 시어의 변화를 가져와 수록하였다. 왕사정은 '흙먼지가 흰옷을 물들일 수 없다'를 '흙먼지가 어찌 흰 옷을 더럽힐 수 있으랴'하는 반문으로 원문을 보다 격앙된 감정으로 표현하려고 한 것으로 보인다. 이러한 시어의 변화는 왕사정에 의해 바뀐 것으로 보이는데 이렇게 임억령의 작품은 『조선채풍록』에서 채록될 때는 임억령 문집의 작품과 차이가 나지 않는 칠언 율시의 작품이었으나 중국 문단에 전해진 작품은 시어에서 변화를 가져온 율시와 율시가 절구로 변화된 작품이 각각 전해져 읽혔음을 알 수 있다. 주이준과 왕사정은 이 작품에서도 우선 자신들이 먼저 독자로서 다가갔으며, 다시 자신을 이 작품에 투영하여 작가로 거듭나기도 했던 것이다. 〈送友還山〉은 17세기 청나라 문인들이 은거하고자 하는 마음과 은거를 한 많은 명 유민들을 기릴 수 있는 마음을 담아 낼 수 있었던 작품이라고 생각된다.

다음은 奇遵의 〈대궐에서 숙직하면서 회포를 읊다(直禁詠懷)〉이다.

남산에는 솔과 잣 울창도 하고
북산에는 연기 안개 짙게 끼었네.
나그네는 다 저물어 어디로 가나
뜰 나무엔 가을 구름 피어오르네.
구름은 먼 봉우리 향해서 가고
자러가는 새는 앞 숲에 깃들일 적에.
깊은 회포 아득하여 끝이 없는데
맑은 바람 내 옷깃에 불어오누나.
南山松柏幽, 北山煙霧深.
遊子暮何之, 庭樹生秋陰.

歸雲度遙峰, 宿鳥棲前林.
幽懷杳不極, 淸風吹我襟.
奇遵, 「대궐에서 숙직하면서 회포를 읊다(直禁詠懷)」(『明詩綜』)

위 기준의 〈대궐에서 숙직하면서 회포를 읊다(直禁詠懷)〉는 기준의 문집에 시제가 〈대궐에서 숙직하면서 회포를 읊어 元沖에게 보이다(禁直詠懷示元沖)〉로 되어 있고 두 수로 읊은 시인데 그 중 제2수이다.76) 『지북우담』과 『명시종』에 모두 기준의 위 작품을 싣고 있는데 시제가 모두 〈直禁詠懷〉로 其二의 한시만 수록되어 있다. 이 또한 『조선채풍록』으로부터 채록되며 시제가 축약되고 시문도 한 수만 전이되었던 것으로 보인다. 『명시종』에서 수록한 양상을 살펴보면 기준의 문집에서 5구의 '歸雲向遙岑'를 '歸雲度遙峰'로 시어의 변화를 가져왔다. 주이준은 이 시구에서 향해가는 '向'을 넘어갈 '度'로 고치고 같은 봉우리의 뜻을 가지고 있지만 '岑cen'보다 '峰feng'을 씀으로써 산의 스케일을 확대시켜 봉우리의 높이를 더 높이 올려다보도록 하는 효과를 내고 있다.77) 그와 달리 왕사정의 채록에서는 시어의 변화가 없다. 이로 볼 때 기준의 위 작품은 왕사정이 수록한 시문이 당시 『조선채풍록』에 편찬된 시문으로 볼 수 있다. 한편 주이준은 奇遵 〈直禁詠懷〉를 수록하고 손치미의 평어를 인용하여 "韋應物과 柳宗元 詩體의 유운이다(孫愷似云韋遺韻)."라고 한 비평을 달고 있다. 이 비평은 손치미가 직접 가한 비평으로 『조선채풍록』을 엮을 당시 손치미는 일부 작품에 자신의 비평도 약간 가하였음을 알 수 있는 근거가 된다. 손치미가 기준의 작품을 山水田園 시인으로 대표되는 韋應物과 柳宗元에 비교하여 그 유음이 있다고 한 비평으로 보아 『조선채풍록』을 채록하면서 지향한 한시

---

76) 〈禁直詠懷示元沖〉, "(其一)秋陰滿空庭, 庭樹涼飆生. 幽人悄獨坐, 雲山杳冥冥. 流鸎稀舊音, 寒蟬多苦聲. 歲聿已云改, 悠哉故鄕情; (其二)南山松柏幽, 北山煙霧深. 遊子暮何之, 庭樹生秋陰. 歸雲向遙岑, 宿鳥投前林. 幽懷杳不極, 淸風吹我襟."(奇遵, 「詩」, 『德陽遺稿』 권1)(한국문집총간: 25, 293면).
77) 『四朝詩』에서는 『明詩綜』을 저본으로 수록.

의 미학적 기준이 주로 '당풍'에 있었음을 보여주는 대표적 예가 될 것이다. 이 작품은 관직에 있는 이들 한림학사들로부터 많은 동질감을 느끼도록 했을 것으로 보인다. 자금성 대궐에서 숙직하는 자신들의 모습을 떠올리면서 깊은 감성에 젖어 읊을 수 있는 시이다. 1구와 2구로부터 보이기 시작하는 풍경은 북경의 풍경과 다를 바 없을 것이다. 숙직을 서는 사대부의 정감에서 일어나는 회포도 작가의 심정과 다를 바 없다. 이런 경험을 한 왕사정과 주이준이었기에 이 시는 그들의 마음속에 더욱 와 닿았을 것으로 보인다.

다음 수록한 작품은 鄭知常의 〈술에 취한 뒤에 짓다(醉後)〉이다.

> 복사꽃 꽃비에 새들은 지저귀는데
> 봄 산이 집 둘러 있어 안개 스미는구나.
> 머리 위의 오사모를 삐뚤게 쓴 채로
> 꽃 언덕에 취해 눕자 꿈속은 강남이여라.
> 桃花紅雨燕呢喃, 繞屋春山間翠嵐.
> 一頂烏紗幅不整, 醉眠花塢夢江南.
> 鄭知常, 「술에 취한 뒤에 짓다(醉後)」(『池北偶談』)

위 시는 鄭知常의 〈술에 취한 뒤에〉이다. 이 시는 『청구풍아』와 『동문선』 그리고 『대동시선』 등의 시선집에 실려 있다.[78] 왕사정이 『지북우담』에서 수록한 시는 조선의 시선집에 실린 정지상의 한시와 차이를 보인다. 이는 왕사정이 수록 과정에서 시어의 변화를 가져왔음을 보여준다. 그 구체적인 내용을 살펴보면, 왕사정은 기구와 승구의 시어를 바꾸어 놓았는데 기구에서의 "복사꽃 연분홍 꽃비 내리고 새들은 지저귀는데 (桃花紅雨鳥喃喃)"에서의 '鳥喃喃'을 '燕呢喃'으로 '복사꽃 연분홍 꽃비 내리고 제비가 지지배배 노래 부르는데'로 '새'를 '제비'로 교체시켰다. 봄이면 돌아오는

---

78) 鄭知常, 〈醉後〉, "桃花紅雨鳥喃喃, 繞屋青山間翠嵐. 一頂烏紗幅不整, 醉眠花塢夢江南."(「七言絶句」, 『東文選』 권19).

제비로 봄의 생기를 불어 넣어 주었다. 그리고 중국인의 발음은 '軟聲'으로 바꾸었는데 '呢喃'은 五代 劉兼의 〈春燕〉詩 "多時窓外語呢喃,只要佳人捲繡簾."에서 창밖의 제비의 소리를 시어로 묘사한 바 있다. 그다음 승구에서는 "봄산이 집을 에둘러 비취빛 아지랑이 스미누나"로 수록하고 있는데, 원문은 "푸른 산 집 둘러싸 아지랑이 스미누나(繞屋青山間翠嵐)"로 '青山'의 시어가 왕사정에 의해 '春山'으로 바뀌었다. '青'과 '翠'로 푸른 빛 색깔이 중첩되는 것을 피할 수 있었다고 보인다. 『간재잡설』과 『명시종』에는 시문의 변화가 없다. 이로 보아 당시 『조선채풍록』에서 채록된 정지상의 〈술에 취한 뒤에 짓다〉는 조선 시 선집 소재 정지상의 작품과 동일했음을 알 수 있다.

다음으로 『명시종』에 수록한 허균의 〈저녁에 읊조리다(晚詠)〉를 보기로 한다.

> 겹 주렴은 은은하고 해는 서산으로 기우는데
> 작은 정원 회랑은 굽이굽이 가려졌네.
> 조창이 새로 그림 그려 놓은 것일런가
> 대숲 사이 쌍학이 가을 꽃에 앉았구나.
> 重簾隱映日西斜, 小院回廊曲曲遮.
> 疑是趙昌新畫就, 竹間雙鶴坐秋花.
> 許筠, 「저녁에 읊조리다(晚詠)」(『明詩綜』)

위의 시는 허균의 문집에 〈의창군의 저택에서 저물녘에 읊다〉란 시제가 달려 있는 작품으로[79] 주이준은 기구에서 노을이 서쪽 하늘에 기울어져 주렴을 은은하게 비추고 있는 모습을 노래하고 승구에서는 서쪽 하늘에 기우는 노을빛으로 인해 작은 정원이, 회랑에 굽이굽이 가려진 풍경을 읊었다. 해가 지는 가운데 노을빛이 스며든 작은 정원이다. 다음으로 전구에

---

79) 許筠, 〈義昌邸晚詠(王子爲兄贅者)〉, 「詩部」 2, 『惺所覆瓿稿』 권2(한국문집총간: 74, 140면).

서 시선을 멀리 가져간 풍경이 펼쳐졌다. 평소 보아 오던 풍경과 다른 그림과 같은 새로운 모습이 눈에 들어 왔다. 花果 그림으로 이름 높은 송나라 화가 趙昌을 등장시켜 꽃 열매가 한창인 가을이 눈에 들어온 풍경으로 새로운 그림을 그린 듯하다고 노래하였다. 이 새로운 풍경은 바로 결구에서 대숲 사이 쌍학이 가을꽃에 앉아 있는 모습으로 그려졌다. 주이준의 『명시종』에 수록된 결구의 '雙鶴'이 허균의 문집에는 '雙雀'로 되어 있다. '雀'이 '鶴'학으로 바뀐 것이다. 학은 동아시아 문학의 전통에서 고고한 사대부의 뜻을 보여주는 상징물로서 청 문인들이 지향하는 바를 그려 보여 주고 있다. 이러한 시어의 변화는 보편성의 정신세계로 청 문인들에게 다가갈 수 있었으므로 생소한 느낌을 주지 않았을 것으로 보인다. 권필은 이 작품을 "婉娟하고 暢麗하여 이야말로 절창이다."라고 평가하였다. 전체적으로 작품의 분위기는 선명하게 보이는 대상이 아닌 '鏡中之花', '水中之月'의 예술 세계가 그려지는데 이러한 경지는 왕사정이 내세운 신운설의 미학적 경지에 도달한 작품이다. 이로부터 주이준 또한 '신운설'은 거론하지 않았지만 그의 시학 또한 존당에 있었음을 알 수 있다.

주이준은 허균의 〈晚詠〉 작품을 『조선채풍록』을 채록하여 편집한 「조선하」 편목에 두지 않고 「조선상」 편목에서 허균의 '참군 오명제가 중국으로 돌아감을 바래며(送參軍吳子魚還天朝)', '참군 오명제를 陪同하여 의성에 오르다(陪吳參軍子魚登義城)' 2수를 싣고 그 뒤에 이 시를 가져와 배치해 넣고 있다. 왕사정도 『지북우담』 「조선채풍록」 중에 허균의 〈晚詠〉을 수록하고 있는데 『명시종』의 시어와 같다. 이를 볼 때 주이준은 허균의 〈晚詠〉 작품을 손치미의 『조선채풍록』을 저본으로 하였을 가능성이 있다. 또 『명시종』을 편찬할 때 『지북우담』도 참고로 하였기 때문에 『지북우담』이 저본일 가능성도 배제할 수 없다. 그러나 주이준이 『조선채풍록』을 전사하고 있었던 것을 고려한다면 자신이 전사한 『조선채풍록』에서 수록하였을 가능성이 높은 것으로 보인다. 이로부터 미루어 보건데 허균의 〈晚

詠〉은 『조선채풍록』으로부터 이미 시어의 변화가 있었을 것으로 추정된
다. 위에서 주이준이 수록한 허균의 한시는 『조선시선』을 편찬한 오명제
와의 교류를 가졌던 작품과 당풍의 작품을 선별해 중국 문단에 소개하고
있다.

당시 손치미는 주로 당대 조선의 한시를 채록하려고 노력하였는데 이중
에는 고려시인의 작품도 일부 들어 있었다. 그 한 예로 고려 시인 偰遜의
〈산속에 내리는 비(山中雨)〉작품이다.

> 한 밤 내내 산중에 비 내리더니
> 지붕 위의 띠풀에 바람이 부네.
> 개울물 불은 것을 내 모르고서
> 낚싯배가 높아진 줄만 알았네.
> 一夜山中雨, 風吹屋上茅.
> 不知溪水長, 祇覺釣船高.
> 偰遜, 「산속에 내리는 비(山中雨)」(『艮齋雜說』)

이 〈山中雨〉는 『明詩別裁集集』에서 沈德潛에게 "순수하여 자연의 소리
와 같다."라는 평가를 받은 작품이기도 하다. 이 작품의 시제는 『지북우담』
과 『간재잡설』에서 〈山中雨〉로 되어 있고 『명시종』과 『어제사조시』에는
〈山雨〉로 수록되어 있다. 설손에 대한 정보는 기타 조선시선집에는 보이지
않고 『고려사』와 손치미의 『조선채풍록』에서만 보인다. 『조선채풍록』에
는 주로 당대 조선 한시를 채록한 것으로 보이지만 이 중에는 고려 시인
설손과 정지상 등의 한시도 포함되어 있었다. 『東文選』[80]에 설손의 이 작
품이 수록되었는데 시제는 〈山中雨〉로 되어 있다. 이것으로 보아 손치미가
중국으로 설손의 시를 채록해 갈 당시는 시의 제목이 〈山中雨〉로 되어 있
었던 것으로 보인다. 이를 우통과 왕사정은 그대로 가져와 수록하였고 주

---

80) 偰遜, 〈山中雨〉, 「五言絶句」, 『東文選』 권19.

이준은 시제를 〈山雨〉로 고친 것으로 추정된다. 이렇게 되어 설손의 한시 〈山中雨〉는 『조선채풍록』으로부터 우통, 왕사정, 주이준의 저술에 수록됨으로써 중국 문단에서 읽혔다. 이 작품은 明나라 李培의 『水西全集』에 실려 있는데 李培가 설손의 작품을 표절한 것일 수도 있고[81] 문집을 간행하면서 베껴놓은 이 시를 설손의 시로 잘못 알고 李培의 문집에 넣었을 가능성도 있어 보인다.

손치미는 당시 제화시도 채록하였는데 李仁老의 〈행화구욕도(杏花鸜鵒圖)〉가 그것이다. 이 작품은 우통과 주이준이 전사하여 저술에 수록하였는데 후에 御製『佩文齋書畫譜』에도 수록되어 조선 제화시의 수준을 보여주었다. 손치미가 『조선채풍록』에서 채록한 李仁老의 〈杏花鸜鵒圖〉이다.

> 비가 올락 말락 봄 구름 드리웠는데
> 한 가지에서 두 가지로, 살구꽃 피었네.
> 묻노니 봄소식을 그 누가 얻었는가
> 자랑새가 먼저 봄을 얻었는가 하노라.
> 欲雨未雨春陰垂, 杏花一枝復兩枝.
> 問誰領得春消息, 惟有鸜之與鵒之.
> 李仁老, 「행화구욕도(杏花鸜鵒圖)」(『戀齋雜說』)

위 작품은 새들이 노는 모습과 살구꽃 피는 봄의 계절을 담아 그린 그림을 보고 읊은 시이다. 우통의 『戀齋雜說』과 주이준의 『명시종』에서 『조선채풍록』을 저본으로 수록하고 있다. 당시 손치미가 조선에 왔을 때 조선의 제화시에도 관심을 가지고 채록하였던 것으로 추정되는데 이에 조선에서 이인로의 〈杏花鸜鵒圖〉를 베껴주었던 것으로 보인다. 『동문선』에 같은 시문이 보인다.[82] 『명시종』에서는 시제를 〈題杏花鸜鵒圖〉라고 하여 '題'를 붙였다. 『어제사조시』에도 『명시종』과 같이 〈題杏花鸜鵒圖〉로 수록되어

---

81) 이종묵, 앞의 논문, 2009에서 밝힌 바 있음.
82) 李仁老, 〈杏花鸜鵒圖〉, 「七言絶句」, 『東文選』 권20.

있다. 이 작품은 魯나라 召公때에 불리웠던 〈鸜之鵒之〉 童謠를 떠올리게
하는 〈행화구욕도〉는 살구꽃 핀 봄의 풍경을 그린 그림이다. 시에서는 살
구나무 한 가지 두 가지 세 가지씩 뻗어나간 가지로 꽃이 피어 있는데 자
랑새가 그 사이에 어우러져 있는 모습을 노래하고 있다. 이 작품은 조선
제화시의 아름다움을 보여 주는 작품으로 당대 강희 연간 한림원 학사들
에게 인상 깊게 다가갔던 것으로 보인다.

　아래는 현재까지 『지북우담』(36수), 『명시종』(31수)[83], 『간재잡설』(12수)
을 통해 복원한 손치미의 『조선채풍록』[84]이다. 『조선채풍록』이 비록 실전
되었지만 당시 전사를 통해 17세기 조선 중기의 한시가 정착된 양상을 살
필 수 있는 중요한 자료가 될 것이다. 이를 표로 정리하면 다음과 같다.

〈표 4〉 『朝鮮採風錄』(총: 한시 54수, 서문 1편)[87]

이름	시제	수록문헌	비고
姜克誠	湖堂早起	지북, 명시종, 사조시, 간재	
姜渾	贈妓	명시종, 사조시, 간재, 堅瓠集	
權遇	竹長寺	지북, 명시종, 사조시	鄭以吾의 작품
權應仁	山居	지북	
權韠	淸明	명시종, 사조시	
奇遵	直禁詠懷	지북, 명시종, 사조시	지북과 명시종에는 奇遵으로, 사조시에는 奇遇로 잘못 되어 있음.
金宏弼	書懷	지북	
金澍	寄友	지북, 명시종, 사조시	奉寄申相公欽春川謫所(문집)
金淨	江南春思	지북, 명시종, 사조시, 간재, 堅瓠集	명시종, 사조시에는 旅懷, 문집과 간재, 堅瓠集에는 江南으로 되어 있음.
金宗直	仙槎寺	지북	

---

83) 시화에 들어있는 시문과 시구는 포함되지 않았음.

84) 이종묵, 앞의 논문, 2009, 표 참조하고, 새롭게 발굴한 『堅瓠集』 추가 (『池北偶
談』, 『艮齋雜說』, 『明詩綜』, 『堅瓠集』에서 수록한 작품 외에 작품이 더 있을
것으로 추정).

이름	시제	수록문헌	비고
	佛國寺	지북, 명시종, 사조시	明代 조선시선집에는 佛圖寺로 시제가 잘못되었음. 佛國寺與世蕃話(문집)
金質忠	病出湖堂	지북	
朴文昌	題郭山雲興舘畫屛	명시종, 사조시	
朴瀰	題平壤館壁西京古跡詩	지북, 명시종, 사조시	지북:〈題平壤館壁西京古跡詩〉 30首에서 '遺田儀曺' 6수(문집 1, 2, 3, 4, 6, 13수) 수록
白光勳	弘景廢寺	지북	宏景廢寺(四庫全書本)
	奉恩寺	지북	四庫全書本에는 奉熙寺로 잘못 되어 있음.
	縣津晚泊	지북, 명시종, 사조시	縣津夜泊(명시종, 사조시); 지북에는 白光勉으로 잘못 표기하고 8번째에 배치하여 수록하였다.
偰遜	山中雨	지북, 명시종, 간재	山雨(명시종)
成侃	漁父	간재, 견호집	老年行(문집)
	囉嗊曲	명시종, 사조시, 간재	
成運	竹西樓	지북	林億齡의 登竹棲樓
申從濩	傷春	명시종, 간재, 견호집	
申欽	寄友	명시종, 사조시	鄭時晦欲歸廣陵聞而有述(문집)
魚無迹	逢雪	지북, 명시종, 사조시	
吳時鳳	小雪堂	지북	吳竣의 작품으로 원 시제가 過黃州임
月山大君 婷	避暑	(채풍)	陳維崧, 『迦陵詞全集』[85] ; 徐振, 『四繪軒詩草』
柳永吉	福泉寺	지북, 명시종, 사조시	
李達	斑竹怨	지북	
	病中對雨	명시종, 사조시	病中折花對酒吟(문집)
李承召	詠燕	명시종, 사조시	
李植	泊漢江	지북, 명시종, 사조시	
李嵘	題僧軸	명시종, 사조시	
李元禎	送詔使還京師詩	지북	五言十韻중 四韻 수록
李仁老	杏花鸚鵡圖	간재, 명시종, 사조시	御製『佩文齋書畫譜』에 『고려사』를 인용해 "이인로는 자가 眉叟이며, 문장을 잘 지었고 草書와 隸書를 잘 썼다."라고 이인로를 소개하고 있다.[86]
李孝則	烏嶺	명시종, 사조시	原詩題는 鳥嶺임
林億齡	送友還山	지북, 명시종, 사조시	用企齋韻送聽松還山(문집) 칠율→칠절

이름	시제	수록문헌	비고
林悌	閨怨	지북, 간재	
	中和道中	지북, 명시종, 사조시	中和途中(명시종, 사조시); 戲題生陽館(문집)
鄭道傳	嗚呼島 弔田橫	지북	
	重九	명시종, 사조시	
鄭士龍	釋悶	지북	釋悶縱筆(문집)
鄭碏	聞笛	지북, 명시종, 사조시	
鄭知常	醉後	지북, 명시종, 간재, 堅瓠集	
鄭之升	留別	지북, 명시종, 사조시, 간재, 堅瓠集	
趙昱	贈鑑湖主人	지북, 명시종, 사조시	次駱峯韻贈鏡湖主人(문집)
趙希逸	次延曙 都郵韻	지북	次金叔度迎曙韻(문집)
	龍灣偶成	지북	次韻(문집)
	讁中	명시종, 사조시	次韻(문집)
崔慶昌	武陵溪	지북	
	采蓮曲	지북	浿江樓舡題詠(문집)
崔壽峸	題畵	지북	모든 시선집에서 崔壽城의 이름이 잘못되어 있음.
	驪江	명시종, 사조시	
崔淑生	贈採芝	간재, 堅瓠集	
崔瀣	雨荷	간재, 사조시(元詩)	
許筠	晩詠	지북, 명시종	
李元禎	序文		

이상에서 왕사정, 주이준, 우통이 선록하여 전사한 『조선채풍록』을 통하여 현전하지 않는 『조선채풍록』을 재구하여 고찰하였다. 이러한 재구의

---

85) 陳維崧, 『迦陵詞全集』 권23(康熙二十八年, 陳宗石患立堂刻本); 吳省蘭(淸) 輯 ; 胡鐘(淸)等校, 『藝海珠塵』(藝海珠塵木集聽彝堂藏版)(서울대고문헌자료실 소장).

86) "李仁老, 字眉叟, 能屬文, 善草隷. 『高麗史』"(孫岳頒, 「書家傳」15, 『佩文齋書畫譜』 권36)(文淵閣 『四庫全書』).

87) 朴瀰의 〈題平壤館壁西京古跡詩〉 6수(문집 1, 2, 3, 4, 6, 13수)의 경우 시제에 따라 하나의 작품으로 통계 하였다. 이를 모두 작품 수에 넣는다면 59수가 된다.

시도는 당시 조선으로부터 채록되어온 작품의 진면모를 찾는 데 중요한
자료적 근거가 될 수 있다고 여겨진다. 그 한 예로 설손의 〈山中雨〉 작품
과 같은 경우『명시종』만 살펴볼 때『조선채풍록』을 저본으로 하였다는
근거를 찾기가 쉽지 않다. 그러나『지북우담』과『간재잡설』을 통해 그 저
본이 『조선채풍록』임을 확인할 수 있게 된다. 또한 손치미의『조선채풍
록』 채시 작품은 전체적으로 존당파의 작품들로 구분된다. 그리고 여성한
시도 수록하고자 한 것으로 보이는데 당시 손치미는 月山大君 婷의 작품
으로 〈피서(避暑)〉를 채록하였다고 한다. 그 소개가 陳維崧,『迦陵詞全集』
과 徐振,『四繪軒詩草』에 보인다.[88]

　이밖에『조선채풍록』에는 작가가 바뀌어 소개된 작품을 찾아 볼 수 있
었는데 林億齡의 〈登竹樓樓〉가 成運의 작품으로 되어 있고 정이오의 〈竹
長寺〉가 權遇의 작품으로 전해진 것을 예로 들 수 있다. 이는 조선 시대에
는 官學으로 많은 대작이 이루어졌기 때문에 조정에서 가지고 있는 자료
로 손치미에게 전사해 주었을 가능성이 높은 것으로 보인다. 그리고 중국
에서 잘못 전해져 내려오던 작가가『조선채풍록』을 통해 바로 잡힌 경우
도 있다. 예를 들면『열조시집』에서 李達의 시 〈반죽원(斑竹怨)〉[89]이 李淑
媛의 시로 잘못 전해 내려 왔으나『조선채풍록』에서 바로 잡혔다. 특징적
인 면으로 조선 시인의 문집에서 율시로 되어 있는 작품이지만『조선채풍
록』에서는 절구로 소개 되었고 시의 제목 또한 상당히 많은 작품에서 변화
가 있었다. 그리고 왕사정, 주이준, 우통을 중심으로 전사된『조선채풍록』
은 그들의 저술 속에서 시어의 변화를 가져와 중국 문단에 전파되어 보다
각자의 시학관에 근접하는 방향으로 소개된 것이다.

---

88) 陳維崧,『迦陵詞全集』권23(康熙二十八年, 陳宗石患立堂刻本); 吳省蘭(淸) 輯 ;
　　胡鐘(淸)等校,『藝海珠塵』(藝海珠塵木集聽彝堂藏版 - 서울대고문헌자료실 소장).
89) 〈斑竹怨〉, "二妃昔追帝, 南奔湘水間. 有淚寄湘竹, 至今湘竹斑. 雲深九疑廟, 日
　　落蒼梧山. 餘恨在江水, 滔滔去不還."(李達, 〈古風〉,「詩」,『蓀谷詩集』권1)(한
　　국문집총간: 61, 5면).

손치미를 비롯한 당대 한림학사들은 먼저 조선 한시의 독자로서 접근하고, 다음 저술인의 시각을 가지고 편찬과 수록을 위한 교정 작업에 들어갔다. 이러한 작업은 작가와의 동질성을 느끼며 동문의식을 가졌기에 가능한 것이었다. 또한 한시에 대한 조예가 깊지 못하면 이러한 교정은 이루어질 수 없는 작업이었다. 이들은 조선 한시가 중국 문단에서 새롭게 거듭나도록 작품의 시어와 시문의 변화를 꾀하여 수록하였다. 손치미의『조선채풍록』의 한시는 審美를 강조한 신운풍의 한시와 유교의 치교를 강조한 한시 그리고 성정의 표현을 강조한 악부풍의 한시 등 존당의 시학에 기준을 둔 작품들이었다. 이들의 시론이 비록 서로 다른 경향을 보이면서 자신의 시학관을 펼쳤지만 그 귀결은 모두 唐音 즉 尊唐風에 있었다.[90] 이렇게 되어 손치미를 비롯한 당대 한림학사들로 이루어진 존당파의 조선 한시 수록은 청초 문단의 문풍과 직접적인 연관성을 가지고 중국 문단에 정착되었다. 이와 같이『조선채풍록』은 중국 문단에 많은 정보를 제공하여 주었다. 그리고 이러한 정보는 주로 왕사정, 주이준, 우통의 저술을 통해 중국 문단에 소개되었다.

---

90) 張健, 앞의 책, 1999, 389~482면.

V. 조선문화 인식의 영향과 의의

1. 18~19세기 청 문단에 끼친 영향과 의의

강희 연간 조선문화의 인식이 청 문단에 끼친 영향은 크게 2가지로 나누어 볼 수 있다. 그 첫 번째는 강희 연간 한림학사 저술의 간행을 통한 조선문화의 확산이고 두 번째는 강희 연간 조선한시선집 등 저술을 계승한 작업으로 새로운 조선시선집과 기타 저작들이 등장한 것이다.

먼저 강희 연간 한림학사 저술의 재 간행은 청 문단에 조선문화를 확산시키는 중요한 계기가 되었다는 점이다. 강희 연간의 한림원 최고 학자들인 왕사정, 주이준, 우통의 문집과 저술 대부분이 건륭 연간에 간행되어 보급되고 또 『사고전서』에 채록되면서 18세기 중국인들에게 조선문화의 아이콘을 형성시켰다. 더욱이 『어양시화』, 「조선죽지사」와 같은 강희 연간 한림학사들의 저술이 『昭代叢書』, 『檀几叢書』, 『龍威秘書』 등 叢書에 수록되어 전파되면서 조선문화가 민간으로 더 확장되어 보급되었다. 비록 이들이 소개한 고려와 조선의 정보는 기타 저작과 함께 단편적으로 이루어졌지만, 파급적 효과는 이들의 위상과 함께 커갔다.

김상헌의 존재는 명나라 유민들의 작품으로 선정된 『감구집』을 통해 알려 진 후 『지북우담』과 『어양시화』에 계속 소개 되었고 건륭 연간에는 『帶經堂詩話』를 통해 더욱 확산되었다. 『帶經堂詩話』는 18세기 중반인 1760년(乾隆 25)에 張宗柟(1704~1765)이 『漁洋文』, 『居易錄』 등 18종의 왕사정의 저술 중에서 산문, 시화, 한시 등을 뽑아 편집 간행한 책이다. 이 책의 21권 「采風類」에는 『지북우담』과 『어양시화』를 저본으로 김상헌의 시화와 한시 작품 및 『조선채풍록』을 모두 수록하고 있다.

김상헌은 연행사들과 중국 문사들과의 교류에서 중요한 징검다리 역할을 한 인물이다. 특히 제일 처음으로 회인시 장르인 『感舊集』을 통해 김상헌과 그의 한시가 중국 문단에 부각된 점이 주목된다. 『감구집』은 2장에서 살펴보았듯이 왕사정이 1673년 40세 되던 해 그가 어려서부터 글을 배우고 따르던 큰 형님 王士祿이 세상을 떠나자 깊은 슬픔 속에서 유민들을 회상하면서 편찬한 책이다. 『감구집』은 주이준의 서문1)과 함께 8권으로 엮어 내낸 뒤2) 건륭연간에 제자 黃叔琳의 노력에 의해 16권으로 편찬되어 강남에서 간행되었다.3)

『감구집』은 주로 宋風 '理趣'의 작품들을 배제한 唐風의 '興趣'4)가 있는, '신운설'의 예술론에 입각하여 선취하였다.5) 이러한 선취는 당대 사회에서 '당풍'의 저술 방식으로 禁書류에서도 해방될 수 있게 했으며 민간에

---

1) 「感舊集序」, "識海內知名士叩其學年齒均者, 恒不若父事兄事之人. 今年且半百 歷遊燕,晉,齊,魯,吳,楚,閩,粵,之交覺後生可畏, 而不足畏轉戀, 舊遊則唱和之篇贈 酬之作, 蓋已零落無存矣. 新城王先生阮亭, 以詩名天下矣, (於學無所不博)其交 友較予尤廣. 感時懷舊, 輯平生故人詩, 存沒兼錄, 凡五百餘首, 而以哲昆考功終 焉. 入是集者, 山澤憔悴之士居多, 故皆予舊識(…)夫市瓷盌者, 邪黃者縹者, 碧 者百子圖者, 龍文五朵者, 皆昔日皇居帝室之所尙也. 而有識者莫或, 然則先生 亦取. 夫芳草嗣雞之酒缸足以傳乎玆斯已爾."(王士禎, 『感舊集』; 朱彝尊, 『曝書 亭集』(『曝書亭集』에는 '於學無所不博'가 없다).

2) "感子桓來著難誣之言, 輒取篋衍所藏平生師友之作, 爲之論次, 都爲一集(…)又 取向所撰錄『神韻集』一編, 芟其什七附焉, 通爲八卷, 存歿悉載, 竊取篋中收季 川中州登敏之例, 以考功終, 命曰『感舊集』."(王士禎, 『感舊集・自序』)(淸乾隆十 七年刻本).

3) 黃叔琳은 王士禎의 제자로 그가 80세 되던 때 자신의 제자 盧見曾에게 부탁하여 漁洋先生選定한『感舊集』을 十六卷으로 간행하게 된 것이다. 이렇게 되어 『感舊 集』은 十六卷으로 盧見曾에 의해 1752년(乾隆 17)에 세상에 널리 퍼지게 되었 다.(黃叔琳, 『黃昆圃先生年譜』).

4) 이종묵, 앞의 책, 2002, 433~459면.

5) 〈王士禎傳〉, "以神韻爲宗, 取司空圖所謂'味在酸鹹外', 嚴羽所謂'羚羊掛角, 無 跡可尋'標示指趣."(趙爾巽, 「列傳」 53,『淸史稿』)(民國十七年淸史館本).

서 유통되며 널리 읽힐 수 있었다. 『感舊集』은 필사본으로 전하다가 건륭
연간에 간행되면서 널리 유포된 저작이다. 다행히 명나라 유민들 작품으로
편찬된 이 책이 신운이 담긴 당풍의 작품이라는 이유에서 금서의 대상에
서 풀려날 수 있었으며 그 덕분에 김상헌의 존재도 청 문단에 널리 알려지
는 극적 계기가 되었다.

18, 19세기에 이르러 왕사정 저술의 수요가 대폭 증가함에 따라 조선 관
련 시화와 조선의 시문은 더욱 많은 독자층을 확보했고 조선 문명을 알리
는 하나의 중요한 아이콘으로 작용하였다. 주지하다시피 엄성, 반정균 등
중국 문사들이 북학파와 天涯知己로 깊은 우정을 나눌 수 있었던 계기 또
한 김상헌의 매개가 중요한 역할을 하였다. 그 뒤로도 董文渙에 이르기까
지 중국문인들이 조선 문인을 만나는 자리에는 왕사정이 노래한 김상헌의
시를 들어 조선 문인들의 作詩 재능을 치하하였으며 의로운 형제, 동문으
로 천애지기를 맺어 나갔다.[6] 이와 같이 김상헌은 조선을 대표하는 상징
적 인물이 되었다.

주이준의 『靜居志詩話』 또한 19세기 초에 간행이 이루어지면서 조선문
화에 대한 지식을 널리 확산시키는 중요한 역할을 하였다. 朱彝尊의 『靜居
志詩話』는 1819년(嘉慶24) 姚祖恩이 『明詩綜』에서 詩話 부분만 따로 모아
24권(扶荔山房刻本)으로 독립시켜 간행하였다. 그 이전에(약 40년 전) 盧文
弨가 『明詩綜』의 朱氏 詩話를 떼 내어 책으로 集成하였는데 『明詩綜』각
권의 제1조목에 따라 『靜居志詩話』라고 이름을 붙였는데 필사본으로 전사
되었다.[7] 그 뒤 19세기 초에 간행이 이루어져 청 문단에 널리 보급되었고
조선문화가 함께 폭 넓게 전파될 수 있었다.

---

6) 〈答金石薆昌熙編修〉, "久聞君子國(…)曾奉使來都歸, 向祖庭添故事, 聲詩爲道
   補漁洋. 漁洋論詩絶句, '滄雲微雨小姑祠, 菊秀蘭芳八月時, 記得朝鮮使臣語, 果
   然東國解聲詩.' 金尙憲詩句也."(董文渙, 『峴嶕山房詩集』 初編 권7)(同治九年
   刻十年增修本).

7) 蔣寅, 『淸詩話考』, 中華書局, 2005, 147면.

朱彝尊이 북경의 지리, 역사, 문물을 고증한 42권의『日下舊聞』은 건륭연간에 160권의『欽定日下舊聞考』로 태어났다.8)『日下舊聞』은 주이준의 長子인 朱昆田이 보완한 내용도 함께 수록되어 있다. 그는『日下舊聞』을 보완하는 작업에서 鄭可臣에 관한 시화와 한시, 및 역사서를 보충해 넣었다. 이렇게 소개된 고려의 인물과 한시, 서책은『欽定日下舊聞考』를 통해 더욱 드러났다.9) 바로 정가신의 시화와 그가 찬한『千秋金鏡錄』과 閔漬가 증수하고 편찬한『世代編年節要』7권,『編年綱目』42권이 소개되었다.

『欽定日下舊聞考』에는『日下舊聞』에서 소개된 '萬卷堂'에 대한 소개도 하고 고증은 하지 못하고 있다. 이는 만권당의 유적을 찾지 못한 원인일 것으로 추정된다. 고려 인물 이제현에 대한 소개와 萬卷堂에 대한 소개는 주곤전이『동국사략』을 인용해 보완한 작업이었다. 주곤전은 북경의 역사 기문을 기술하면서 조선의 문헌을 바탕으로 고려 忠宣王이 북경에 만권당을 지었다는 곳의 유적을 고증하면서, 이제현이 만권당에서 당대 문사들과 학문을 연구하고 함께 교류를 가진 역사기록을 적고 있다.10)『欽定日下舊

---

8)『欽定日下舊聞考』는 1773년(강희 39)부터 시작하여 1782년(건륭 47)에 완성된 후 1785~1787에 간행되었다.『四庫全書總目』에 소개될 때만 해도 13門의 항목에 120卷이었으나 그 뒤 증보하여 18문의 항목과 160권으로 간행되었다. "乾隆三十九年奉敕撰. 因朱彝尊『日下舊聞』原本, 刪繁補闕, 援古證今, 一一詳爲考覈, 定爲此本. 原書分星土, 世紀, 形勝, 宮室, 城市, 郊坰, 京畿, 僑治, 邊障, 戶版, 風俗, 物產, 雜綴, 十三門. (…)"(『四庫全書總目』권68,「史部」24)(서울대중앙도서관 고문헌자료실 소장본; 乾隆武英殿刻本).

9) "補: 帝召見世子于紫檀殿, 可臣從帝使之坐, 仍命, 脫笠曰, 秀才不須編髮宜着巾. 御案前有物大圓, 小銳色潔, 而貞高尺有五寸, 內可受酒數斗, 云: 摩訶鉢國所獻駱駝鳥卵也. 帝命世子觀之, 仍賜世子及從臣酒命可臣賦詩, 可臣獻詩云: "有卵大如甕, 中藏不老春. 願將千歲壽, 醺及海東人." 帝嘉之輒賜御羹.『高麗史·列傳』; "朱昆田原按: 高麗世子卽忠宣王璋構"萬卷堂"於京師者. 可臣在東國撰『千秋金鏡錄』, 漬增修之日,『世代編年節要』七卷, 又撰『本國編年綱目』四十二卷, 惜其書不可得見也.'"(『欽定日下舊聞考』권30)(文淵閣『四庫全書』).

10) "補: 忠肅王燾元年, 元命上王留京師, 上王構萬卷堂于燕邸, 召李齊賢充府中, 迎致文儒閻復, 姚燧, 趙孟頫, 虞集等與之從游, 以考究書史自娛.(『東國史略』)"

聞考』는 이렇듯 주이준이 강희 연간에 진행한 개인적 저술로부터 18세기 국가적 차원에서 보완하고 간행 하였기 때문에 고려 문화에 대한 깊이 있는 소개가 이루어 졌다.

다음으로 18세기 청 문단에서 강희 연간 조선한시선집을 계승한 작업이 이루어진 현상이다. 이러한 작업은 국가적인 편찬과 개인적인 편찬으로 이루어졌다. 먼저 국가적 차원에서 진행한『어제사조시·明詩』에 수록된 조선 한시는 주로『明詩綜』을 인용하였는데 주 저본으로 활용되었음을 확인할 수 있다. 그 증거로『어제사조시·明詩』에 수록된『조선채풍록』중의 인물과 작품을『지북우담』,『간재잡설』,『明詩綜』과 비교하여 살펴볼 때 수록한 시제와 시어가 모두『明詩綜』과 일치한다. 한 예로 설손의 〈山中雨〉 작품이『明詩綜』에만 〈山雨〉로 되어 있는데 이 시제를『어제사조시·明詩』에서 따르고 있는 것이다. 명나라 사신과 수창한 조선 문인의 경우에도『황화집』의 시제를 따른 것이 아니라『明詩綜』의 시제와 시문을 따르고 있다.『明詩綜』에 수록된 柳根의 〈萬曆 병오년 5월에 太史 朱蘭嵎가 중국 조정으로 돌아가는 것을 전송하다〉를 놓고 볼 때 주지번의『奉使朝鮮稿』에는 특별히 제목을 달지 않고 '贈行云爾'이라고 적고 있고 유근의 문집에는 〈奉別正使大人〉이란 시제로 기록되어 있다. 주이준만이『명시종』에서 〈萬曆 병오년 5월에 太史 朱蘭嵎가 중국 조정으로 돌아가는 것을 전송하다(萬曆丙午五月送朱蘭嵎太史還朝)〉라고 시제를 달고 시문의 내용도 改刪하여 수록하였다.[11]『어제사조시』는 바로 주이준이 달아 놓은 한시 시제를 그대로 따르고 시문도『명시종』의 내용과 같다.

(『欽定日下舊聞考』권156).
11) 柳根의 문집『西坰集』권4에는 〈奉別正使大人〉이란 시제에 "玉節東來鳳詔頒, 暮春江上始承顏. 每稱四海皆兄弟, 況此長程共往還. 浮碧樓前俯羅島, 三淸閣上對香山. 高懷獨出形骸外, 雅賞常存水石間. 玉溜爲池增地勝, 銀鉤鑱壁發天慳. 云泥此日分霄漢, 雨露千秋滿海寰. 目斷未勘魂夢遠, 形留只得鬢毛斑. 相思別後如明月, 萬里淸光不可攀"으로 되어 있고『명시종』에는 줄친 부분만 시문으로 가져왔다.

『어제사조시』는『명시종』외『간재잡설』도 참조한 것으로 보이는데『어제사조시·元詩』에 수록된 崔瀣의 〈우하(雨荷)〉는 역대 조선시선집에는 보이지 않고『간재잡설』에서만『조선채풍록』을 수록하여 전해온 것으로『간재잡설』을 저본으로 수록한 것으로 추정된다.

다음은 沈德潛의『明詩別裁集』에서 강희 연간 시선집을 계승한 양상을 살펴보고자 한다.12)

<표 1>『明詩別裁集』에 실린 한시

번호	작가명(수록순)	시제	수록작품수	비고
1	偰遜	山雨	1	
2	申從濩	傷春	1	
3	崔澱	春日	1	
4	成侃	羅唄曲	1	
5	林悌	閨怨	1	
6	姜克誠	湖堂早起	1	姜이 薑으로 되어 있으나 잘못임
7	李仁老	題杏花鴝鵒圖	1	
8	鄭之升	留別	1	
9	許景樊	塞上	2	
		望高臺		
10	李氏趙瑗妾	登樓	1	

이상의 표에서 살펴본바 심덕잠은 주로『명시종』을 저본으로 하여 조선한시를 편찬한 것으로 보인다. 그가 수록한 조선 한시의 범위와 수록된 詩題와 작가의 인적사항 등이『명시종』의 내용과 일치된다. 일부 작품에는 심덕잠 자신의 비평도 가하였다. 우선 설손을 첫 인물로 배치하고 그 아래 '외국' 한시를 소개하였다.

조선 사람 遜은 回鶻 사람으로, 처음 이름은 百遼13)인데, 대대로 偰輦河에서 살았으므로 인하여 偰씨로 성을 삼았다. 관직은 端本堂正字를 지냈다. 이

---

12) 沈德潛,『明詩別裁集』권12(淸乾隆刻本).
13)『고려사』에는 '百遼遜'으로 되어 있다.

하 外國이다.14)

주이준은『명시종』에서『고려사』를 저본으로 설손 집안이 대대로 원나라에 벼슬한 내용, 順帝때 진사시에 급제하여 翰林應奉文字, 宣政院斷事官을 역임하고, 端本堂正字에 선발된 내용 및 공민왕 7년(1358)에 병란을 피하여 동쪽으로 갔는데, 집을 하사받고 高昌伯에 봉해졌다가 다시 富原侯에 봉해졌다는 등 내용이 소상히 기술되었고 또 그의 문집인『近思齋逸稿』가 소개되었다.15) 이에 반해 심덕잠은 소략하게 설손의 인적사항을 소개하고 그 아래 외국의 작품을 싣는다는 설명과 함께 조선 시인의 작품을 수록하였다.

수록한 작품은『명시종』「고려 조」의〈山雨〉를 첫 작품으로 수록하였고 두 번째와 세 번째 작품은 申從濩의〈傷春〉과 崔澱의〈春日〉이다. 이 두 작품은『명시종』「조선상」조에서 가져와 수록하였다. 그 다음은 成侃에서 鄭之升까지 수록한 한시는『조선채풍록』에 보이는 작품이라고 적고 官爵과 世次가 갖추어져 있지 않다고 설명하였다.16) 成侃의〈羅嗊曲〉에서 鄭之升의〈留別〉의 한시는『명시종』「조선하」조를 저본으로 수록하고 관련 설명도 함께 가져왔다. 그다음으로 한시선집의 관례에 따라 여성의 한시를 뒤에 수록하였는데 명군이 편찬한 한시선집을 참고한 것으로 보이며 수록한 작품은 許景樊의〈塞上〉,〈望高臺〉와 趙瑗妾李氏의〈登樓〉이다.

---

14) 〈偰遜〉, "朝鮮遜, 回鶻人, 世居偰輦河, 因以爲氏, 官端本堂正字. 以下外國."(沈德潛,『明詩別裁集』권12).

15) "遜回鶻人, 初名百遼, 以世居偰輦河, 因以偰爲氏. 世仕元, 順帝時中進士, 歷'翰林應奉文字', '宣政院斷事官', 選爲'端本堂正字', 恭湣七年避兵東來, 賜第, 封高昌伯, 改封富原侯, 有『近思齋逸稿』."(朱彝尊,『靜志居詩話』); "偰遜,『近思齋逸稿』, 回鶻人, 初名百遼, 世名偰輦河, 因以爲氏. 家世仕元, 順帝時中進士, 歷翰林應奉文字, 宣政院斷事官, 選爲'端本堂正字', 恭愍王七年避兵東來, 賜第, 封高昌伯, 改封富原侯."(『千頃堂書目』권28,「外國」).

16) "成侃至鄭之升, 見『朝鮮采風錄』, 官爵世次俱缺."(沈德潛,『明詩別裁集』권12).

강극성의 〈湖堂早起〉17)를 예로 들면 심덕잠은 조선 한시에 높은 평가를 하는 동시에 그의 수록방식은 강희 연간 한림학사들의 수록방식과 다른 경향을 보인다. 강희 연간 한림학사들은 원 작품의 뜻을 변화시키지 않는 선에서 "윤색"을 하였다면 심덕잠은 자신의 문학관과 취향에 따라 전체 시문을 바꾸었는데 이는 "수정"이라고 할 수 있다. 새벽 강에 해는 아직 뜨지 않고, 아득하니 십리에 안개 깔렸네(江日晚未生, 蒼茫十里霧)란 1구와 2구의 시구를 "강가의 새벽 달 막 잠겨 가는데, 저문 구름의 찬기는 아직 가시지 않았네(江月曉欲沈, 宿雲寒未去)."로 시의 전체 구문을 바꾸었다. 시에 대해서는 "당나라 無名氏의 '안개 짙어 사람은 아니 보이고, 은은하게 노 젓는 소리 들리네(煙昏不見人, 隱隱數聲櫓)'라는 시구가 있는데, 새벽 풍경을 표현한 것이 모두 그림으로는 능히 도달할 수 없는 수준이다"며 강극성의 시를 당풍의 시론에 입각하여 높이 평가하였다.

18세기 중 후반으로 가면서 중국 내부에서 조선문화에 대한 관심이 더욱 증대됨에 따라 개인적으로도 자체적인 조선 한시의 편찬과 시선집의 간행이 이어졌다. 강극성의 시는 강희 연간을 거쳐 옹정, 건륭 연간 활동한 彭端淑(1699~1779)의 『明人詩話補』(淸乾隆四十二年刻本)에서도 계속 전해졌다. 팽단숙은 강극성의 시를 수록하면서 작가 성씨를 '姜'이 아닌 '善'으로 적었는데 이는 간행 시의 오류인 것으로 보인다. 수록된 시문 1구와 2구는 심덕잠이 고쳐 놓은 1구와 2구를 그대로 인용하고 있는 것으로 보아 『明詩別裁集』을 저본으로 한 것으로 보인다. 평어에는 "모두 오묘하고 자연에 들어갔다."라고 하며 강극성의 시를 오묘와 자연의 풍격으로 비평을 하고 있다.18)

---

17) 이 작품은 尤侗의 『艮齋雜說』, 王士禎의 『池北偶談』, 주이준의 『明詩綜』과 『御製四朝詩』에도 모두 〈湖堂早起〉로 전한다. 이는 손치미의 『朝鮮採風錄』을 저본으로 하여 전사한 것인데 제목이 〈湖堂早起〉로 중국에 전해 진 것으로 추정한다.
18) "善克誠, 〈湖堂早起〉絶云: '江月曉欲沉, 宿雲寒未去. 但聞柔櫓聲, 不見舟行處. 皆妙入自然.'"(彭端淑, 『明人詩話補』(淸乾隆四十二年刻本).

雍正 연간에 활동한 陸廷燦는 왕사정의 제자로 알려져 있다. 그는 저술
『南村隨筆』 4권을 지으며 『조선채풍록』에 대한 글을 싣고 임제 등 30여
명의 작품을 수록하고 있다. 소개한 내용은 『지북우담』에서 소개한 글귀
와 거의 같다.[19] 이것은 『조선채풍록』 원본을 보고 적은 글이 아니고 왕사
정의 『지북우담』을 참조했기 때문으로 보인다.

이밖에 余金의 『熙朝新語』에는 〈李元楨이 京師로 돌아가는 중국 사신
을 전송한 시의 서문(李元楨送詔使還京詩序)〉을 수록하고 있는데 이는 왕
사정의 『지북우담』에서 부터 근거를 두고 있다. 왜냐하면 이원정이 손치
미를 바래며 지은 서문은 왕사정이 전사하였고 여금이 수록한 내용을 보
면 왕사정이 수록한 내용과 시작에서부터 마지막 문구까지 일치하기 때문
이다.[20] 『熙朝新語』는 順治 연간부터 嘉靖 연간까지의 시화를 두루 모아
집성한 책으로 인용한 서책명은 써 놓지 않고 있으나 중간 중간에 『지북
우담』을 인용한 글들이 보이고 있다. 이는 가정연간을 이어가면서 한림학
사들이 수록한 조선 관련 시화가 계속 계승되고 있었음을 말해주고 있다.

道光 연간에 활동한 梁紹壬(1792~?)도 왕사정의 저술에 실린 조선 한시
를 보고 이를 자신의 문집인 『兩般秋雨盦隨筆』에 재수록 하였다.

漁洋山人(왕사정)은 수십 수를 골라 수록하였으나 나는 그 중에 세 사람을
좋아하여 간추려 뽑았다. 金淨의 〈江南春思〉(…), 鄭知常의 〈醉後〉(…), 李植

---

19) "吾邑世執孫先生松坪, 名致彌, 以太學入京擅詩名. 聖祖仁皇帝召見奇其才, 康
熙十七年頒詔朝鮮, 命一等侍衛狼曋爲正使, 而以致彌副之, 歸時撰 『朝鮮採風
錄』載: 林悌等三十餘人皆近體詩也. 後孫於戊辰登進士, 改庶吉士官至翰林侍講
學士以太學生而蒙朝廷知遇之恩, 出使外藩此從來未有之異數也."(陸廷燦, 『南
村隨筆』 권4)(雍正十三年陸氏壽椿堂刻本).

20) 〈送詔使還京詩序〉, "皇上紀元之十七年戊午, 上馹武備二大人頒大行皇后諡於
下國, 時則不佞謬膺寡君僕命之託, 馳迓龍灣因護其行. 抵王京. (…) 自臨境至
回旆首尾四十有二日, 不佞又伴至鴨綠江上, 大人徵詩若序, 要作他日不忘之資.
(…) 辭之盒固, 命之盒懇, 因略敍其槪, 兼呈篇什, 以供一粲云爾."(余金, 『熙朝
新語』 권6(淸嘉慶二十三年刻本).

의 〈泊漢江〉(…). 비록 중국에서 시를 한다는 사람도 이를 어찌 뛰어 넘을 수
있겠는가!21)

양소임은 왕사정이 수록한 『조선채풍록』저술을 보고 이를 저본으로
〈朝鮮詩〉를 선록하였다. 그는 왕사정은 십 수가 넘는 작품을 채록하였으나
자신은 그 중에 세 사람만을 특히 좋아해 이들의 작품을 싣는다고 하며 金
淨의 〈江南春思〉, 鄭知常의 〈醉後〉, 李植의 〈泊漢江〉을 選錄하였다. 그리
고 평하기를 "중국에서 시를 한다는 사람도 이를 어찌 뛰어 넘을 수 있겠
는가!"라며 조선 한시 작가의 작시 수준을 높이 평가하고 있다. 이는 강희
연간에서부터 청 문단에 유포된 당풍의 조선 한시가 문헌적 계승을 통해
꾸준히 청나라 문단에서 호평을 받고 있었음을 알 수 있다.

그 뒤 董文渙(1833~1877)이 『海客詩鈔』와 『朝鮮詩錄』을 편찬하였는데
이는 강희 연간을 이어 등장한 최대 규모의 새로운 한시 선집이다.22) 동문
환은 처음으로 조선 역관들의 시를 모은 한시선집을 펴냈는데 이것이 바
로 『海客詩鈔』이다. 『海客詩鈔』에는 김정희의 추종 그룹이자 李尙迪 門下
에 속한 李容肅, 姜海壽, 金秉善, 卞元圭, 崔性學 6인의 작품 225수가 들어
있다. 이 책에는 동문환의 朱点, 朱圈과 詩評도 있다.23) 북경에온 조선 문
인들의 시와 한중 양국 간의 산문을 모아 『韓客詩存』과 『韓客文存』을 엮

---

21) 「朝鮮詩」, "康熙十七年, 命一等侍衛狼曋, 頒孝昭皇後尊諡於朝鮮, 因令采東國
    詩歸奏, 副行孫致彌遂撰朝鮮采風錄, 詩多近體. 漁洋山人采之不下數十首, 餘
    於其中愛三人焉, 因節錄之. 金淨〈江南春思〉云: '江南殘夢日懸懸, 愁逐年華日
    日添. 雙燕來時春欲暮, 杏花微雨下重簾.' ; 鄭知常〈醉後〉云: '桃花紅雨燕呢喃,
    繞屋春山閒翠嵐. 一頂烏紗慵不整, 醉眠花塢夢江南.' ; 李植〈泊漢江〉云: '春風
    急水下輕艭, 朝發驪陽暮漢江. 篙子熟眠雙艣靜, 靑山無數過船窗.' 雖中華能爲
    詩者, 何以過此!"(梁紹壬, 『兩般秋雨盦隨筆』 권7)(道光振綺堂刻本).
22) 김명호, 「董文渙의 『한객시존』과 한중문학교류」, 『한국한문학연구』 26집, 한국한
    문학회, 2000에서 연구가 이루어졌다.
23) 『海客詩鈔』는 현재 미국 하버드대학교 옌칭도서관 선본실에 상하 2책으로 필사
    본이 소장되어 있다. 정민, 앞의 책, 171~172면.

어 낸 이도 동문환이다.24) 이밖에 동문환은 4册의 『朝鮮詩錄』을 편찬하였
는데 당시 필사본으로 청 문단에 전해졌다.25) 『朝鮮詩錄』은 『明詩綜』을
염두에 두고 편찬한 책으로 17세기 강희 연간 대가들의 뒤를 이어 당시대
까지의 조선 한시를 집대성한 큰 작업이었다.

작고한 工部 형님이 일찍이 『朝鮮詩錄』을 초록하였다. 모두 4책이다. 이
는 洪洞 출신의 檢討 董文渙의 책을 빌려서 베낀 것이었다. 제1책은 偰遜, 鄭
夢周이하로 女道士 許景樊에 이르기까지의 시인데, 모두 『明詩綜』의 것을
수록하였다. 王徽이하로 高麗妓 德介氏에 이르기까지 10명은 國朝이후의 詩
人 인듯하다. 그 뒤에 다시 鄭夢周의 시를 뽑아서 거의 2册을 채웠으나, 그
비중을 맞추는데 있어서 조리를 잃었다. 또 柳得恭에서부터 李豐翼까지 29명
의 시가 있다. 예를 들면 申錫愚가 馮魯川, 王霞擧, 黃翔雲과 倡和한 시가 있
고, 朴珪壽가 沈仲復, 董研樵(卽研秋)와 창화한 시가 있으며, 趙雲周, 徐衡淳,
申輸尤, 卞源奎, 趙徽林이 모두 仲復, 研樵(董文渙), 霞擧, 翔雲과 화운한 작
품이 있다. 徐相雨가 倪豹岑, 方小東, 李芋仙을 감회한 시가 있고, 兪致崇이
許海秋, 黃翔雲, 王顧齋, 董研樵와 함께 顧亭林(顧炎武)의 祠堂에 참배하고
지은 시가 있다. 이들은 모두 同治 연간 初葉에 북경에 온 사신들이다. 200년
동안 조선의 시인이 어찌 이 정도에 그치겠는가? 董君은 채집을 폭 넓게 하
지 못하였다. 이 필사본은 형님의 遺墨이라, 앞뒤가 정밀하고 가지런해서 빠
진 것이 없으므로 이를 裝裱해서 삼가 간직하겠다.'26)

---

24) 董文渙 著, 李豫 · 崔永禧(韓國)輯校, 『韓客詩存』, 書目文獻出版社, 1996; 김명
　　호, 앞의 논문 396~399면 참조.

25) 김명호, 앞의 논문, 2000에서 『韓客詩錄』에 대해 처음으로 학계에 소개하였으며,
　　유정, 『19~20세기 초 청대문인 편찬 조선한시문헌 연구』, 보고사, 2013에서 자료
　　를 보완하여 편찬경위와 수록된 조선시문의 범위를 살펴보았다. 『朝鮮詩錄』은
　　董文渙의 일기와 박규수의 서찰에서 『韓客詩錄』이라고도 적고 있는데 본고에서
　　는 『朝鮮詩錄』으로 통일한다.

26) "先工部兄, 手鈔 『朝鮮詩錄』, 凡四册. 蓋從洪洞董研秋檢討文渙借鈔. 第一册,
　　自偰遜鄭夢周以下, 至女道士許景樊各詩. 皆全錄 『明詩綜』. 自王徽以下, 至高
　　麗妓德介氏止, 凡十家, 似是入國朝後詩人. 其後又錄鄭夢周詩. 幾盈二册, 繁簡
　　失當. 又自柳得恭, 至李豐翼二十九家中, 如申錫愚有與馮魯川, 王霞擧, 黃翔雲
　　倡和之作, 朴珪壽有贈沈仲復, 董研樵(卽研秋)之作. 趙雲周, 徐衡淳, 申輸尤, 卞

吳慶坻의 工部 형님이 동문환의 『朝鮮詩錄』을 초록하였다. 그 초록한 내용의 1책은 설손, 정몽주로부터 여도사 허경번까지의 시가 모두 『명시종』의 조선 한시로 편찬되었다. 그리고 왕휘로부터 덕개씨까지 10명과 다시 정몽주의 시를 수록하여 2책을 채운 내용이 3책과 4책으로 편찬되었는데 이 부분의 조선 한시는 기타 중국에서 찾아 볼 수 있었던 시선집과 주로 조선에서 보내온 새로운 자료들을 모으고 선취하여 채웠을 것으로 보인다.27) 이는 동문환이 조선시선집을 편찬한다는 소식과 함께 조선에서도 많은 시인들이 자신들의 시집을 증정했던 것과 밀접한 관련이 있다.28) 강희 연간 한림학사들이 조선시선집을 편찬할 때만 해도 자료의 부족과 정보의 부족으로 매우 어려운 상황이었지만 19세기 말엽 동문환이 조선시선집을 편찬할 때는 18세기 북학파의 전통을 이어 이미 중국에 조선의 시문집을 보내는 일을 매우 영광스럽게 생각하는 전변이 일어났다. 이는 청초 조선의 분위기와 매우 크게 차이를 보인다.

『朝鮮詩錄』에서 동문환은 『明詩綜』과 『朝鮮採風錄』, 『二十一都懷古詩』에서 누락된 바를 보완하여 조선 한시의 집대성을 이루고자 기획하였다.29) 이 4권본 『조선시록』은 오경지의 형님이 필사본을 소장하고 있었고 자신

(원문에는 宋으로 되어 있는데 잘못임)源奎, 趙徽林 均有和仲復, 研樵, 霞擧, 翔雲之作. 徐相雨有懷倪豹岑, 方小東, 李芋仙之作. 兪致崇有同許海秋, 黃翔雲, 王顧齋, 董研樵謁顧亭林祠之作, 則皆同治初來游京師者. 二百年來, 朝鮮詩人, 奚止此數? 董君采輯未博. 以其爲先兄遺墨, 且首尾精整, 無一率筆. 乃裝治而謹弆之."(吳慶坻, 『蕉廊脞錄』 권5)(民國求恕齋叢書本).

27) 유정, 앞의 책, 139~152면.

28) 1866년 1월 동지사 서장관 김창희가 동문환으로부터 『韓客詩錄』을 얻어 보고는 근대 시인의 작품들이 많이 채록되지 못한 점을 말하고 鄭元容, 趙斗淳, 김영작 등 선배들의 시문집을 부쳐주겠다고 약속하였다고 한다. 또한 이듬해 김영작의 시집에 동문환이 서문을 써 놓은 것으로 보아 이들의 시문집이 동문환에게 전달되었다고 보았다.(김명호 위의 논문, 407면 참조).

29) "國初諸老, 曾有 『朝鮮採風錄』, 『日本詩選』 各書, 然但著其文章, 而未及其風土, 卽近人叢書所刻, 『二十一都懷古詩』 亦僅詳其本國, 而未詠及退陬, 今小棠此編, 尤足補前賢所闕略."(董文渙, 『韓客詩存』, 282면).

도 이를 초록하여 소장한 것으로 보아 동인들 사이에서 필사본으로 전사
된 것으로 보인다. 이렇게 완성된 4권본『朝鮮詩錄』은 朴珪壽가 접했을 때
만 해도 20권이나 되었다.[30]

박규수는 근대전환기에 활약한 조선의 선각자로 19세기 조선의 역사적
전변 한가운데에서 정치·사상·문학 등 다방면에 걸쳐 폭넓은 활동을 보여
주었으며, 당대의 가장 개명한 지식인으로서 시대적 과제에 직면하여 누구
보다 깊이 고뇌하고 적극적으로 대책을 모색한 인물이다. 그는 서화가이며
예학, 경서학, 고증학에 있어서도 모두 깊은 조예가 있었다.[31] 박규수는 이
렇게 깊은 학식을 쌓은 조선의 선각자로서 동문환에게 직접적인 조언과
함께 많은 도움을 줄 수 있었다.

동문환은 박규수가 1861년과 1872년 두 차례 연행을 하는 과정에서 그
를 만나게 되었으며 서로 간에 7통의 편지를 주고받았다.[32] 박규수는 당시
동문환이 조선시선집을 편찬한다는 소식을 접하고 자신의 집에 소장되어
있는 7대조인 박미의『汾西詩鈔』一冊과 박지원의 시 그리고 李穡과 金麟
厚 등의 시를 뽑은『東韓諸家詩鈔』一冊을 보내어 동문환의『朝鮮詩錄』
편찬을 도왔으며 조선의 우수한 한시를 중국에 소개하고자 노력하였다.[33]

---

30) 〈與董硏秋文煥(5)〉, "『韓客詩錄』, 何至二十卷之多也? 東人詩本不協聲律, 中古
   志士畸人之作, 尙可以辭取之. 自鄭以下, 無復可言, 徒爲梨棗災, 幸更加刪去,
   勿令中原士夫傳笑東人之陋, 亦君子之惠也.『牧隱』,『河西』二集, 卷帙頗多, 容
   弟選錄寄呈少俟之."(朴珪壽,『瓛齋先生集』권10)(한국문집총간: 312, 495면). 이
   에 대해 김명호, 앞의 논문, 413면에서 거론한바 있다.
31) 김명호,『환재 박규수 연구』, 창비, 2008 참조.
32) 朴珪壽,『瓛齋集』권10(한국문집총간: 312, 493~496면).
33) 〈與董硏秋文煥(6)〉, "前者李牧隱, 金河西詩集, 卷帙冗繁, 不合遠致, 玆有選錄
   一冊, 兼附他數家詩, 庶更精選入錄. 且弟之先祖汾西公詩鈔一冊, 附以王父燕
   巖公詩鈔并送呈, 幸收覽復加揀選, 如何如何? 王父雅不喜唫咏, 草草如此. 然亦
   可知志尙之如何? 而汾西祖則所遭値所持守, 尤當讀而知其人矣.(…)外呈『汾西
   詩鈔』一冊,『東韓諸家詩鈔』一冊." (朴珪壽,『瓛齋集』권10)(한국문집총간: 312,
   496면).

이렇게 전해진 박미와 박지원의 시 등 조선의 한시는 『朝鮮詩錄』의 3책과 4책에 들어 있었을 것으로 추정된다.

4책은 유득공에서 이풍익까지 29명이 수창한 시를 소개하고 있는데 중국문사와 조선 사신이 수창한 시로 구성하여 편집한 것으로 보인다. 29세 때 동문환 자신이 조선 사신과의 수창시를 모아 『秋懷唱和詩』를 간행한 연장선에 있었다. 이렇게 『조선시록』 4권본은 17세기 강희 연간에 편찬한 조선 한시를 수록하고 다음으로 조선 문인들로부터 증정 받은 시문집에서 한시들을 발췌하였으며 마지막에 한중문사들의 수창 작품을 실었다.

『조선시록』은 동문환이 『명시종』의 체제를 참조하고 그 뒤에는 당대의 많은 조선 시인들의 한시를 모으고 선별하여 『조선시록』을 준비하였는데 이는 조선문화를 재차 정립하여 중국 문단에 알리고자 한 깊은 뜻이 내포되어 있었다. 이러한 계기로 당시대의 많은 조선 문인들의 문집이 청 문단에 들어왔는데 이러한 영향은 20세기 초로 이어져 박제가, 유득공, 이상적, 김정희 등의 조선 한시를 수록한 符寶森의 『國朝正雅集』과 徐世昌의 『晚晴簃詩匯』 등이 간행되었다.[34]

2. 18~19세기 조선 문단에 끼친 영향과 의의

강희 연간 한림학사들의 조선문화 인식이 조선에 끼친 영향은 크게 2가지로 고찰할 수 있다. 첫 번째는 18세기 무렵부터 강희 연간 활동한 한림학사들의 서책이 조선으로 유입되면서 자국 문화에 대한 재인식과 함께 중국 요구에 부응하기 위한 움직임이 일어난 현상이다. 두 번째는 중국 문

---

34) 김명호, 앞의 논문, 2000; 박현규, 「符寶森의 『國朝正雅集』에 수록된 조선한시」, 『중국학보』 51집, 한국중국학회, 2005; 이춘희, 『(19世紀)韓·中 文學交流 : 李尙迪을 중심으로』, 새문사, 2009; 유정, 앞의 책에서 논한바 있다.

헌에 등장하는 조선문화에 대한 정보가 많아지자, 중국 문헌의 오류를 적극적으로 고증하는 태도와 중국 문헌을 인용하여 한국사를 구성하는 일련의 작업들이 이루어졌다.

중국에서 조선문화의 확산은 18세기 청 문단에 조선문화에 대한 정보를 더 요구하고 있었다. 왕사정, 주이준, 우통 등 17세기 활동한 문인들의 저서를 통해 조선의 한시와 조선의 문화를 어느 정도 접할 수 있었으나 이들이 저술에 수록된 조선문화는 17세기 초반까지의 것만을 수록한 것이고 또 그 양도 많지 않아 중국에서는 조선문화를 더 풍성하게 알고자하였다.

『조선왕조실록』1695년(숙종21, 강희34) 1월(乙亥) 12일(甲戌)의 기록에 보면 청 사신이 우리나라의 詩文과 筆法을 보기를 요구하니, 『東文選』과 『靑丘風雅』를 騰抄하여 주고, 또 글씨 잘 쓰는 사람을 골라 조선의 필법을 보여 주었다고 한다.[35] 또 1712년 11월 金昌集은 사은겸동지사로 연경으로 갔고 이 때 김창업과 崔德中이 軍官으로 수행하여 각기 연행록을 남겼는데, 최덕중의 『燕行錄』을 보면 당시 강희제는 청나라에 없는 조선의 시문을 보고자 요구하였다. 1713년 2월 3일에서 5일자 기록을 보면 다음과 같다.

"이번에 온 조선국 사람들아! 너희들은 모두 독서하기를 좋아하니, 가지고 온 문헌이 혹 있을 것이다. 어떤 글이든지 상관치 말고 모두 가져와서 짐이 관람하도록 하라. 너희들에게 이르노니, 숨기지 말고 모두 가져와서, 한 번 보여도 방해될 것이 없다. 다시 묻노니 너희 나라에는 우리 청국에 없는 어떤 서적이 있는가?" (…) "너희 나라 문사가 지은 것이나 옛날 서적이면 썩고 해졌더라도 괜찮으니, 모두 가져오라. 짐이 보고자 하노라."는 것이었다. 통관이 와서 말하기를, "부채 따위에 쓴 구절이라도 御覽에 바침이 좋겠다."한다.[36] 강희제가 조선문인이 쓴 시문과 조선의 서책을 보고자 하자 조선의 연

---

35) 『朝鮮王朝實錄』, 肅宗21(1695년), 乙亥(1월) 甲戌(12일).

36) 崔德中, 『燕行錄』, 癸巳년(1713, 肅宗 39) 2월 3일에서 5일자의 「日記」.(한국고전 번역원 번역 자료 참조).

행사들은 五言絶句와 七言絶句와 律詩 모두 35수를 적어 바쳤다. 그러자 皇旨를 가지고 와서 傳言하기를 조선 문사가 지은 글이나 옛날 서적이면 썩고 해졌더라도 괜찮으니 좋다고 하면서, 꼭 조선인의 작품, 조선에만 소장된 비본 같은 것을 찾고 있었다. 강희제는 조선으로 사신을 파견하여 조선간본의 희귀본을 얻어 보고자 하였으며, 중국으로 온 사신을 통해서도 채시를 하고자 하였다.

강희제는 황실편찬사업의 성과로 작업을 끝낸 일부 서책을 조선에 보내주면서 조선의 시문과 서책 등을 보내 줄 것을 요구하였다.37)이렇게 되어 대제학 宋相琦를 중심으로 조선에서는 조선의 시문을 선별하여 중국에 보내기 위한 본격적인 작업이 시작되었고38) 드디어, 같은 해 7월 28일 사은사 일행이 청나라로 가는 편에 奏本, 議奏『(별본) 동문선』2질을 보냈다. 당시 청나라로 보내는 이 책의 휘자로 인해 보내는 도중에서 급히 글자를 바꾸기도 하는 등 일들도 있었다. 아래 내용이다.

謝恩使의 狀啓로 인하여 가지고 간『東文選』에 기재된 戊戌奏文 가운데 있는 '祖宗'이란 글자는 혹은 諡號로 혹은 陵號로, 혹은 先王의 글자로 고치고, 다른 글 가운데 있는 '胡越', '胡僧', '夷鞨' 등의 글자는 다른 글자로 바꾸어 급히 鑄字해 보내어 使行이 鴨綠江을 건너가기 전에 고쳐 보충하도록 했는데, 대개 그 사람들에게 방애됨이 있을 것을 염려했기 때문이다.39)

조선의 북벌론이 사라지지 않았던 시점에서 조선에서는 김춘택과 같이 "중화의 문화를 지닌 중국인에게 조선의 문화를 보이는 것을 오히려 영광"이라고 한 문인도 있었지만,40) 그에 더욱 만만찮은 반론도 있었으나 압록

---

37) 강희제는 1685년 金昌集 사행단편에『古文淵鑑』,『全唐詩』,『佩文韻府』등 370 여권의 책을 조선에 하사하였다.

38) 奏本, 議奏『별본 동문선』의 편찬경위는 이종묵, 규장각해제, 1998을 참고할 수 있다.

39) 肅宗 39년(癸巳), 1713년 8월 15일(庚寅),『朝鮮王朝實錄』.

강을 건너기 전에 발견된 기휘의 글도 다른 글로 고쳐 奏本『東文選』이 중국에 들어가게 되었다. 이렇게 강희제 말기에 중국 황실로 들어간『(별본) 동문선』은 현재 한국에만 남아 있고 중국에는 보이지 않으며, 또 그 이후 중국 문인들에 의해 언급되거나 인용된 글들을 찾을 수 없는 것으로 보아 황실 서고로 들어 간 후에 민간으로 전파 되지 못한 것으로 보인다.

이와 같은 상황에서 18세기 당대 중국의 지식인들은 청나라로 사신 온 조선문인과 교유를 하면서 김상헌의 시선집과 조선의 한시에 대해 궁금증을 풀고자 하였고 조선시인의 시화도 알고자 하였다. 이러한 중국의 요구에 부응하여 조선의 한시를 본격적으로 소개한 것은 홍대용의 사행에서부터 그 기록들이 찾아 진다. 1766년 2월 12일 홍대용과 潘庭筠의 대화를 보기로 한다.

　　蘭公(潘庭筠)이 "淸陰先生集이 몇 권이 있습니까?" 내가 20권이 있는데 그 중에 犯諱의 글들이 많아 감히 꺼내지를 못하겠습니다."(…) 란공이 "『箕雅』란 책에 근세 사람의 시가 많습니까?" 하니, 내가 "고금 사람이 모두 들었습니다. 보겠다면 뒤에 부쳐 드리겠습니다." 하였다. 난공이 "일이 많을 텐데요." 하자 내가 "어렵지 않습니다." 고 하였다. 난공이 "각 사람 이름 밑에 그 성씨와 관작도 기록되었는가?" 물으니 내가 "대략 있습니다. 이중 몇 편을 합하여 더할 것은 더하고 뺄 것은 빼고 자세히 씨족을 기록하여 부쳐드리겠습니다" 라 하였다. 난공이 "매우 좋습니다." 고 하였다.[41]

---

40) 〈東文問答〉, "客曰, 固也. 然我之送文字於夷虜之庭, 是爲可羞. 雖不得不送, 或可略取閒漫詩文以塞責, 豈宜視作大事費吾力而悉其所有乎. 至於諸儒賢道學文字之辱掛於夷虜眼目, 尤豈非未安乎. 主人曰, 所謂可羞, 誠然矣. 且何不曰二帝三王漢唐宋明以來之天下, 而必曰夷虜之庭也. 文字之送, 循其名則雖可羞, 究其實則未必爲可榮, 而雖盡力而悉吾所有, 或恐無以當之矣. 且旣可羞, 閒漫與道學, 何擇焉. 而不然則此事所重, 尤在於道學耳. 夫以區區偏邦之文字, 幸而得掛於中華豪傑之士之眼目, 此愚所以謂可榮, 而未見其未安也."(金春澤, 「恩歸錄」, 『北軒集』권18)(한국문집총간: 185, 246면).

41) 〈乾淨衕筆談〉, "蘭公曰, 『淸陰先生集』, 有幾卷? 余曰: '二十卷, 而其中多犯諱之語, 不敢出之.' (…) 蘭公曰: '『箕雅』一書, 多近代人詩耶?' 余曰: '古今皆入

반정균은 홍대용에게 김상헌의 문집을 얻어 보고 싶어 한 것으로 보인
다. 김상헌의 명성은 이미 왕사정의 저술을 통해 익히 알고 있었던 터라
반정균은 더 많은 김상헌의 작품을 보고 싶어 하였다. 또 필담 가운데『箕
雅』에 대해서도 물어 왔는데 이미 풍문으로 이 시선집에 대해 들었던 것
으로 보인다. 홍대용은 潘庭筠의 요청에 의하여 조선의 한시를 선발한 책
자를 편찬하려 하였으나 스스로 이일을 감당하지 못하여 부친의 벗인 閔
百順(1711~?)에게 이 일을 부탁했다고 한다. 이에 민백순이이 1767년 무렵
(1767~1774) 箕子의 〈麥秀歌〉에서부터 18세기 당대의 문인의 작품에 이르
기까지 각체의 시를 선발하여『海東詩選』을 편찬하였다.[42] 그리고 이 책
4질은 엄성, 육비, 반정균 등 홍대용과 절친하였던 벗에게 전달되었다.[43]

이러한 중국의 요구에 부응하기 위한 움직임으로 당대 조선의 한시들이
홍대용을 시발점으로 민간의 중국 지식인들에게 소개되기 시작하였다. 그
러나 민백순에 의하여 편찬된『海東詩選』역시 청의 문인들에게 널리 전
파되지는 못하였다. 오히려 18세기 중 후반으로 내려오면서 강희 연간 한
림학사들의 저술이 제자들에 의해 간행 되어 널리 민간에 까지 보급되면
서 조선문화를 알고자 하는 중국 지식인들이 더 많아지고 있었다. 이 때문
에 홍대용 이후 연행 사절단을 만난 청 문인들은 조선의 한시 선집을 비롯
하여 문화 전반에 거쳐 담화를 시도하였다.

焉, 如欲一覽, 後當寄上.' 蘭公曰: '恐費事耳.' 余曰, '不難.' 蘭公曰: '此書, 各
人名下, 記其氏爵否?' 余曰: '略有之, 當以此等幾篇, 合而增損之, 詳記氏族而
付送.' 蘭公曰: '極好.'"(洪大容,「杭傳尺牘」『湛軒書·外集』권2)(한국문집총간:
248, 142면).

42) 『海東詩選』은 북경대학 도서관에 소장되어 있는데 이에 대해서는 박현규,「北京
大學藏本 朝鮮 閔百順 편찬『海東詩選』의 落穗와 補完」,『한민족어문학』38집,
한민족어문학회, 2001, 285~305면에서 다루었다.

43) 그 이후 閔百順은 增補 작업을 거쳐 1,892수를 수록하고 1770년 무렵 그 이름을
『大東詩選』으로 바꾸어 세상에 내놓았다. 필사본으로 되어 있는 12권 6책의『大
東詩選』은 규장각에 소장되어 있는 것을 影印 간행하였는데, 책 앞에 붙은 김남
기의 해제에 이 책의 편찬 경위가 자세히 설명되어 있다.

당시 북학파의 연행을 살펴보면 柳琴과 羅杰(1777)→李德懋와 朴齊家(1778)→박지원(1780)→李喜慶(1782, 1786)→유득공, 박제가, 이희경(1790)→이희경(1794, 1799)→유득공 박제가(1801)로 이어진다. 이러한 문화교류의 대표적인 성과로 홍대용의『을병연행록』과 그 뒤를 이은 박지원의『열하일기』에서 알 수 있듯이 당시 중국에 들어가 조선문화를 현장에서 전파한 조선의 문인들이다. 이들이 중국 문사들과 가진 필담을 홍대용은『乾淨衕筆談』으로 남겼고, 박지원은『열하일기』에「粟齋筆談」,「商樓筆談」,「鵠汀筆談」등 주제별로 제목을 달아 필담을 수록해 놓았다. 열하에서 있었던 일은 따로「避暑錄」과「忘羊錄」등으로 정리하였다. 청 문인들이 조선문화에 대한 관심은 책에서만 알고 있던 지식을 넘어서고자 하였다. 이들은 평소 대가들의 저술을 통해 이해했던 조선의 문화를 필담에서 거침없이 쏟아 내면서 담론을 했다. 이러한 예들은 조선의 문인과 조선의 한시 그리고 예악, 고문헌, 역사에 이르기까지의 담화 내용들이 연행록의 일기에 기록되어 있다. 연행록에 대한 연구는 현재까지 상당한 성과가 축적되어 있다.[44] 이를 통해 살펴 볼 수 있듯이 북학파들은 사신행로에서 조선문화를 생생하게 전파한 장본인들이었다.

그 뒤에 홍대용이 북경에서 엄성과 만나 필담을 나눈 뒤 헤어지면서『감구집』을 선물로 받아 돌아왔다.

모두 크게 웃고 서로 손을 잡고 차마 서로 놓지 못하고 드디어 서로 이별하고 나왔다. 문에 나오매 두 사람이 빠른 소리로 조금 있으라더니, 嚴生이『感舊集』전질을 가지고 와서 선사하였다. 내가 감사의 말로서 "책을 가지고 가면 남들이 무어라 할까 두렵다." 하니, 둘 다 말이 "사온다고 하면 무엇이 방해될 것이 있는가?" 하였다. 나는 淸陰詩가 그 중에 있으니 불가불 한 번

44) 김명호의『열하일기 연구』로부터 시작하여 오늘날 각종 국제학술회의에 이르기까지 관련 연구가 세계 한문학자들에 의해 지속적으로 이루어지고 있다.(김명호,『熱河日記 研究』, 창작과비평사, 1990;『북경유리창과 한중지식 교류』, 2009년 한양대학교 동아시아문화연구소 주최 국제학술회의 등).

使行에게 보이지 않을 수 없다고 생각하며, 드디어 평중과 더불어 상의하여 마두배로 하여금 품속에 간직하고 관으로 돌아가게 하였다.45)

이는 洪大容이 북경에서 항주의 세 선비인 嚴誠, 陸飛, 潘庭筠 등과 가진 필담 내용 중 일부이다. 홍대용은 그들과 필담을 나누고 그로부터 『感舊集』을 선물 받았다.46) 18세기 이래 중국 서적이 방대한 규모로 조선으로 들어오자 이를 본 조선의 지식인들은 조선의 인물과 조선의 한시 등에 대한 기록에 관심을 더욱 많이 기울이게 되었다. 이러한 관심은 조선문인들로 하여금 자국 문화에 대한 자긍심과 함께 적극적으로 당대 조선의 한시를 비롯하여 조선문화를 중국에 알리고자 하는 행동으로 나아가게 하였다.

한편 17세기 강희 연간부터 한림학사들에 의해 부각된 조선문화는 18세기 무렵부터 중국의 문헌이 조선으로 유입되면서, 조선의 문인들은 중국 문인의 저술에 조선의 한시를 비롯하여 조선의 정보가 어떻게 기록되었는가에 큰 관심을 가졌다. 이중 李宜顯(1669~1745)은 중국 문헌에 실린 조선의 한시에 가장 먼저 본격적인 관심을 가졌던 사람이다.

명나라 사람들은 우리나라의 시를 매우 좋아했다. 더욱 허초희의 시를 더욱 칭찬하여 시를 뽑는 이들이 허초희의 시를 싣지 않음이 없었다. 청나라 사람 宋犖는 허초희가 지은 「白玉樓上樑文」을 들어만 보고 보지를 못하여 모의하는 글을 지어 문집에 수록하였으니 그 사하고 숭상함을 알만하다. 명나라 만력 연간에 藍芳威라는 자가 大司馬를 따라 우리나라에 와서 우리나라의 시를 채집하여 6권으로 만들어 『朝鮮詩選全集』이라 하였는데 기자의 〈麥秀歌〉에서부터 허초희의 시에 이르기까지 600수에 이르고, 『열조시집』에는

---

45) 〈乾淨衕筆談〉, "彼此皆大笑而握手不忍相捨, 遂相別而出. 出門, 兩生疾聲請少留. 嚴生持『感舊集』全秩而贈之, 余辭謝曰: '書冊帶去, 恐有人言.' 兩生曰: '言以買來, 亦何妨乎.' 余念淸陰詩旣在其中, 不可不一覽於使行, 遂與平仲相議, 使馬頭輩藏之懷中"(金尙憲, 「杭傳尺牘」, 『湛軒書·外集』권2).

46) 洪大容은 1765년 11월 연행길에 올라 12월 27일 북경에 도착, 이듬해인 1766년 귀국(『을병연행록』)(林基中 編, 『燕行錄全集』 43~48, 동국대학교 출판부, 2001).

170수를 선발하였으며,『명시종』에는 136수를 선발하였고,『明詩選』에는 3
수를 선록하고『詩歸』에는 2수를 선록하였는데 난설헌의 시가 모두 그 안에
있다. 宋犖의 文集에는 月沙가 찬한「楊鎬去思碑」와 李爾瞻이 찬한「楊鎬
功德詩」를 수록하고 있는데, 月沙의 이 문장은 俊健한바 처음부터 合作한
것으로 爾瞻之詩 또한 大篇이라, 險韻을 사용하고 散押을 하지 않아도 궁색
함이 없으니, 얻기 쉽지 않은 것이다."47)

이의현은 1720년 북경에 사신으로 갔을 때『明詩歸』를 열람하고 또 직
접『열조시집』,『명시종』등을 비롯한 방대한 중국 서적을 구입해 온 적이
있다. 그래서 이의현은 당대의 중국 문헌에 대해 널리 알았고, 明·淸대의
시선집에 대해서도 두루 꿰뚫고 있었다. 그는 陳子龍의『明詩選』과 鐘惺
의『明詩歸』에 실린 조선 한시도 확인하였다. 당시 임진왜란에서부터 단
초가 되어, 편찬된 조선시선집을 두루 열람하고 수록된 조선 한시의 편수
도 일일이 나열하였으며 특히 난설헌의 시가 명과 청문단에서 인기를 끌
고 있었던 부분도 간파하였다. 난설헌의「白玉樓上樑文」을 의작한 청문인
을 宋牢로 잘못 적고 있었는데 이는 尤侗을 잘못 기록한 것이다. 宋犖는
자신의 문집『筠廊偶筆』에「皇明都禦史楊公鎬去思碑銘」이란 제목으로 李
廷龜가 찬한「楊鎬去思碑」와 李爾瞻이 찬한「楊鎬功德詩」를 수록하고 있
다. 송뢰의 문집에서 이를 본 이의현은, 문장을 비평하고 얻기 쉽지 않은
글을 얻었다고 기록하고 있다.『명시종』에 대해서도『열조시집』과 비교하
여 장점과 한계를 지적하였다.48)

---

47) "明人絶喜我東之詩, 尤獎許景樊詩, 選詩者無不載景樊詩. 淸人宋犖聞景樊作
「白玉樓上樑文」, 而恨未得見, 擬作其文, 錄在集中, 其慕尙可知矣. 明萬曆中,
有藍芳威者, 隨大司馬東來, 採東詩, 裒成六編, 名曰『朝鮮詩選全集』, 起自箕
子麥秀歌, 止於景樊詩凡六百首,『列朝詩集』, 選一百七十首,『明詩綜』, 選一
百三十六首,『明詩選』錄三首,『詩歸錄』二首, 景樊詩皆在其中. 宋犖文集, 載
月沙撰「楊鎬去思碑」, 李爾瞻讚「楊鎬功德詩」, 月沙此詩俊健, 固是合作, 而爾
瞻之詩, 乃大篇也, 用險韻, 不散押而無窘態, 不易得也."(〈一百四則〉,「陶峽叢
說」,『陶谷集』권28)(한국문집총간: 181, 455면).

한편 중국 문헌에 등장하는 조선의 한시에 대한 정보도 많아지게 됨에
따라 박지원, 이덕무49) 등 조선 실학가들은 중국인들의 저술에 나타난 오
류를 적극적으로 수정하는 작업을 수행했다. 우선 먼저 「조선죽지사」에 대
한 박지원의 비평을 보기로 한다.

　　長洲 지방 출신의 회암 우통이 지은 『외국죽지사』에는 우리나라를 첫머리
　에 싣고, 그 아래에 백여 나라의 민요와 토산의 대체적 모습을 서술하였다. 거
　기 서술된 조선 관련 일들을 살펴보면 오류가 상당히 많은데, 하물며 사해 밖
　의 만 리나 떨어져 있으며 문자조차 없어서 그 토속에 정통할 수 없음에랴.50)

　박지원은 일찍이 『熱河日記』 「避暑錄」에서 「조선죽지사」 작품 중에 나
타난 오류를 바로 잡고자 하였다.51) 바로 주석에서 설명한 고구려를 하구
려로 낮추어 부른 일이 수나라의 정벌에서 비롯된 것이 아니라 王莽 때 일
이라고 수정하고 있다. 『後漢書』에는 왕망이 흉노를 정벌할 때 고구려에
지원을 요청했으나 순순히 응하지 않자 '高句麗王'을 '下句麗侯'로 고쳐
부르게 했다는 기록이 있다.52) 박지원은 우통이 지은 『외국죽지사』에서 4
편의 「조선죽자사」가 제일 첫머리에 실려 있음과 백여 나라의 민요와 풍
물이 소개되어 있음을 소개하고 있다. 그리고 서술된 내용을 보면 조선 부

---

48) 위와 같은 곳.
49) 李德懋, 「朝鮮詩選」, 『淸脾錄』(한국문집총간: 258, 37면).
50) 朴趾源, 「避暑錄」, 『熱河日記』.
51) "余謂尹亨山曰: '降號下句麗, 乃王莽事也.' 尹曰 : '然.' 余曰 : '自序世家句極
　　謬, 箕氏朝鮮, 爲衛滿所逐.' 尹卿曰 : '此錯綜言東方三國時, 非專指貴國. 其曰,
　　傳家遠者, 槪論國號朝鮮, 肇自箕聖, 所以贊美貴國之極致.'"(朴趾源, 「避暑錄」,
　　『熱河日記』).
52) 〈東夷〉, "王莽初發句驪兵, 以伐匈奴, 其人不欲. 行彊迫遣之皆亡. 出塞爲寇盜,
　　遼西大尹田譚追擊戰死, 莽令其將嚴尤擊之誘句驪侯, 騙入塞斬之, 傳首長安莽,
　　大說更名高句驪王爲下句驪侯."(「東夷傳」 75, 『後漢書』 권115); "王莽初發高驪
　　兵, 以伐胡不欲, 行彊迫遣之皆亡, 出塞爲寇盜, 州郡歸咎於句驪侯. 驪嚴尤誘而
　　斬之. 王莽大悅更名高句驪爲下句驪, 當此時爲侯矣."(「列傳」 48, 『梁書』 권54).

분만 보더라도 상당한 오류가 발견되는데 사해 밖에 멀리 떨어진 국가와 문자도 없는 나라의 토속에 대한 내용도 비슷한 상황일 것이라는 생각을 담았다.

연암이 북경에서 만난 청나라 문인 기려천 등과 『昭代叢書』를 꺼내어 그 속의 내용들을 짚어가며 이야기를 나누었는데 연암은 "'조선이 신라를 멸망시켰다'라는 시구에서 조선은 고려를 계승했고, 고려는 신라를 계승했으니 어떻게 조선이 오백 년 앞의 신라를 직접 멸망시킬 수 있겠습니까?"[53] 라고 하며 죽지사 창작에서 통상적으로 고구려, 고려, 조선의 국호를 서로 혼용하면서 쓰던 관계로 고려를 조선이라고 한 오류를 바로 알려주고자 하였다. 조선에서는 박지원, 이덕무, 한치윤 등이 우통의 「조선죽지사」에 대한 비평을 남겼는데 이중에서 이덕무는 우통의 『擬明史樂府』를 친필로 필사하면서 「조선죽지사」 4수를 첨부하여 기록하고 이에 대한 평점과 비평을 가하였다.[54]

『명시종』 「朝鮮下」 조에서 수록한 박미의 시는 『조선채풍록』을 저본으로 수록한 것인데 여기에서 주이준은 유일하게 이 작품의 뒤에 고증한 시화를 붙였다.

> 『書·序』의 "賄肅愼之命"에 대한 孔安國의 傳에서 "海東의 駒驪·扶餘·馯·貊 등 夷들이 武王이 商을 이기자 모두 길을 통하였다."고 하였다. 駒驪의 임금인 朱蒙은 漢元帝 建昭 2년에 國號를 세웠다.[55]

---

53) "奇麗川出昭代叢書, 拈此相示, 余謂尹亨山曰(…) 註云朝鮮破新羅尤謬, 敝邦承高麗, 高麗承新羅, 則安得破五百年前新羅?"(朴趾源, 「避暑錄」, 『熱河日記』).
54) 조선 문인들은 우통의 「朝鮮竹枝詞」에 대한 관심과 비평으로부터 『外國竹枝詞』에 대한 관심의 저변으로 나아갔으며 이러한 영향아래 朴齊家의 『燕京雜詠』, 金進洙의 『燕行雜詠』, 洪錫謨의 『皇城雜詠』 등이 탄생하기도 하였다.(졸고, 2011, 245~247면 참조).
55) "『書·序』, "賄肅愼之命", 「孔安國傳」云: 海東諸夷, 駒驪·扶餘·馯貊之屬. 武王克商, 皆通道焉. 按駒驪主朱蒙, 漢元帝建昭二年, 始建國號."(朱彝尊, 『明詩綜』).

주이준이 인용한 부분은 『書經』周官의 "武王旣伐東夷, 肅愼來賀"에 대한 孔安國의 「傳」에 나온다. 단 주이준의 고증은 『書·序』라고 기술하였는데 조금 부정확하게 되어 있다. 여기서 주이준이 고증하고자 한 것은 고구려의 건국시기이다. 고구려의 건국시기만을 논할 때 그의 고증이 정확하게 되어 있다. 단지 孔安國의 『尙書·傳』에 나오는 駒驪를 끌어온 것은 海東의 駒驪와 朱蒙이 건국한 고구려를 하나로 보았기 때문이다.56) 주이준은 『經義考』에서도 공안국의 『尙書·傳』의 眞僞 여부를 고증할 때 그 중 구려를 하나의 근거로 내세워 僞書라고 한 바 있다.57) 주이준 이전에 顧炎武도 『日志錄』에서 「河伯」을 고찰 하면서 高句麗의 先祖는 朱蒙으로, 朱蒙의 모친은 河伯의 딸임을 『魏書』의 「高句麗傳」에 근거한 바 있다.58) 그러나 "賄肅愼之命"으로 고구려를 상고한 용례를 찾아보면 주이준이 처음인 것으로 보인다. 여기서 주이준이 홍미를 가졌던 부분은 고구려이다. 이에 주몽이 세운 고구려의 건국 시기가 홍가 연간이 아니라 漢元帝 建昭 2년임을 상고하여 고증하였다.

박미는 박지원의 5世祖 錦陽君이다. 주이준이 이 시를 수록하고 난 70년 뒤인 건륭 연간에 북경을 찾은 박지원은 열하의 태학에서 중국의 전직 고관인 尹嘉銓 등과 필담을 나누었다. 대화 중 조선시에 대해 담론하면서 "朱竹坨의 〈採風錄〉 중에 나타난 朴瀰라는 어른이 저의 5代祖입니다." 라

---

56) 丁若鏞은 正祖에게 답하는 글에서 高句麗 이전에 句麗라는 地名이 있었다고 논한 바 있다.(丁若鏞, 〈對策〉, 「十三經策」, 『茶山詩文集』 권8).

57) "又按安國『書·傳』, 於"賄肅愼之命"注云: 東海駒驪·扶餘·馯貊之屬, 武王克商, 皆通道焉. 攷『周書』「王會」篇, 北有稷愼, 東則濊良, 而已此時, 未必卽有駒驪·扶餘之名. 且駒驪主朱蒙, 以漢元帝建昭二年, 始建國號, 載『東國史畧』. 安國承詔作『書·傳』時, 恐駒驪, 扶餘之稱, 尙未通於上國, 況武王克商之日乎! 此又一疑也.(朱彝尊, 〈孔氏安國『尙書·傳』, 「隋志」 권13〉, 「書」, 『經義考』 권76(文淵閣 四庫全書).

58) "『魏書』高句麗先祖朱蒙, 朱蒙母河伯女, 爲夫餘王妻, 朱蒙自稱爲河伯外孫. 則河伯又有女, 有外孫矣"(顧炎武, 「河伯」, 『日知錄』 권25)(淸乾隆刻本).

고 박지원이 자랑스레 밝히자 뜻밖의 일이라 윤가전은 박지원과의 인연을 매우 기뻐하였고『지북우담』에도 박미의 시가 수록되어 있다고 소개하였다. 그러나『명시종』에는 박미의 小傳이 없더라고 아쉬워하자 박지원은 "저의 5세조 이름은 미, 자는 중연, 호는 분서입니다. 문집 4권이 있어 국내에 전해지고 있지요. 명나라 萬曆 때 사람으로 昭敬王(先祖)의 부마인 錦陽君이며, 謚號는 文貞公입니다."라고 소개했다.[59] 그리고 북경에서 만난 兪世琦와 고구려 창건 연대에 대해서 필담을 나누었는데 후에 박지원은 중국 선비들이 고증에 깊은 조예를 가지고 있음을 다음과 같이 기록하고 있다.

고구려의 일어남은 鴻嘉 연간이 아니요, 곧 漢元帝의 建昭 2년(기원전 37년)이다. 成帝의 홍가 3년에는 百濟의 태조 高溫祚가 稷山에 왕도를 정하였던 것을 선조께서 우연히 상고하지 못하셨던 것이다. 兪式韓의『毬堂錄』에는『日知綠』을 이끌어서 조선 역사의 자료로서『書經』大傳을 고증삼아, 이 시 가운데서 쓴 홍가의 그릇된 것을 辨證하였으니, 중국의 선비들이 考據와 변증에 부지런하여 이로써 博雅하다는 말을 듣는 사람들이 대체로 이러하였다.[60]

박미가 읊은 시에서 고구려가 일어난 해를 백제의 건국 시기와 혼동한 실수로서 상고하지 못하고 홍가 연간으로 기술하였다. 연암은 이에 해석을 가하고 북경에서 중국 선비 兪世琦가 그의 문집『毬堂錄』에서 고염무의『日知綠』을 끌어와 고구려를 변증한 것을 예로 들어 중국학자들이 考據와 변증에 부지런하고 해박하다고 찬사를 아끼지 않았다.

---

59) 朴趾源, 「太學留館錄」(8월 9일), 『熱河日記』.
60) "『明詩綜』載, 余五世祖錦陽君〈大同館題壁〉一絶. '高句麗起漢鴻嘉, 宮殿遺墟草樹遮. 怊悵乙支文德死, 國亡非爲後庭花.' 高句麗起非在鴻嘉, 乃漢元帝建昭二年成帝鴻嘉三年, 百濟太祖高溫祚都稷山, 先祖偶失點檢, 而兪式韓『毬堂錄』, 引『日知錄』, 用東史所證, 書大傳以辨此詩鴻嘉之誤. 中州之士, 勤於考據辨析, 以爲博雅類多如是."(朴趾源, 「避暑錄」, 『熱河日記』).

『열조시집』과 같은 경우 전란에서 모은 시들이었고 또 민간에서 상업용으로 출판된 것이어서 많은 오류를 범하고 있었다. 한 예로 김종직의 〈佛國寺〉를 시선집에서 〈佛圖寺〉로 적고 있는 등 시제가 잘못 되어 있다. 또한 작가 이름이 잘못 표기된 예들도 있으며 율시를 잘라 절구로 적은 한시도 적지 않게 발견된다. 이러한 오류를 또 청초 順治 연간 전겸익이 『열조시집』을 편찬하면서 『조선시선』을 중요한 참고자료로 활용하였기에 기존에 잘못된 작품들이 그대로 전래되고 있었다.

주이준이 편찬한 『명시종』에서도 교정에 철저를 기하여 편찬되었지만 조선 관련 한시와 시화도 정보의 부족으로 오류가 없을 수 없었는데 이는 『명시종』의 한계였다. 『명시종』이 조선에 들어와 읽히면서 조선 문인들이 제일 관심 있었던 것은 당연히 조선 관련 조목이었다. 그러나 이 책에는 조선의 정통성을 훼손한 문제, 작가가 잘못된 문제, 시화에서 오류가 발견되는 등 문제를 가지고 있었다. 이러한 문제점의 담론을 북학파들이 주도해 나갔는데 바로 이서구의 『薑山筆豸』가 최종 결정판이라고 볼 수 있을 것이다.

『薑山筆豸』는 이서구가 『열조시집』과 『명시종』에 실려 있는 조선 한시와 인물 소개 그리고 시화에 대한 오류를 찾아 바로 잡는 작업의 일환으로 태어난 책이다.[61] 『강산필치』는 『열조시집』에서 17조, 『명시종』에서 23조로 조선 관련 시부에 대해 논의를 펼쳐 나갔다. 이서구는 서두에서 小引을 붙여 "고고의 학에 기초가 자못 독실하기로 마침 긴 여름에 하릴없이 드디어 두 책을 취해 대략 변석을 했다"고 저술을 한 직접적 계기를 밝혔으나 또 다른 주목적은 조선의 올바른 정보를 중국에 보여주는 것이었다.[62] 방

---

61) 이 책은 이서구가 25세 되던 1778년에 완성한 것으로 한국의 연구에는 고증으로 구성된 시화집으로 분류하고 있다. 남재철, 앞의 논문, 2005, 48~83면에서 「『薑山筆豸』 연구」를 다루었다.

62) "幸而薦之於中國之君子, 足可以廣異聞資雅談, 假令錢朱有靈, 亦不當嗔我爲妄也."(李書九, 『薑山筆豸』).

법론으로서 청초의 고증학을 받아들인 것이다. 이 책은 비록 초기 단계의 고증학적 작업이지만 한국 실학에서 주목할 만한 성과로 평가받고 있다. 이서구는 『강산필치』를 엮어 『열조시집』과 『명시종』에 실려 있는 오류를 찾아 바로잡는 작업을 펼쳤는데 정확한 조선 한시에 대한 정보가 중국에 전해지기를 바랐던 것이다.[63]

『명시종』에 대한 작업은 『강산필치』下에서 기술하였다. 오류 수정에 오른 인물은 偰遜, 朴元亨, 許琮, 成俔, 成侃, 盧公弼, 李荇, 李希輔, 沈彦光, 許洽, 徐敬德, 李珥, 高敬命, 李好閔, 崔澱, 崔壽城, 林億齡, 奇遵, 李孝則, 朴瀰, 李安訥, 無名氏, 林悌 등이다. 비평의 내용을 보면 鄭知常과 李仁老와 같은 경우 고려인인데 '조선'조에 잘못 넣었다고 지적하고 무명씨의 작품 〈沈駙馬碧波亭〉 시와 같은 경우는 東溟 鄭斗卿의 작품임을 밝혔다. 그리고 인적사항과 시제에 등장한 沈駙馬는 沈益顯임을 지적하면서 빠진 내용을 보충하여 넣었다.[64] 이 작품은 鄭斗卿의 〈沈駙馬碧波亭三首〉 중 두 번째 작품이다.[65]

이외 잘못 기록된 오류와 빠진 부분의 내용을 상고하는 작업도 하였다. 설손의 경우 初名이 '百遼'라 한 것이 오류임을 지적하고 『고려사』를 근거로 '百遼遜'이라고 바로잡았다. 이어 元나라 사람 葛邏祿迺賢의 『金臺集』

---

63) 이종묵, 앞의 논문, 2009에서도 지적한바 있다. 『薑山筆豸』에서 이룬 작업에 대해 남재철의 「薑山筆豸 연구」, 『한국한시연구』 10집, 2002에 상세히 밝혔는데, 이서구가 바로잡지 못한 부분도 상당하다. (이하 『薑山筆豸』는 규장각 소장 필사본을 저본으로 한다).

64) "無名氏, 沈駙馬, 碧波亭詩云: '貴(本作公子)主華亭入翠微, 碧牕朱栱有光輝. 春來波(日本作)暖魚龍出, 夜久星踈(本作稀)烏鵲飛. 海上乘(本作浮)査時貫月(本作犯斗), 江邊積石舊支機. 當(本作開)筵勸(本作把)酒先投轄(本作皆豪俠), 不醉應知客不歸.' 此卽鄭東溟斗卿詩, 見本集中, 未知綠何飄落作一無名氏也?"(李書九, 『薑山筆豸』).

65) 〈沈駙馬碧波亭三首, 其二〉, "公子華亭入翠微, 碧窓朱栱有光輝. 春來日暖魚龍出, 夜久星稀烏鵲飛. 海上浮槎時犯斗, 江邊積石舊支機. 開筵把酒皆豪俊, 不醉應知客不歸."(鄭斗卿, 「七言律詩」, 『東溟先生集』 권8(한국문집총간: 100, 468면).

과 李穡의 「近思齋逸稿序」를 근거로 설손의 字가 公遠임을 상고하였다.
李孝則의 경우는 〈鳥嶺〉이 〈烏嶺〉으로 잘못되었다고 하면서 〈조령〉시는
영남의 선비 이효칙이 魚無迹과 함께 조령을 넘어가며 지은 것임을 이덕
무의 『청비록』을 인용하여 밝혔다.[66]

林億齡의 〈벗이 산으로 돌아가는 것을 전송하다(送友還山)〉은 원래 율시
로 제목이 〈送成聽松守琛還山〉으로 되어 있었음을 밝히고 임억령의 문집
과 『箕雅』,[67] 『東文選』 등에 실려 있는 내용에 근거하여 전편을 보충해
소개하였다. 그리고 누군가 임의로 율시를 절구로 절록한 데 대해 의문을
표시하였는데, 절록이 이루어진 데 대한 비평은 하지 않았다.

이상과 같이 이서구는 제한적 자료로 인해 『명시종』에서 가져온 오류를
여러 조선 문집과 문헌들을 찾아 변증 작업을 이루어 내고자 하였다. 이는
『명시종』이 조선으로 들어와 본격적인 비평을 받은 첫 사례이다. 이서구
는 이 작업이 중국에 전해져서 중국 문인들이 조선의 문학을 올바르게 이
해하는 데에 큰 도움이 될 것임을 자신하였다. 『강산필치』는 실제로 중국
에 전해져 소개되었다.[68] 그러나 『열조시집』은 금서항목이었던 만큼 『명시
종』 외 『열조시집』을 함께 언급한 『강산필치』를 널리 간행하여 소개하기
는 어려웠던 것으로 보인다. 따라서 주로 반정균을 중심으로 한 이들 동인
들에게 전해지고 널리 알려지지는 못하였지만 조선 한문학의 성과를 중국
에 알렸다는 데서 큰 의미를 지닌다고 생각된다.

17세기 한림학사들이 조선문화에 대한 높은 평가는 조선 문인들로 하여
금 자국 문학과 음악 및 예술세계에 대해서도 다시 돌아보도록 하는 데 적

---

66) 〈李孝則〉, "秋風黃葉落紛紛, 主紇山高牛沒雲. 二十四橋嗚咽水, 一年三度客中
聞. 此嶺南布衣李孝則與魚無迹過鳥嶺作也. 余友李德懋官所作『淸脾錄』詳記
其事, 此詩亦見取於竹垞, 而鳥嶺誤作烏嶺."(李德懋, 「淸脾錄」 권1, 『靑莊館全
書』 권32).
67) 『箕雅』와 임억령의 문집에는 제목이 〈用企村韻送聽松還山〉으로 실려 있다.
68) "此書, 已入中國, 西蜀江南, 當有刊傳者矣."(李圭景, 「筆豸」, 『詩家點燈』 권4);
이에 대한 연구는 박현규, 앞의 논문, 1999에서 다루었다.

지 않은 자극제 역할을 하였다. 제3장에서 살펴보았듯이 박지원은 『열하일기』「피서록」에서, 이덕무는 『청장관전서』「耳目口心書」에서 우통의 「조선죽지사」 중 신라가요를 노래한 시와 주석에 이르기까지 전문을 수록하고 오류에 대한 시정과 비평을 하였다. 이밖에 『열조시집』과 『명시종』에 실린 조선 한시의 오류를 청 문인 이조원에게 알려 준 바 있고 『청비록』의 여러 곳에서 그 오류를 고증한 바 있다.

韓致奫과 같은 경우는 『海東繹史』에서 중국 문헌에 나오는 조선관련 자료를 두루 모아 다시 방대한 양의 『海東繹史』(70卷, 續集 15卷)를 편찬하였다.[69] 그는 중국문헌을 인용하여 한국사를 구성하였는데 이중 『海東繹史』「藝文志」에는 중국 문헌에 기록된 조선의 고대시부터 조선 중기까지의 시를 모았다. 여기에 인용된 문헌은 『古詩紀』, 『全唐詩』 등이 있지만 고려시대와 조선 시기의 한시는 『열조시집』과 함께 『명시종』, 『지북우담』, 『간재잡설』, 『일하구문』을 포함한 강희 연간 한림학사들의 저술에 전적으로 의존하고 있다.

그 분량을 살펴보면 「藝文志」 47권에서 49권까지 6, 7, 8 세 조목에서 조선 한시를 담았는데 이 중 〈우리나라 시〉를 6에서 기록하고 〈본조의 시〉를 上, 下로 나누어 7과 8에서 기록하고 있다. 이중 6에서 기록된 조선 한시는 3분의 1정도에 못 미치게 기타 중국 문헌을 인용하였다면 그 나머지 본조 하에 이르기까지 모두 전겸익과 강희 연간 한림학사들인 왕사정, 주이준, 우통의 저술을 인용하고 있다. 이렇듯 강희 연간 한림학사들의 자료는 한치윤의 『海東繹史』의 편찬을 촉발시키는 중요한 계기가 되었다.

---

69) 韓致奫, 『海東繹史』(규장각 소장본: 유덕공 序文, 필사본)(한국고전번역원 DB).

VI. 결론

　본 논문에서는 청나라 강희 연간의 한림학사들을 통해 중국에서의 조선
문화가 인식된 양상을 집중 고찰했다. 강희 연간 중국 문단에서 일어난 조
선문화에 대한 관심은 그동안 한국과 중국 학계에서 거의 주목하지 못했
다. 이에 18, 19세기의 전사로서 중국 문단과 조선 문단에 큰 영향을 끼친
우통, 주이준, 왕사정을 비롯한 17세기 한림학사들의 조선문화 인식양상을
구체적, 심층적으로 분석하였다. 이러한 분석을 위하여 우선 당시 중국 대
가들의 저술에 산재되어 있던 조선 관련 자료를 모아 공시적인 연구를 진
행하였다. 이를 통해 청초 문단의 특수한 역사 환경으로 말미암아 눈에 띄
게 나타나지 않았던 내재된 움직임들을 찾아 볼 수 있었다.

　강희 연간 한림학사들의 조선문화 인식을 고찰하기 위하여 II장에서 그
배경으로 우선 강희제가 실시한 국가적 편찬사업이 청초 조선문화에 대한
관심을 촉발시킨 상황을 개괄했다. 강희제는 三藩의 난을 진압한 후 국내
정세의 안정을 도모하고 대외로 문화제국을 선양하고자 대대적인 국가 편
찬 사업을 시작하였다. 강희제의 문화정책과 국가 편찬 사업의 일환으로 전
국에 흩어져 있던 '博學鴻儒'들이 천거와 시험을 거쳐 한림학사가 되었다.

　강희 연간 한림원의 특수한 기능과 이 특수한 기능에 참여된 '박학홍유'
들은 은거하거나 유민으로 생활하던 당대 최고의 문사들로서 이들이 한림
원으로 초빙되어 조선을 비롯한 주변국의 역사를 함께 편찬하게 되었는데
이때 조선에 대한 관심이 대폭 증대된 것이다. 이들이 참여한 국가 편찬사
업인 『明史』는 건륭 연간 刊本과 비교해 볼 때 조선의 문물, 풍토, 문인과
서책에 이르기까지 모두 상세히 소개하려고 노력한 일면을 찾아 볼 수 있

었다. 이러한 노력에는 그만큼 다량의 정보가 있었기 때문이었다.

　이러한 정보는 사적인 저술로 이어졌는데, 특히 중국에서 높은 위상을 차지한 왕사정, 주이준, 우통 등 인물들의 조선문화에 대한 관심이 인식으로 이어지는데 있어서 중요한 역할을 했다고 할 수 있다. 이밖에 지리지 『大淸一統志』의 편찬도 강희 연간 문인들의 참여로 이루어 진 것으로서 조선의 지리와 풍속, 문학과 예술에 대한 풍부한 내용의 서술과 고증이 이루어졌다. 이 지리지는 국가의 영토에만 국한하여 소개한 것이 아니라 조선에 대한 풍부한 정보를 확보한 기초 위에서 편찬 된 것이다. 『明史』편찬에 참여한 한림학사들은 지리지 『大淸一統志』의 편찬에도 참여한 장본인들이다. 이 역사서와 지리지는 중국의 역사와 영토에만 국한하여 편찬된 것이 아니라 조선을 첫 순위에 두고 주변국과 함께 소개하였기 때문에 조선문화를 인식하는 데 있어 적지 않은 영향을 주었다.

　청나라 초기에는 역사적 변천의 시대로 한중문사의 사적인 교류가 많지 않았고 따라서 정보의 유입도 매우 제한적이었다. 더욱이 조선의 북벌론으로 말미암아 두 나라 간의 문화소통이 단절 될 수도 있었던 매우 열악한 환경에 처해 있었다. 이러한 시기에 王士禎은 金尙憲의 事蹟과 한시를 명나라 유민들의 한시선집인 『감구집』에 수록하여 전함으로써 김상헌이란 인물과 조선 한시가 청 문단에 전파될 수 있는 계기를 마련하였다. 따라서 조선이 의리의 나라, 동문의 나라로 선양되는데 중요한 역할을 하였다.

　鄭太和와 청 문사 魏際瑞의 인적교류는 사적인 만남은 당시 청 문단에서 조선에 대한 관심의 일면을 충분히 읽을 수 있는 자료가 된다. 북경이 아닌 사신이 쉬어가는 곳인 永平에서 조선 사신 정태화와 청문사인 위계서가 만났다. 다만 영평은 북경과 거리가 떨어져 있었고 조선 사신들이 거쳐 가는 燕行路의 필수 지점으로 이곳에서 중국 문사와 조선 사신의 만남은 큰 구애를 받지 않고 서로 밤이 깊도록 교류를 가질 수 있었고 위제서 또한 자신이 준비한 문집 한 책도 선물로 건네줄 수 있었다. 이러한 朝中

두 나라 문사의 교류는 서로간의 동질성을 키워 나갔으며 한중 문화사에서 가지는 의미도 깊다. 조선 문인들에 대한 동문의 인식이 커짐에 따라 조선은 청 문사들에게 명나라 고국에 대한 정한을 표출해 내는 하나의 창구로도 작용하였다.

손치미의 조선 사행은 명사 편찬이 본격적으로 시작되기 1년 전이었다. 채시와 서책을 구해가는 임무를 띤 손치미는 조선에서 그 무엇도 요구하지 않고 오로지 시와 조선인의 글만 받아 보기를 원했다. 손치미는 청렴한 행동으로 조선 조정의 신뢰를 얻었으며 많은 노력 끝에 조선 사행의 임무를 원만히 마칠 수 있었다. 그는 당대 조선시를 채집하여 돌아와 생생한 조선의 정보를 강희 문단에 전해 주었다. 또한 한림학사들을 중심으로 雅會에서 공유한 조선문화는 강희 문단에 조선문화가 꽃을 피울 수 있는 자양분이 되었다.

Ⅲ장에서는 청 문인들이 가진 한국 역사와 문화, 인물에 대한 인식을 고찰하였다. 한림학사들은 주로『고려사』를 통해 고려역사를 접하였다.『고려사』에는 중국 역사서에서는 찾아 볼 수 없는 동아시아 역사와 고려의 풍속 그리고 예악과 고가요 등이 풍부히 담겨 있었기 때문이다.『고려사』의 높은 위상은 후대『사고전서』에 수록될 수 있었던 결정적 이유로 작용하였다. 특히 고증이 이루어진 고려사라는 점과 사관들의 직필 정신에서 나온 역사라는 점이 고려사에 대한 신빙성을 더해주었다. 반대로, 조선개국의 역사에 대해서는 이성계가 왕위를 찬탈하였다는 부정적인 인식을 갖고 있었다. 이러한 인식은 고려에 대한 긍정적인 인식이 영향을 미친 것도 있을 뿐만 아니라 중국 정사에서 200년의 세월 동안 조선 개국의 정통성을 찾아주지 않았던 문제점이 있었던 데서 기인한다. 전겸익과 주이준의 인식에서 찾아 볼 수 있었듯이 이는 청초 문인들이 가지고 있었던 보편적 시각이었다.

한국 역사인물에 대해서는 문장과 정치, 외교에서 뛰어난 인물들을 소개하였다. 이밖에 주이준의『명시종』과『정지거시화』를 통해 명나라 사신들과 접반의 행렬에 올랐던 많은 조선 문인들이 역사적 기록으로 남았다. 이러한 기록은 특히 조선 문인들의 위상을 높이고 두 나라 문인들이 나누었던 수창의 의미를 부각시키는 결정적 계기가 되었다. 또한 여성인물들에 대해서도 관심을 가지고 재조명하였다. 고려에 남아 있는 송의 유풍과 조선의 음악과 예술에 대해서도 모두 청 문단에서 관심 있게 바라보고 비평을 가한 조선문화였다.

Ⅳ장에서는 고려와 조선 한시의 인식양상을 심층적으로 분석하였다. 그 중에서도 청 문단에 영향력이 컸던 왕사정, 주이준, 우통의 시학관과 조선시의 수록 및 집성의 영향관계를 심도 있게 고찰하였고 손치미가 채록해온 조선 한시를 대상으로 비교 분석하였다. 강희 연간 문단에서의 한시 인식은 '尊唐'의 시학에 있었고 비평 또한 '존당'을 근거로 하였다. 이러한 '존당'의 시론은 중국 청초 문단의 물결이었다. 강희제의 온화하고 돈후한 시풍의 추구에서부터 문단 대가들의 추구 또한 한 방향으로 나아간 것으로 보인다. 이들은 문학에서 추구하는 보편적 시형식으로 溫柔敦厚한 문예사조를 이끌어나가고자 하였다. 당대 편찬한 『全唐詩』가 이를 잘 대변해주며 대가들의 시론과 당대 문풍이 이를 또한 잘 보여준다. 조선 한시의 선록 또한 중국 문단의 주류 문풍과 밀접한 관련을 가지며 중국에 정착되었다.

왕사정은 '신운설'을 내세워 조선 한시를 수록하였는데 唐詩를 尊崇하며 審美를 강조하여 선취하였다. 이 과정에서 율시를 절구로 원문을 절록하거나 시어의 교체를 통해 보다 신운에 가깝게 다가갔다. 이는 독자인 왕사정이 작품으로부터 감흥을 받아 제2의 작가가 되어 수록한 것이다. 선록한 조선 한시는 김상헌의 작품과 당대 조선 한시가 주를 이루고 있다. 이 중 조선 사찰제영시에도 많은 관심을 가지고 수록하였다.

주이준은 그가 만년에 편찬한 『明詩綜』에서 잘 드러나듯이 전통 유교사상의 '詩敎'를 존숭하는 입장에서 '言志'를 드러내고 '性情'을 강조하였다. 그가 『명시종』에서 고려와 조선을 포함한 외국을 함께 저술한 것은

'言志'의 문학관에서 출발한 '觀風'이었다. 주이준은 조선 문인들의 비평문
도 적극적으로 인용하였는데 자신이 직접 조선본 문집 등을 참조하여 정
보를 수집하였다. 또한 주이준은 『황화집』에서 많은 작품을 選取하여 명
나라와 조선이 가졌던 오랜 문화교류의 의미를 부각시켰다. 이로써 관각시
문이라고 저평가되던 외교문학 즉 사신들과의 수창 작품이 주이준에 의해
새롭게 부각되었다.

우통은 악부의 대가로 性情에 바탕을 둔 '眞'의 문학관을 내세웠다. 이
와 같은 우통의 문학관과 창작관은 조선을 죽지사의 장르로 노래하고 조
선의 악부풍 한시를 다른 문인에 비해 비중 있게 소개하는 데로 나아갔다.
이렇듯 청초 강희 연간의 문단에서 추구한 시풍은 조선 한시의 인식과 비
평에 있어서 직접적으로 영향을 끼친바 주로 존당풍을 기준으로 인식되고
비평된 양상을 고찰할 수 있었다.

손치미 또한 청 문단에서 평가되는 존당파의 인물로 그의 採詩 양상도
그의 시론에 근접한 당풍이었다. 주이준은 『조선채풍록』을 저본으로 조선
중기 한시를 선록하였으며 왕사정과 우통 또한 각자 자신의 저술에 『조선
채풍록』의 한시를 전사하여 중국 문단에 소개하였다. 『조선채풍록』은 다양
한 당풍의 조선 한시가 채록되어 중국에 전파되는데 영향을 주었으며 실전
되었으나 한림학사들의 저술을 통해 보완하여 주는 역할을 하였다. 『조선
채풍록』의 작품 분석과 조선 문인의 문집 등에 실린 작품과의 비교를 통해
당시 손치미의 채시과정에 나타난 조선 한시의 변화된 모습도 고찰할 수
있었다.

조선 한시의 수록에서 왕사정은 '신운설'에 기준점을 두었고 주이준은
'시교'를 통한 관풍의 집성을 이루었으며 우통은 '眞詩'의 문학관에서 출
발하여 악부풍의 조선 한시를 수록하고 창작을 통한 비평도 가하였다. 손
치미의 문학관 또한 唐音에 기반하고 있었다. 이들은 각자 서로의 시학관
에서 출발하였지만 최종적으로 모두 존당의 시라는 공통점을 띤다. 이러한

고찰은 당대 강희 연간에 주된 문풍인 존당풍의 영향으로 청초 강희 문단에 唐風의 조선 한시가 중국에 전해졌음을 밝혔다.

Ⅴ장에서는 앞에서 다룬 강희 연간 한림학사들의 조선문화 인식을 바탕으로 18~19세기 중국 문단과 조선 문단에 끼친 영향과 의미를 고찰하였다. 청대 주류 문단을 이끌었던 강희 연간 한림학사의 조선문화의 선양은 후대 청 문단에 조선 문명의 한 아이콘으로 작용하였다. 특히 이들의 저술이 그 제자들에 의해 간행이 이루어지면서 18세기 건륭 연간조선문화에 대한 관심이 확장 되는 큰 계기가 되었다. 이로써 강희 문단 한림학사들의 저작을 통해 전파된 조선문화는 18세기 중국 문단에서 강희 연간 한시선집을 계승하는 작업이 이루어졌다. 강희 연간 한림학사들의 저작을 염두에 두고 편집된 시선집으로는 공적으로 편찬된 『어제사조시』와 심덕잠의 『명시별재집』 등이 있고 사적으로는 동문환의 『해객시초』와 『조선시록』 등이 있다.

강희 연간 한림학사들의 조선문화 인식이 가지는 또 다른 의미는 조선 문단에 끼친 영향이다. 중국에서 당대 조선문화에 대한 관심이 확장되어 수준 높은 조선 시문과 중국에 얻어 보기 힘든 조선의 서책에 대한 수요와 관심이 많아졌다. 이에 조선 문단에서는 중국의 요구에 부응하기 위해 일련의 움직임들이 일어났다. 그 성과물로 북벌론이 심하던 조선 朝廷에서 『(별본)동문선』이 전해졌고 사적으로는 홍대용과 민백순이 『해동시선』을 편찬하여 엄성, 육비, 반정균 등에게 전하였다. 연암은 연행과정에서 줄곧 중국 문인들과 끊임없이 필담을 나누며 그들이 가진 조선문화에 대한 궁금증을 풀어주었고 조선문화에 대한 담론을 이어나갔다.

이밖에 조선 문단에서는 북학파를 중심으로 강희 연간 고증학의 방법론을 적극 받아 들여 자국 문화에 대한 변증도 시도하였는데 한국 실학사상에서 높은 업적을 쌓았다. 이서구의 『강산필치』가 그 결정체였다. 한편 강희 연간 활동한 한림학사들의 서책이 조선으로 유입되면서 조선 문인들은 자국 문화에 대한 새로운 인식과 함께 자긍심을 얻는 중요한 계기가 되었다. 한치윤이 중국문헌을 인용하여 한국사를 구성한 획기적인 작업이 이를 대변한다. 이 중에서 강희 연간 한림학사들의 저술은 한치윤이 『해동역사』의 편찬을 촉발 시킨 중요한 계기가 되었다.

　본 논문은 왕사정, 주이준, 우통 등 강희 연간 활동한 한림학사들의 저술 속에 담긴 조선 관련 자료들을 폭 넓게 수집하여 이를 대상으로 자료에 대한 심층적 분석을 통한 논의를 전개하려 했다. 이 과정에서 문학과 역사를 포함한 문화라는 측면에서 그 주도적 담론을 찾고 인식의 양상을 살펴보았다. 그리고 조선문화가 중국에 인식된 배경, 특징 및 원인을 고찰하고 강희 연간 조선문화의 인식이 후대 중국과 조선에 큰 영향을 미쳤다는 데서 그 전사로서의 의미를 밝히고자 노력을 기울였다. 이로써 강희 문단에서의 조선문화 인식이 청 문단에 끼친 파급적 영향과 그 성격이 드러났고 동아시아에서 조선문화가 차지하는 문화사적 의미가 보다 선명해졌다.

　본 논문은 17세기 왕사정, 주이준, 우통 등 강희 연간 활동한 한림학사들의 저술 속에 담긴 조선 관련 자료들을 폭 넓게 수집하여 이를 대상으로 자료에 대한 심층적 분석을 통한 논의를 전개하려 했다. 이 과정에서 문학과 역사를 포함한 문화라는 측면에서 그 주도적 담론을 찾고 인식의 양상을 살펴보았다. 그리고 조선문화가 중국에 인식된 배경, 특징 및 원인을 고찰하고 강희 연간 조선문화의 인식이 후대 중국과 조선에 적지 않은 영향을 미쳤다는 데서 그 전사로서의 의미를 밝히고자 노력을 기울였다. 이로써 강희 문단에서의 조선문화 인식이 청 문단에 끼친 파급적 영향과 그 성격이 드러났고 동아시아에서 조선문화가 차지하는 문화사적 의미가 보다 선명해졌다. 단지 강희 연간 한림학사들을 중심으로 논의를 전개했기 때문에 청나라 전반을 다루지 못했다는 한계를 지닌다. 17세기 청의 지식인을 놓고 보면 비록 한림학사는 아니었지만 한림학사들과 밀접한 교류를 가지며 강희 문단에서 활동했던 명나라 유민들도 있다. 그리고 명나라 유민과는 성격이 다르지만 청 문단에서 조선문화 인식의 한 측면을 읽을 수 있는 만주족 문인들과 서양 선교사들이 가진 조선문화에 대한 인식 연구도 진행 하여야 한다. 당시 강희제 치하에서 청나라는 서양과의 무역 통상항구를 열고 세계와의 국제문화교류를 발전시켰다. 한편, 역사의 무대에서 큰 변혁을 겪으면서 조선문화를 만난 17세기 청의 지식인들은 새로운 방식으로 당대 문풍을 이끌어 나가고 경학을 창도해 나갔다. 18세기 동아시아 문단에 끼친 영향 또한, 새로운 시대로 도약하는 21세기 오늘날 문단에 시사하는 바가 크다. 따라서 본 논문이 한국문화의 세계화와 한국학 탐사를 위한 연구에서 보다 영향력 있는 기여가 될 수 있기를 희망한다.

[부록]

1. 『經義考』에 보이는 고려본, 조선본 문적

한국문헌	내용	인용저술
『洪範』 조선본	退穀 孫承澤 선생의 『洪範經典集義』	『經義考』
『九經』, 『論語』, 『孝經』	- 『高麗史』를 보면, 文宗 10년(1056) 8월에 西京留守가 보고하기를, "본 西京 내의 進士科와 明經科 등 諸科의 擧人들이 공부하는 서적은 대부분 베낀 것이라서 틀린 글자가 많으니, 祕閣에 소장하고 있는 『九經』, 『論語』, 『孝經』을 나누어 주어 여러 學院에 비치하게 하소서." 하니, 有司에게 명하여 각각 한 본씩 인쇄해서 보내게 하였다. - 肅宗 6년(1101) 3월에는 制書를 내려 祕書省에 있는 經籍의 판본들을 한곳에 쌓아 둔 탓에 훼손된다는 이유로 國子監에 書籍鋪를 설치하고 그곳으로 옮겨 보관하게 하였으며, 간행해서 널리 배포하게 하였다.	『경의고』
『三禮圖』 54版	文宗 12년(1058) 4월에 知南原府事試禮部員外郎 李靖恭이 새로 새긴 『三禮圖』 54版을 올리자, 조서를 내려 祕閣에 보관하게 하였다.	『경의고』
『春秋公羊墨守』 15권	何休의 『春秋公羊墨守』는 『고려사』에서는 15권이라 하였다.	『경의고』
『皇靈孝經』 1권	光宗 光德 10년 가을에 사신을 주나라로 보내어 『황령효경』 1권과 『孝經雌雄圖』 3권을 올렸다.	『경의고』
『孝經雌雄圖』 3권	『고려사』를 보면, 光宗 光德 10년 가을에 사신을 주나라로 보내어 『황령효경』 1권과 『효경자웅도』 3권을 올렸다.	『경의고』
『入學圖說』	『고려사』를 보면, 權近의 자는 思叔이고, 辛禑때 左司議大夫를 지냈으며, 『입학도설』을 지었다.	『경의고』

2. 중국 서책에 수록된 조선문헌 및 문집 정보

번호	한국문헌	간본	작가	비고	
1	『桂苑筆耕集』	신라	최치원	『暴書亭集』, 『千頃堂書目』	
2	『三國史』	고려	김부식	『포서정집』, 『居易錄』	

번호	한국문헌	간본	작가	비고	
3	『高麗史』	고려	정인지	『포서정집』, 『거이록』	『四庫全書』
4	『高麗博學記』			『포서정집』	
5	『朝鮮史略』	조선	王命	『사고전서』에 수록. 1695년(강희34, 숙종21)사신편에 보내진 책.	
6	『朝鮮世紀』	청	吳明濟	錢曾, 『讀書敏求記』 卷四.	
7	『朝鮮志』	조선	徐敬復 (추정: 徐敬德)	萬斯同, 『明史』 卷413 〈外蕃傳〉, 淸抄本.	
8	『東國通鑑』	조선	王命 /서거정	『포서정집』	
9	『海東諸國紀』	조선	신숙주	『포서정집』	
10	『史略』	조선		『조선사략』/1695년(강희34, 숙종21)사신편에 보내진 책.	
11	『高麗圖經』	중국	徐兢	『포서정집』, 『王士禎全集』	
12	『靑丘風雅』	조선	김종직	시 선집, 7권 1책. 삼국 시대부터 조선 초기에 이르는 503수의 명시들을 뽑아 비평과 주석을 한 책.	
13	『梅月堂詩集』		김시습	『천경당서목』, 『명시종』	
14	『游金鰲錄』				
15	『關東日錄』				
16	『皇華集』	조선	왕명/관찬	『명시종』 참고서목	
17	『朝鮮賦』	명	동월	『명시종』 참고서목	
18	『奉使朝鮮稿』	명	주지번	주이준 소장	
19	『朝鮮詩選』 4권	명	오명제	전증, 『독서민구기』 권4	
20	『朝鮮採風錄』	청	손치미	사신의 행차에 崔致遠, 鄭夢周, 朴誾, 許筠, 白光勳, 許楚姬, 權韠의 문집을 중국으로 가져갔다고 한다 (『增補文獻備考』卷242 〈예문고〉).	
21	『(별본)동문선』	조선		한국문헌	
22	『殊域周咨錄』 24권		嚴從簡	『명시종』 참고서목	
23	『輶軒錄』 4권		黃洪憲	『명시종』 참고서목	
24	『尙書』 〈홍범편〉			『경의고』	
25	『何晏論語集』解 十卷	高麗 鈔本		전증, 『독서민구기』 권4	
26	地理風水經典著作인 楊筠松의 『撼龍經』一卷	高麗 鈔本		전증, 『독서민구기』 권4	

번호	한국문헌	간본	작가	비고	
27	『近思齋遺稿』(偰孫), 『圃隱集』(鄭夢周), 『牧隱集』(李穡), 『陶隱集』(李崇仁), 『應制集』(權近), 『惕若齋集』(金九容), 『汎翁集』(申叔舟), 『北征稿』(徐居正), 『許琮』(尙友堂詩集), 『安分堂詩集』(李希輔), 『淸心堂詩集』(蘇世讓), 『湖陰草堂詩集』(鄭士龍), 『明虛軒集』(金安老), 『陽川世稿』(許治), 『慕齋集』(金安國), 『企齋集』(申光漢), 『花潭集』(徐敬德), 『西坰集』(柳根), 『五峰書巢集』(李好閔), 『朝天錄』(金尙憲), 『楊浦集』(崔澱), 『梅月堂集』(金時習), 『蓀谷詩集』(李達), 『景樊集』(許景樊).				『지북우담』, 『천경당서목』, 『명시종』
	(24명의 문집)				

참고문헌

1. 자료

▶ 한국자료

金宗瑞, 『高麗史節要』, 한국고전번역원 DB.

金宗直, 『靑丘風雅』, 규장각 소장본.

金昌業, 『老稼齋燕行日記』, 한국국립중앙도서관 DB.

金昌協, 『農巖集』, 한국문집총간 161-162.

金昌翕, 『三淵集』, 한국문집총간 165-167.

金春澤, 『北軒居士集』, 한국문집총간 185.

閔百順, 『海東詩選』, 北京大學 도서관 소장본.

朴珪壽, 『瓛齋集』, 한국문집총간 312.

朴齊家, 『貞蕤閣集』, 한국문집총간 261.

朴趾源, 『熱河日記』, 박영철본; 단국대 淵民文庫 소장본.

徐居正, 『東文選』, 한국고전번역원 DB.

成均館大學校 大東文化研究院 編, 『燕行錄選集』, 成均館大學校 大東文化研究院, 1960.

成 俔, 『樂學軌範』, 한국국립중앙도서관 DB.

承文院 編, 『同文彙考』, 國史編纂委員會, 1978.

申叔舟, 『海東諸國紀』, 한국국립중앙도서관 DB.

實錄廳(朝鮮) 編, 『朝鮮王朝實錄』, 규장각 소장본; 한국고전번역원 DB.

柳琴 編, 『韓客巾衍集』, 장서각 소장본; 규장각 소장본.

柳得恭, 『二十一都懷古詩』, 규장각 소장본; 하버드대학교 옌칭도서관 소장본.

尹斗壽, 『平壤志』, 한국국립중앙도서관 DB.

李圭景, 『五洲衍文長箋散稿』, 한국고전번역원 DB.

李德懋, 『靑莊館全書』, 한국고전번역원 DB.

李 穡, 『牧隱藁』, 한국문집총간 3-5.

李書九, 『薑山筆豸』, 규장각 소장본.

李承休, 『帝王韻紀』, 한국국립중앙도서관 DB.

李元禎, 『歸巖集』, 한국문집총간 35.

李宜顯, 『陶谷集』, 한국문집총간 180-181.

李　瀷, 『星湖僿說』, 한국고전번역원 DB.

李廷龜, 『月沙集』, 한국문집총간 69-70.

李荇 等 編, 『新增東國輿地勝覽』, 한국고전번역원 DB.

鄭麟趾, 『高麗史』, 북한사회과학원 역주, 누리미디어.

朝鮮 命 編, 『皇華集』, 규장각 소장본; 한국국립중앙도서관 DB.

朝鮮 命 編, 『조선왕조실록』, 규장각 소장본 ; CD-ROM: 서울시스템, 1997.

崔恒 等 編, 『經國大典』, 한국국립중앙도서관 DB.

韓國學文獻硏究所 編, 『邑誌: 平安道』, 亞細亞文化社, 1986.

韓致奫, 『海東繹史』, 한국고전번역원 DB.

許筠 編, 『國朝詩刪』, 한국국립중앙도서관 DB.

許楚姬, 許筠 編, 『蘭雪軒詩』, 한국국립중앙도서관 소장본.

洪大容, 『湛軒書』, 한국고전번역원 DB.

洪大容, 『을병연행록』, 林基中 編, 『燕行錄全集』 43~48, 동국대학교출판부, 2001.

李鍾殷·鄭珉 編, 『韓國歷代詩話類編』, 亞細亞文化社, 1988.

全寅初 編, 『(韓國所藏)中國漢籍總目』, 學古房, 2005.

朝鮮古書刊行會 編, 『朝鮮古書目錄』, 亞細亞文化社, 1972.

朴齊家, 정민·이승수·박수밀 외 역, 『정유각집』, 돌베개, 2010.

朴齊家, 안대회 역주, 『北學議』, 돌베개, 2013.

徐居正, 세종대왕기념사업회 편역, 『(국역)東國通鑑』, 세종대왕기념사업회, 1996.

신현규 편역, 『고려사악지 : 아악·당악·속악』, 學古房, 2011.

세종대왕기념사업회 역, 『(국역)增補文獻備考』, 세종대왕기념사업회, 1980.

柳禁 編, 朴種勳 譯, 『韓客巾衍集 : 중국에 소개된 조선시』, 문진, 2011.

李承休, 김경수 역주, 『帝王韻紀』, 역락, 1999.

韓致奫, 정선용 역, 『(국역)海東繹史』, 민족문화추진회, 1998.

許 筠, 민족문화추진회 역, 『(국역)惺所覆瓿稿』, 민족문화추진회, 1982.

許筠 編, 강석중 외 역, 『(허균이 가려뽑은)조선시대의 한시』, 문헌과해석사, 1999.

胡應麟, 기태완 외 역주, 『胡應麟의 역대한시 비평』, 성균관대학교출판부, 2005.

▶ 중국자료

『北史』, 文淵閣 『四庫全書』.

『朝鮮史略』, 中國基本古籍庫.

『大淸一統志』, 규장각 소장본; 文淵閣 『四庫全書』.

『古今注』, 中國基本古籍庫.

『後漢書』, 中國基本古籍庫.

『江西通志』, 文淵閣 『四庫全書』.

『康熙起居住』, 中國基本古籍庫.

樂史, 『太平寰宇記』, 中國基本古籍庫.

李石, 『續博物志』, 中國基本古籍庫.

『明淸實錄』, 愛如生數字叢書.

『明史』, 文淵閣 『四庫全書』.

『明一統志』, 中國基本古籍庫.

『欽定日下舊聞考』, 中國基本古籍庫.

『淸史』, 文淵閣 『四庫全書』.

『淸史稿』, 中國基本古籍庫.

『淸史列傳』, 中國基本古籍庫.

『淸文獻通考』, 文淵閣 『四庫全書』.

『全唐詩』, 文淵閣 『四庫全書』.

司馬遷, 『史記』, 中國基本古籍庫.

『宋史』, 文淵閣 『四庫全書』.

『御選宋金元明四朝詩』, 文淵閣 『四庫全書』.

『淵鑒類函』, 中國基本古籍庫.

褚人穫, 『堅瓠集』, 中國基本古籍庫.

董文渙, 『韓客詩鈔』, 하버드대학교 옌칭도서관 소장본.

符葆森, 『國朝正雅集』, 서울대학교 중앙도서관 고문헌자료실 소장본.

高士奇, 『北墅抱瓮錄』, 中國基本古籍庫.

高士奇, 『高士奇集－苑西集』, 中國基本古籍庫.

黃叔琳, 『黃昆圃先生年譜』, 中國基本古籍庫.

蔣廷錫, 『含英閣詩草』, 中國基本古籍庫.

揆　敍, 『歷朝閨雅』, 中國基本古籍庫.

來集之,『倘湖樵書』, 中國基本古籍庫.

藍芳威,『朝鮮詩選全集』, 北京大學 도서관 소장본; 버클리대학교 동아시아도서
　　　　관 소장본.

李元度,『國朝先正事略補編』, 中國基本古籍庫.

林時益 編,『寧都三魏全集』, 규장각 소장본.

毛奇齡,『勝朝彤史拾遺記』, 中國基本古籍庫.

毛奇齡,『西河集』, 中國基本古籍庫.

錢謙益,『列朝詩集』, 규장각 소장본; 한국국립중앙도서관 소장본; 中國基本古籍庫.

錢謙益,『有學集』, 中國基本古籍庫.

秦　瀛,『己未詞科錄』, 中國基本古籍庫.

裘　璉,『橫山初集』, 中國基本古籍庫.

屈　復,『弱水集』, 中國基本古籍庫.

宋　犖,『筠廊偶筆』, 中國基本古籍庫.

宋　犖,『西陂類稿』, 규장각 소장본; 中國基本古籍庫.

宋徵輿,『林屋詩文稿』, 中國基本古籍庫.

汪灝等,『廣群芳譜』, 中國基本古籍庫.

王士禛,『池北偶談』, 규장각 소장본, 文淵閣『四庫全書』.

王士禛,『帶經堂詩話』, 中國基本古籍庫.

王士禛,『分甘餘話』, 中國基本古籍庫.

王士禛,『感舊集』, 서울대학교 중앙도서관 고문헌자료실 소장본.

王士禛,『古夫於亭雜錄』, 中國基本古籍庫.

王士禛,『居易錄』, 규장각 소장본.

王士禛,『香祖筆記』, 규장각 소장본.

王士禛,『漁洋詩話』, 中國基本古籍庫.

王之績,『鐵立文起』, 中國基本古籍庫.

魏世杰,『魏興士集』, 서울대학교 중앙도서관 고문헌자료실.

吳明濟,『朝鮮詩選』, 中國國家圖書館 소장본.

吳省蘭,『藝海珠塵』, 中國基本古籍庫.

徐　兢,『高麗圖經』, 한국고전번역원 DB; 中國基本古籍庫.

徐乾學,『憺園文集』, 中國基本古籍庫.

徐世昌,『晚晴簃詩匯』, 中國基本古籍庫.

嚴誠,『鐵橋全集』, 서울대 고문헌자료실 소장본.

姚　旅,『露書』, 中國基本古籍庫.

尤　侗,『艮齋雜說』, 中國基本古籍庫.

尤　侗,『看雲草堂集』, 中國基本古籍庫.

尤　侗,『外國竹枝詞』, 규장각 소장본.

尤　侗,『西堂詩集』, 中國基本古籍庫.

尤　侗,『尤西堂全集』, 서울대학교 중앙도서관 고문헌자료실.

張廷玉,『詞林典故』, 文淵閣『四庫全書』.

張維屛,『國朝詩人徵』, 中國基本古籍庫.

曾　慥,『樂府雅詞』, 文淵閣『四庫全書』.

震　鈞,『國朝書人輯略』, 中國基本古籍庫.

鄭熙績,『含英閣詩草』, 中國基本古籍庫.

朱彝尊,『經義考』, 文淵閣『四庫全書』.

朱彝尊,『靜志居詩話』, 中國基本古籍庫.

朱彝尊,『明詩綜』, 규장각 소장본.

朱彝尊,『曝書亭集』, 中國基本古籍庫.

朱彝尊,『日下舊聞』, 규장각 소장본.

朱之蕃,『奉使朝鮮稿·東方合音』, 上海圖書館 소장본.

陳弘謀 等,『明淸筆記史料』, 中國書籍, 2000.

董文渙, 李豫·崔永禧 輯校,『韓客詩存』, 書目文獻出版社, 1996.

董　越,『朝鮮賦』, 까치, 1994.

龔用卿,『使朝鮮錄』, 한국고전간행회, 1975.

何文煥,『歷代詩話』, 漢京文化事業有限公社, 1983.

胡應麟,『詩藪』, 廣文書局, 1973.

黃洪憲,『朝鮮國紀』, 齊魯書社, 1996.

雷夢水 等 編,『中華竹枝詞』, 北京古籍出版社, 1997.

馬祖西,『陳維崧年譜』, 上海古籍出版社, 2007.

毛晉·王士禎,『汲古閣書跋重輯漁洋書跋』, 上海古籍出版社, 2005.

毛奇齡,『西河文集』, 商務印書館, 1937.

毛奇齡,『勝朝彤史拾遺記』, 中華書局, 1991.

倪　謙,『朝鮮記事』, 中華書局, 1985.

丘良任,『中華竹枝詞全編』, 北京出版社, 2007.

王夫之,『淸詩話』, 上海古籍出版社, 1999.

王士禎,『王士禎年譜』, 中華書局, 1992.

王士禎, 『漁洋精華錄集釋』, 上海古籍出版社, 1999.

王士禎, 『王士禎全集』, 齋魯書社, 2007.

吳偉業, 『吳梅村全集』, 上海古籍出版社, 1990.

阿克敦, 黃有福・千和淑 校註, 『奉使圖』, 遼寧民族出版社, 1999.

趙爾巽 等, 『淸史稿・毛奇齡傳』, 中華書局, 1977.

朱彝尊, 『曝書亭集』, 商務印書館. 1935.

朱彝尊, 『靜志居詩話』, 人民文學出版社, 1998.

朱彝尊, 『曝書亭全集』, 吉林文史出版社, 2009.

故宮博物院明淸檔案部 編, 『淸代檔案史料叢編』, 中華書局, 1978.

毛佩琪, 『中國壯元大典』, 雲南人民出版社, 1999.

潘美月 編, 『中國大陸古籍存藏槪況』, 臺灣國立編譯館, 2001.

譚嘉定, 『中國文學家大辭典』, 世界書局, 1985.

葉蘭臺・葉綽敬 編, 『淸代學者象傳』, 商務印書館, 1930.

嚴靈峯, 『書目類編』, 臺北成文出版社, 1978.

藏勵和 外, 『中國人名大辭典』, 臺灣商務印書館, 1974.

2. 논저

▶ 단행본

강명관, 『안쪽과 바깥쪽』, 소명출판, 2007.

김명순, 『조선후기 한시의 민풍 인식연구』, 보고사, 2007.

김명호, 『열하일기 연구』, 창작과 비평사, 1990.

김명호, 『환재 박규수 연구』, 창비, 2008.

金柄珉, 『朝鮮中世紀 北學派 文學硏究』, 목원대학출판부, 1992.

김성남, 『허난설헌 시 연구』, 소명출판, 2002.

김한규, 『한중관계사』, 아르케, 1999.

金鉉龍, 『韓國古說話論 : 三國遺事 說話를 中心으로』, 새문사, 1984.

노경희, 『17세기 전반기 한중문학교류』, 태학사, 2015.

남재철, 『강산 이서구의 삶과 문학세계』, 소명출판, 2005.

단국대학교 동양학연구소, 『동아시아 삼국의 상호교류와 소통의 양면성』, 문예원, 2011.

단국대학교 동양학연구소, 『동아시아 삼국, 새로운 미래의 가능성』, 문예원, 2012.

閔丙秀, 『韓國漢詩大綱』, 태학사, 2013.

박노준, 『高麗歌謠의 硏究』, 새문사, 1990.

박재민, 『고려 향가 변증』, 박이정, 2013.

박현규, 『중국 명말 청초인 朝鮮詩選集 연구』, 태학사, 1998.

박희병, 『한국의 생태사상』, 돌베개, 1999.

박희병, 『범애와 평등』, 돌베개, 2013.

서대석, 『韓國 口碑文學大系 1-3』, 韓國精神文化硏究院, 1989-1992, 2002.

서철원, 『향가의 유산과 고려시가의 단서』, 새문사, 2013.

성호경, 『고려시대 시가연구』, 태학사, 2006.

손기창 편, 『高句麗古墳壁畵의 完成』, 수연도서, 2010.

안대회, 『朝鮮後期 詩話史 硏究』, 國學資料院, 1995.

안대회, 『18세기 한국 한시사 연구』, 소명출판, 1999.

유성준, 『淸詩話硏究』, 國學資料院, 1999.

유 정, 『19~20세기 초 청대문인 편찬 조선한시문헌 연구』, 보고사, 2013.

이경수, 「漢詩四家의 淸代 詩 受容 硏究」, 1995.

이경식, 『아리스토텔레스의 『시학』과 신고전주의 : 16-18세기 영국과 유럽의 극비평』, 서울대학교출판부, 1997.

이도흠, 『신라인의 마음으로 삼국유사를 읽는다』, 푸른역사, 2000.

이상섭, 『아리스토텔레스의 『시학』 연구』, 문학과지성사, 2002.

이종묵, 『海東江西詩派 硏究』, 태학사, 1995.

이종묵, 『한국 한시의 전통과 문예미』, 태학사, 2002.

이종묵, 『조선의 문화공간 : 조선시대 문인의 땅과 삶에 대한 문화사』, 휴머니스트, 2006.

이춘희, 『(19世紀)韓·中 文學交流 : 李尙迪을 중심으로』, 새문사, 2009.

이혜순, 『전통과 인식』, 돌베개, 2010.

이혜순·임형택 외, 『한국 한문학 연구의 새 지평』, 소명출판, 2005.

임형택, 『韓國文學史의 視覺』, 창작과 비평사, 1984.

임형택, 『실사구시의 한국학』, 창작과 비평사, 2000.

張德順, 『說話文學 槪說』, 二友出版社, 1974.

정구선, 『공녀 : 중국으로 끌려간 우리 여인들의 역사』, 국학자료원, 2002.

정구선, 『환관과 공녀』, 국학자료원, 2004.

鄭武龍, 『鄭瓜亭 研究』, 新知書院, 1996.

정 민, 『목릉문단과 석주 권필』, 태학사, 1999.

정 민, 『18세기 조선 지식인의 발견』, 휴머니스트, 2007.

정 민, 『18세기 한중 지식인의 문예 공화국 : 하버드 옌칭도서관에서 만난 후지쓰카 컬렉션』, 문학동네, 2014.

鄭炳昱 외, 『高麗歌謠研究 : 高麗時代의 가요문학』, 새문사, 1982.

정은주, 『조선시대 사행기록화 : 옛 그림으로 읽는 한중관계사』, 사회평론, 2012.

정은주, 『조선지식인, 중국을 거닐다』, 한국학중앙연구원출판부, 2017.

조계영·황재문 외, 『조선 기록문화의 역사와 구조』, 소명, 2014.

조동일, 『문명권의 동질성과 이질성』, 지식산업사, 1999.

조동일, 『한국문학통사』, 지식산업사, 2005.

조동일, 『동아시아 문명론』, 지식산업사, 2010.

조해숙, 『조선후기 시조한역과 시조사』, 보고사, 2005.

崔承熙, 『韓國古文書研究』, 知識産業社, 1989.

한양대학교 인문학연구소, 『중국 명청시대의 문학과 예술』, 한양대학교출판부, 2003.

홍선표, 『17·18세기 조선의 외국서적 인식과 독서실태』, 혜안, 2006.

白晉, 趙晨譯, 劉耀武較 『康熙皇帝』, 黑龍江人民出版社, 1981.

邱永君, 『淸代翰林院制度』, 社會科學文獻出版社, 2007.

丁生花, 『朱之蕃的文學活動與韓中文化交流』, 延邊大學出版社, 2017.

黃建軍, 『康熙與淸初文壇』, 中華書局, 2011.

蔣 寅, 『王漁洋與康熙詩壇』, 中國社會科學出版社, 2001.

蔣 寅, 『王漁洋事跡征略』, 人民文學出版社, 2001.

蔣 寅, 『淸詩話考』, 中華書局, 2005.

李瑞卿, 『朱彝尊文學思想研究』, 京華出版社, 2006.

梁啓超·楊勇 考正, 『淸代學術槪論』, 啓業書局, 1972.

劉世南, 『淸詩流派詩』, 人民文學出版社, 2012.

錢鍾書, 『談藝錄』, 中華書局, 1986.

蘇雪林, 『蘇雪林自選集』, 黎明文化事業股份有限公司, 1975.

王利民等匯集, 『曝書亭全集』, 吉林文史出版社, 2009.

王振羽, 『梅村遺恨－詩人吳偉業傳』, 江蘇教育出版社, 2006.

文志華, 『尤侗事迹征略』, 廣西師範大學, 2007.

吳明濟 編, 祈慶富 校注, 『朝鮮詩選校注』, 遼寧民主出版社, 1999.

熊月之, 『上海通史』, 上海人民出版社, 1999.

徐　坤, 『尤侗研究』, 上海文化出版社, 2008.

嚴迪昌, 『淸詞史』, 人民文學出版社, 2011.

楊立誠, 『中國藏書家考略』, 上海古籍出版社, 1987.

伊丕聰, 『王漁洋詩友錄』, 燕山出版社, 1993.

余三樂, 『早期西方傳敎士與北京』, 北京出版社, 2001.

張伯偉, 『淸代詩話東傳略論稿』, 中華書局, 2007.

張伯偉, 『作爲方法的漢文化圈』, 中華書局, 2011.

張　健, 『淸代詩學硏究』, 北京大學出版社, 1999.

張少康, 『中國歷代文論精選』, 北京大學出版社, 2003.

張少康, 劉三富, 『中國文學理論批評發展史』, 北京大學出版社, 1996.

張西平, 『儒學西傳歐洲硏究導論』, 北京大學出版社, 2016.

趙　園, 『明淸之際士大夫研究』, 北京大學出版社, 1999.

周一良, 『中朝人民的友誼關系與文化交流』, 中國靑年出版社, 1954.

周一良, 『中國與亞州各國和平友好的歷史』, 上海人民出版社, 1955.

朱麗霞, 『明淸之交文人游幕与文學生態』, 上海古籍出版社, 2008.

朱則傑, 『朱彛尊研究』, 浙江古籍出版社, 1993.

朱則傑, 『淸詩考證』, 人民文學出版社, 2012.

大木　康, 노경희 역, 『명말 강남의 출판문화』, 소명출판, 2007.

共同通信社 編, 『高句麗壁畫古墳』, 共同通信社, 2005.

鈴木虎雄, 許總 譯, 『中國詩論史』, 廣西人民出版社, 1989.

高橋博已, 『東アジアの文藝共和國』, 新典社, 2009.

藤塚　隣, 藤塚明直 編, 윤철구·이충구 외 역, 『추사 김정희 연구』, 과천문화원,
　　　　2009.

吉川幸次郎, 『王士禎』, 岩波書店, 1966.

아르놀트 하우저, 백낙청·염무웅 역, 『문학과 예술의 사회사』 1-4, 창비, 2016.

아리스토텔레스, 최상규 역, 『(아리스토텔레스의)詩學』, 예림기획, 2002.

이블린 S. 로스키, 구범진 역, 『최후의 황제들 : 청 황실의 사회사』, 까치글방,
　　　　2010.

조너선 D. 스펜스, 김석희 역, 『칸의 제국』, 이산, 2000.

조너선 D. 스펜스, 이준갑 역, 『강희제』, 이산, 2001.

▶ 논문

구범진, 「淸의 朝鮮使行 人選과 大淸帝國體制」, 『인문논총』 59, 서울대학교 인문
　　학연구원, 2008.

權斗煥, 「朝鮮後期 時調歌壇 硏究」, 서울대학교 박사학위논문, 1985.

김건곤, 「고려 시대의 詩文選集 : 崔瀣의 東人之文」, 『정신문화연구』 68, 한국정
　　신문화연구원, 1997.

金暻綠, 「朝鮮初期 宗系辨誣의 展開樣相과 對明關係」, 『國史館論叢』 108, 국사
　　편찬위원회

김남기, 「김창흡의 산수시 연구」, 서울대학교 석사학위논문, 1994.

김남기, 「『燕轅日錄』에 나타난 歌舞樂과 演戱의 연행 양상」, 『국문학연구』 7, 국
　　문학회, 2002.

김덕수, 「조선문사와 명사신의 수창과 그 양상」, 『한국한문학연구』 27, 한국한문
　　학회, 2001.

김명호, 「동문환의 한객시존과 한중문학교류」, 『한국한문학연구』 26, 한국한문학
　　회, 2000.

김영진, 「조선 후기 실학파의 총서 편찬과 그 의미:『三韓叢書』, 『小華叢書』를
　　중심으로」, 『한국 한문학 연구의 새 지평』, 소명출판, 2005.

김은정, 「形成期 韓國漢詩 硏究」, 서울대학교 석사학위논문, 1996.

김은정, 「庚午本 『皇華集』 편찬경위와 詩文酬唱의 의미」, 『한국한시연구』 7,
　　1998.

김형술, 「白嶽詩壇의 眞詩 硏究」, 서울대학교 박사학위논문, 2014.

남재철, 「薑山筆豸 연구」, 『한국한시연구』 10, 태학사, 2002.

노경희, 「17세기초 조선시의 중국 전파에 대한 조선 문단의 이중적 태도」, 『진단
　　학보』 105, 진단학회, 2008.

노경희, 「17·8세기 조선과 에도 문단의 당시선집 인식과 간행 양상 비교연구」, 『다
　　산과 현대』, 연세대학교 강진다산실학연구원, 2010.

노경희, 「17세기 전반기 조선 시선집 간행과 조선 한시에 대한 인식」, 『한국한문
　　학연구』 47, 한국한문학회, 2011.

龍野沙代, 「金剛山 傳說의 文獻傳承 硏究 : 宗敎的 表象性을 中心으로」, 서울대
　　학교 박사학위논문, 2013.

민병수,「後四家 한시의 문예미 ; 後四家의 詩史的 위상」,『한국한시연구』12, 한
　　국한시학회, 2004.

박경자,「貢女 출신 高麗女人들의 삶」,『역사와 담론』55, 호서사학회, 2010.

박종훈,「조선 후기 王士禎 神韻 詩論 인식양상 : 漢詩 四家를 중심으로」,『태동
　　고전연구』24, 태동고전연구소, 2008.

朴現圭,「중국에서 간행된 조선후사가 저서물 총람」,『한국한문학연구』24, 한국
　　한문학회, 1999.

朴現圭,「北京大學藏本 朝鮮 閔百順 편찬『海東詩選』의 落穗와 補完」,『한민족어
　　문학』38, 한민족어문학회, 2001.

백승호,「正祖時代 政治的 글쓰기 硏究」, 서울대학교 박사학위논문, 2013.

성호경,「〈유구곡〉과 〈상저가〉의 시형」,『고려시대 시가연구』, 태학사, 2006.

신경숙,「정과정 연구」,『한성어문학』1, 1982.

신병주,「1623년 인조반정의 경과와 그 현재적 의미」,『통일인문학논총』46, 건국
　　대학교 인문학연구원, 2008.

안대회,「朴齊家의『貞蕤堂夾袋』와 北關風情」,『한국한시연구』12, 한국한시학
　　회, 2004.

안대회,「평양기생의 인생을 묘사한 소품서 녹파잡기 연구」,『漢文學報』14,
　　2006.

안대회,「朝鮮王朝仁祖反正辨誣與明史編纂」,『사총』69, 고려대학교 역사연구
　　소, 2009.

이경수,「李德懋의 神韻說 受容과 漢詩의 文藝美」,『한국한시연구』12, 한국한시
　　학회, 2004.

이도흠,「한국예술의 심층구조로서 정과 한의 아우름」,『미학예술학 연구』17, 미
　　학예술학회, 2004.

이숙인,「예로써 섬긴 나라? 여자로 섬긴 나라!」,『조선 사람의 세계여행』, 글항아
　　리, 2011.

李勝洙,「김창흡의 시세계 연구:〈葛驛雜詠〉을 중심으로」, 한양대학교 석사학위
　　논문, 1991.

李勝洙,「三淵 金昌翕 硏究」, 한양대학교 박사학위논문, 1997.

이애주,「고구려 춤의 민속학적연구·고구려 고분벽화에 나타난 춤을 중심으로」,
　　『고구려연구회』3, 고구려발해학회, 1997.

이용범,「奇皇后의 책립과 원대의 資政院」,『역사학보』17, 역사학회, 1962.

이은주, 「申光洙〈關西樂府〉의 大衆性과 繼承樣相」, 서울대학교 박사학위논문, 2010.

이종묵, 「조선 전기의 漢詩選集」, 『정신문화연구』 20, 한국학중앙연구원, 1997.

이종묵, 「16세기 한강에서의 연회와 시회」, 『한국시가연구』 9, 한국시가학회, 2001.

이종묵, 「조선 중기 시풍의 변화 양상」, 『한국한시의 전통과 문예미』, 태학사, 2002.

이종묵, 「버클리대학본 남방위의 『조선시선전집』에 대하여」, 『문헌과해석』 39, 문헌과해석사, 2007.

이종묵, 「17-18세기 중국에 전해진 朝鮮의 漢詩」, 『한국문화』 45, 서울대학교 규장각한국학연구원, 2009.

이종묵, 「중국 皇室로 간 여인을 노래한 宮詞」, 『고전문학연구』 40, 고전문학학회, 2011.

이종묵, 「한시의 보편적 가치와 조선후기 중국 문인과의 시문 교류」, 『韓國詩歌研究』 30, 한국시가학회, 2011.

이혜순, 「『황화집』 수록 명 사신의 사행시에 보이는 조선인식」, 『한국시가연구』 10, 한국시가학회, 2001.

임형택, 「『列朝詩選』, 『明詩綜』과 『朝鮮詩部』 : 한문세계의 중심과 주변」, 『동아시아 출판문화와 기록』, 제7회 奎章閣 한국학 국제심포지엄, 2014.

張東翼, 「元에 진출한 고려인」, 『민족문화논총』 11, 영남대학교 민족문화연구소, 1990.

張東翼, 「이제현, 권한공 그리고 주덕윤－고려후기 성리학 인식기의 인물에 대한 새로운 이해－」, 『퇴계학과 유교문화』, 49, 경북대학교 퇴계연구소, 2011.

장유승, 「『西京詩話』연구·지역문학사적 성격을 중심으로」, 『한국한문학연구』 36, 한국한문학회, 2005.

장유승, 「朝鮮後期 西北地域 文人 硏究」, 서울대학교 박사학위논문, 2010.

정 민, 「임란시기 문인지식인층의 명군 교유와 그 의미」, 『한국한문학연구』 19, 한국한문학회, 1996.

정 민, 「16~7세기 學唐風의 性格과 그 風情」, 『한국한문학연구』 20, 한국한문학회, 1997.

정 민, 「18, 19세기 조선 지식인의 병세인식」, 『한국문화』 54, 2011.

정생화, 「주지번의 문학활동과 한중 문화 교류」, 서울대학교 석사학위논문, 2010.

정생화, 「尤侗의 〈朝鮮竹枝詞〉에 대하여」, 『한국한문학연구』 48, 한국한문학회,

2011.

정은주, 「阿克敦 《奉使圖》研究」, 한국미술사학회, 『미술사학연구』 246, 2005.

조성진, 「蔓橫淸類와 明代 樂府民歌 비교 연구 : 馮夢龍의 《掛枝兒》《山歌》와의 비교를 중심으로」, 서울대학교 박사학위논문, 2011.

조해숙, 「시조에 나타난 시간의식과 시적 자아의 관련 양상 연구 : 《청구영언》과 《가곡원류》의 비교 검토를 중심으로」, 서울대학교 박사학위논문, 1999.

진재교, 「동아시아에서 한국 한문학의 보편성과 특수성 : 중심과 주변의 변증법, 그리고 한문학」, 『인문연구』 57, 영남대학교 인문과학연구소, 2007.

천금매, 「18-19세기 조청문인 교류 척독 연구」, 연세대학교 박사학위논문, 2011.

한명기, 「宣祖代 후반~仁祖代 초반 對明關係 연구」, 서울대학교 박사학위논문, 1997.

한명기, 「17, 8세기 한중관계와 인조반정 ─조선후기의 "인조반정 변무" 문제─」, 『한국사학보』13집, 고려사학회, 2002.

홍인표, 「竹枝詞 研究」, 『중국학보』 33집, 한국중국학회, 1993.

황재문, 「金進洙의 연행시집 『燕京雜詠』에 대한 연구」, 『한국한시연구』 4, 태학사, 1996.

황인덕, 「'황창무' 연구─'황창'의 유래문제를 중심으로」, 『한국민속학회』 20집, 한국민속학회, 1987.

白 貴, 「中國古代詩話的"存詩", "存人"功能─詩話傳詩功能研究之一」, 『內蒙古社會科學』 2002年, 第5期.

鄧曉東, 「淸初詩壇与淸詩選本的繁榮」, 『淸代文學硏究集刊』, 2011年, 第4期.

丁生花, 「朱彝尊對朝鮮文獻的發掘與運用考」, 『延邊大學學報: 社會科學版』, 2017年, 第1期.

丁生花, 「含蓄的風格與王士禎詩歌特點」, 『韓國語教學與硏究』, 2017年 第1期.

陸 胤, 「文脈傳承与知識重建」, 『淸代文學硏究集刊』, 2011年, 第4期.

謝海林, 「圖像與淸代詩人文學活動及其詩史意義」, 『淸代文學硏究集刊』, 2012年, 第5期.

張聆雨, 「淸代閨秀詩人才名的確立和傳播」, 『淸代文學硏究集刊』, 2012年, 第5期.

陳國安, 「淸代詩經學硏究」, 蘇州大學 博士學位論文, 2008年.

陳曉紅, 「簡論朱彝尊詞論中的"淸"美範疇, 以《靜志居詩話》爲中心」, 『中國文化研究』, 2007年, 第11期.

戴文梅, 「淸代學者毛奇齡生平初探」, 『重慶科技學院學報(社會科學版)』, 2010年,第3期.

段潤秀, 「毛奇齡與《明史》修纂新探」, 『紅河學院學報』, 2009年, 第2期.

宮宏宇, 「韓國及歐美學者對流傳在韓國的古代中國音樂的研究」, 『中國音樂學』, 2002, 第3期.

穀曙光, 「宋代上梁文考論」, 『江淮論壇』, 2009年, 第2期.

韓　莉, 「尤侗研究綜述」, 『甘肅高師學報』, 2008年, 第1期.

韓　莉, 「尤侗曲詞交遊考述」, 『甘肅高師學報』, 2009年, 第5期.

胡建次, 「試論中國古代詩話的承傳」, 『集美大學學報(哲學社會科學版)』, 2005年, 第6期.

胡梅梅, 「朱彝尊與清初"通海案"所涉人物交遊考」, 『現代語文(文學研究版)』, 2007年, 第11期.

黃立新, 「論康熙的文學政策及其影響」, 『上海大學學報(社會科學版)』, 1992年, 第4期.

黃建軍, 「朱彝尊與康熙詩文交往考論」, 『邵陽學院學報』, 2010年, 第4期.

蔣　寅, 「中國古代對詩歌之人生意義的理解」, 『山西大學學報』, 2002年, 第2期.

蔣　寅, 「清詩話考索二題」, 『南通紡織職業技術學院學報』, 2004年, 第6期.

蔣　寅, 「清詩話的寫作方式及社會功能」, 『文學評論』, 2007年, 第1期.

蔣　寅, 「就《清詩話考》回應吳宏一教授」, 『博覽群書』, 2007年, 第1期.

勁　茵, 「北宋徽宗朝大晟樂制作與頒行考議」, 『中山大學學報(社會科學版)』 2010, 第2期.

金成南, 「朝鮮時代才女許蘭雪軒詩的跨文化闡釋」, 中央民族大學 博士學位論文, 2001.

李舜臣, 「"博學鴻儒科"與康熙詩壇」, 『民族文學研究』, 2012年, 第10期.

劉　芃, 「論學者型藏書家王世貞與朱彝尊」, 『農業圖書情報學刊』, 2008年, 第3期.

劉毛娟, 「王士禎《戲仿元遺山論詩絶句三十二首》創作特色」, 『語文學刊』, 2010年, 第1期.

羅俊龍, 「尤侗《擬明史樂府》研究」, 『青年文學家』, 2012年, 第2期.

呂增祥, 「王士禎與池北書庫」, 『山東圖書館季刊』, 2002年, 第3期.

莫秀英, 「從唐代到清代文人竹枝詞題材內容的發展演變」, 『中山大學學報論叢』, 2002年, 第2期.

宁　宇, 「清代《詩經》的文學接受成就」, 『泰山學院學報』, 2009年, 第9期.

潘務正, 「王士禎進入翰林院的詩史意義」, 『文學遺産』, 2008年, 第3期.

邱少華, 「明清詩壇的交接與神韻主盟」, 『桓臺國際王漁洋討論會論文集』, 山東大學出版社, 1995.

王國彪, 「〈許蘭雪軒廣寒殿白玉樓上梁文〉硏究」, 『名作欣賞』, 2008年, 第16期.

王利民, 「論王士禎的贈答送別詩與社會角色意識」, 『靑海師專學報』, 1997年, 第3期.

王利民, 「憶念與報償－－王士禎悼亡詩及挽詩論析」, 『南京師大學報』, 1998年, 第7期.

王利民, 「朱彝尊著述硏究及『曝書亭全集』」, 『嘉興學院學報』, 2009年, 第9期.

王雲慶, 「論淸代王士禎的檔案史料意識與實踐, 以《池北偶談》爲例」, 『檔案學通訊』, 2009年, 第18期.

吳　超, 「朱彝尊《靜志居詩話》微旨初探」, 『嘉興學院學報』, 2008年, 第3期.

吳　超, 「淸初士子的"明哲保身"論, 以朱彝尊爲中心」, 『合肥師範學院學報』, 2009年, 第1期.

喜　蕾, 「元朝宮廷中的高麗貢女」, 『內蒙古大學學報(人文社會科學版)』, 2001年, 第3期.

徐淩志, 「中國古代藏書理念硏究」, 『江西社會科學』, 2005年, 第9期.

徐志平, 「『朱彝尊年譜』增補」, 『嘉興敎育學院學報(綜合版)』, 1994年, 第9期.

薛立芳, 「毛奇齡"詩"學思想及其對淸代"詩"學發展之影響」, 『湖北社會科學』, 2011年, 第9期.

薛新力, 「《明史藝文志》編撰考」, 『北京大學學報』, 2002年, 第12期.

於翠玲, 「尊家書與康熙"己未詞科"史料, 啓功先生《朱竹垞家書卷跋》詳說」, 『北京師範大學學報』, 2004年, 第7期.

張　忱, 「康熙的文化政策對士人和文壇的影響」, 南開大學 博士學位論文, 2007年.

張麗麗, 「博學鴻儒科與淸初詩風之變」, 『上海師範大學學報(哲學社會科學版)』, 2010年, 第11期.

張慕華, 「論宋代上梁文演進中的"正"·"變"二體」, 『江西社會科學』, 2010年, 第1期.

張小仲, 「毛奇齡與淸初女性詩人」, 『文學敎育』, 2013年, 第1期.

張亞瓊, 「漁洋感舊集簡論」, 『群文天地』, 2012年, 第7期.

張宗友, 「朱彝尊經義考問世原因析論」, 南京大學 『古典文獻』, 2007, 第5期.

周文超, 「中國古代官府藏書和私人藏書活動對文化價値觀的影響」, 『蘭台世界』, 2009年, 第7期.

周亞萍, 「朱彝尊的文獻學成就」, 『科敎文章』, 2006年, 第7期.

朱金甫, 「論康熙時期的南書房」, 『故宮博物院院刊』, 1990年, 第7期.

朱則傑, 「朱彝尊叢考」, 『嘉興學院學報』, 2009年, 第9期.

朱則傑, 「淸詩總集叢考」, 『四川師範大學學報(社會科學版)』, 2011年, 第1期.

정생화 (丁生花, Shenghua Ding)

지린 안투 도안구 출생. 서울대 국문과를 졸업하고 YUST 교수로 재직 중이다. 조선과 明淸의 문화교류연구를 시작으로 한국문화의 세계화로 그 무대를 넓혀 한국학 분야를 탐구하고 있다. 주요 논저로『朱之蕃의 조선사행과 한중문화교류』,『尤侗의「조선죽지사」에 대하여』,『朱彝尊의 조선문헌 발굴과 활용 연구(朱彝尊對朝鮮文獻的發掘与運用考)』,『康熙文壇에서의 조선 여성문학에 대한 關心과 그 影響』등이 있으며 역서로『한국문집총간편람(韓國文集叢刊便覽)』(공역),『춘향전(春香傳)』,『식물들의 사생활(植物的私生活)』을 펴냈다.

17세기 淸의 지식인 '조선문화'를 만나다

2019년 10월 21일 초판 인쇄
2019년 10월 31일 초판 발행

지 은 이   정생화

발 행 인   한정희
발 행 처   경인문화사
편 집 부   유지혜 김지선 박지현 한명진 한주연
마 케 팅   전병관 하재일 유인순
출 판 신 고   제406-1973-000003호
주   소   경기도 파주시 회동길 445-1 경인빌딩 B동 4층
대 표 전 화   031-955-9300   팩 스   031-955-9310
홈 페 이 지   http://www.kyunginp.co.kr
이 메 일   kyungin@kyunginp.co.kr

ISBN 978-89-499-4845-4   93910
값 20,000원